国家社科基金项目：人权问题的科学发展观研究的部分成果，课题号：BKS2006039；
国家社科基金项目：中国特色社会主义人权理论体系研究的部分成果，课题号：BKS2011029。

LUN REN QUAN
——REN QUAN LI LUN QIAN YAN WEN TI YAN JIU

论 人 权
——人权理论前沿问题研究

鲜开林　著

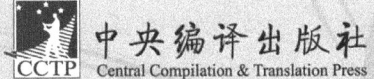

图书在版编目（CIP）数据

论人权：人权理论前沿问题研究 / 鲜开林著. —
北京：中央编译出版社，2016.1
ISBN 978-7-5117-2786-2

Ⅰ．①论… Ⅱ．①鲜… Ⅲ．①人权－研究 Ⅳ.
①D082

中国版本图书馆 CIP 数据核字（2015）第 228531 号

论人权——人权理论前沿问题研究

出 版 人：	刘明清
出版统筹：	董 巍
责任编辑：	曲建文
责任印制：	尹 珺
出版发行：	中央编译出版社
地　　址：	北京市西城区车公庄大街乙5号鸿儒大厦B座（100044）
电　　话：	（010）52612345（总编室）　（010）52612341（编辑室）
	（010）52612316（发行部）　（010）52612317（网络销售）
	（010）52612346（馆配部）　（010）55626985（读者服务部）
传　　真：	（010）66515838
经　　销：	全国新华书店
印　　刷：	北京建宏印刷有限公司
开　　本：	710毫米×1000毫米　1/16
字　　数：	257千字
印　　张：	15
版　　次：	2016年1月第1版第1次印刷
定　　价：	45.00元
网　　址：	www.cctphome.com　　邮　　箱：cctp@cctphome.com
新浪微博：	@中央编译出版社　　微　　信：中央编译出版社（ID：cctphome）
淘宝店铺：	中央编译出版社直销店（http://shop108367160.taobao.com）（010）52612349

本社常年法律顾问：北京嘉润律师事务所律师　李敬伟　问小牛
凡有印装质量问题，本社负责调换。电话：010—55626985

目 录

1. 中国梦的人权价值引领 ………………………………………… 1
2. 良法善治的人权新篇章 ………………………………………… 7
3. 拷问美国人权的公正 …………………………………………… 15
4. 美国的人权状况并不完美 ……………………………………… 17
5. 构建中国人权话语体系的"五个应当" ………………………… 21
6. 法治人权保障的新境界新亮点
    ——中共十八大以来法治人权保障的理论创新与实践创新 ………… 30
7. 毛泽东人权思想的独特贡献 …………………………………… 36
8. 对等式"三方协商机制"的构建与完善 ………………………… 44
9. 不同人性特点的不同人权诉求 ………………………………… 57
10. 中国特色社会主义人权理论体系的逻辑关系 ………………… 66
11. 中国人权文化的历史变迁 ……………………………………… 72
12. 实现公民的幸福权 ……………………………………………… 81
13. 提升公民幸福指数与执政党的历史责任 ……………………… 93
14. 人权视域中的人的尊严 ………………………………………… 99
15. 中国特色的权力制约机制创新 ………………………………… 111
16. 科学发展观与人权事业的全面发展 …………………………… 118
17. 科学发展观视野中的善治理念 ………………………………… 126
18. 和谐社会的休闲权 ……………………………………………… 135
19. 和谐社会的人权运行机制 ……………………………………… 147
20. 党的第三代领导集体对马克思主义人权普遍性与特殊性原理的发展 … 156
21. 后现代主义"人权中心"论之剖析 ……………………………… 165
22. 实现更高层次的和更广泛的人权 ……………………………… 170
23. 当代中国的马克思主义人权理论 ……………………………… 182

24. 人权的普遍性与特殊性 …………………………………… 191
25. 生态文明权 …………………………………………………… 199
26. 人权本原说的历史逻辑演进及启示 ……………………… 209
27. 与经济发展新常态相适应的人权新样式 ………………… 219
28. 人权文明的智慧结晶 ……………………………………… 228
后记……………………………………………………………… 234

1. 中国梦的人权价值引领

实现中华民族伟大复兴的中国梦，生动诠释了中国特色社会主义的价值目标，是中国社会主义核心价值观的形象表达，是社会主义核心价值体系的生动反映，成为引领中国人权事业发展的进步旗帜。

一、中国梦的时代价值引领中国人权事业发展的根本方向

中国梦的时代价值引领中国人权发展的根本方向。方向涉及道路、目标、路径、正能量，关系全局、决定长远。习近平总书记强调："我们的方向就是中国特色社会主义道路。"习近平关于中国梦的崇高历史使命担当，是凝聚全党全国各族人民团结奋斗的精神旗帜和时代强音，引领中国人权事业蓬勃发展的根本方向。

第一，中国梦的时代价值引领中国人权事业发展的宏伟目标。国家富强、民族振兴、人民幸福的中国梦，凝聚了几代中国人的夙愿，代表了中华民族和中国人民的整体利益，是每一个中华儿女的共同期盼。历史告诉人们，每个人的前途命运总是与国家和民族的前途命运紧密相连。"国家好，民族好，大家才会好。"① 这是对中华民族悠久文明传承规律的透彻把握，是对近代以来中华民族发展历程和社会主义现代化大趋势的深刻揭示。"两个百年目标"即"实现全面建成小康社会、建成富强民主和谐的社会主义现代化国家的奋斗目标，实现中华民族伟大复兴的中国梦，就是要实现国家富强、民族振兴、人民幸福"②。既有厚重的历史使命感，更有鲜活的时代感，中国梦与中国人权同根、同源，为中国人权事业发展指明了"依法保证全体

---

① 习近平参观《复兴之路》展览时的讲话，人民日报 2012 年 11 月 30 日。
② 习近平：《在第十二届全国人民代表大会第一次会议上的讲话》，《人民日报》2013 年 3 月 18 日。

社会成员平等参与、平等发展权利"的新目标。新中国成立以来,特别是改革开放以来的实践证明,我国不仅成功地走出了一条不同于西方国家的人权发展道路,而且形成了一套不同于西方国家的人权制度体系。坚持和发展中国特色社会主义人权发展道路,就是要发挥人民当家作主的制度优势,保证人民当家作主的主体地位;强化人民政府自我更新完善的制度优越性,促进治理体系更加科学、治理能力更加有效;激发解放和发展社会生产力的制度活力,破除治理体系的陈规陋习;发掘维护社会公正的制度潜能,保证大多数人共享治理成果的合法权益。

第二,中国梦的时代价值引领中国人权事业发展的根本路径。习近平强调,实现中国梦必须走中国道路,必须弘扬中国精神,必须凝聚中国力量。这就指明了实现中国梦是坚持中国道路、弘扬中国精神、凝聚中国力量的根本路径。"梦在前方,路在脚下"[1],这是中国梦与中国道路相互关系的生动写照。中国梦蕴含着富强、民主、文明、和谐的价值目标,指明了弘扬中国精神的价值理想。只有大力弘扬以爱国主义为核心的民族精神和以改革创新为核心的时代精神,才能充分展现中国精神推动中国历史发展的精神动力。中国梦是中国各族人民利益的最佳融合剂,是中国力量的最佳着力点、聚焦点、落脚点,各族人民只有朝着中国梦的价值目标共同奋斗,才能真正形成中华民族大团结、大联合的磅礴力量。在改革开放实践中,不同思想认识的人、不同阶层的人,利益诉求也不相同。站在人民利益的根本立场上,就能统筹兼顾各个地区、民族、阶层、行业、部门的利益,取得利益的"最大公约数",让更多的人受益,让更多的群众受益。只有坚持人民利益的根本立场,把最广大人民的根本利益作为改革的根本标准、根本导向,才能凝聚改革的最大共识、形成改革的强大合力、获取改革的巨大红利。正是在中国梦这一价值目标的引领下,中国人权事业的发展必将书写出时代崭新篇章。

第三,中国梦的时代价值引领中国人权事业发展的巨大正能量。中国梦蕴含着攻坚克难的价值支撑。富强、民主、文明、和谐的价值目标,凝结着"共同享有"的公平正义价值理念。习近平强调指出:"生活在我们伟大祖国和伟大时代的中国人民,共同享有人生出彩的机会,共同享有梦想成真的机会,共同享有同祖国和时代一起成长与进步的机会。"[2] 这"三个共同享有"

---

[1] 习近平参观《复兴之路》展览时的讲话,人民日报 2012 年 11 月 30 日。
[2] 习近平:《在第十二届全国人民代表大会第一次会议上的讲话》,《人民日报》2013 年 3 月 18 日。

的"公正平等机会",充分体现了公平正义尤其是机会公平的核心价值理念。个人的创业梦、个人的成长成才梦与国家振兴梦、人民幸福梦交相辉映,互动交融,这与公平正义的核心价值理念在全社会的延伸是紧密相连的。但是,深化改革中的分配不公、贫富差距、腐败现象以及民生问题,使得普通公民对公平正义的价值诉求日益强烈。全面深化改革的根本是制度创新、观念变革、结构变化,核心是利益调整。当前改革需要解决的深层次利益矛盾问题格外艰巨,都是难啃的硬骨头,难就难在打破深层次利益关系束缚,硬就硬在破除深层次利益固化的藩篱。而中国梦的价值引领所强调的"三个共同享有"以及中共十八大报告提出的"权利公平,规则公平,机会公平"的人权价值新理念,为全体社会成员共同享有机会公平和改革红利,提供了公平正义的价值支撑,必将引领当代中国深化改革开放,凝聚走向共同富裕与和谐稳定的巨大正能量。

二、中国梦的内核价值引领中国人权事业发展的文明走向

中国梦的内核价值蕴含着社会主义核心价值观"三个倡导"新理念,能够从国家、社会、个人不同的价值层面,引领中国人权事业发展的文明走向。

1. 中国梦的内核价值引领实现富强、民主、文明、和谐的文明国家走向

第一,中国梦的内核价值引领实现国家富强,人民幸福的人权梦想。一部中华民族的近现代史,既是一部民族沉吟史,更是一部民族复兴史。一个半世纪以前,西方列强用大炮轰开了中国闭关锁国的大门,使得中国人民陷入了屈辱、贫弱的深渊之中。正因如此,寻求民族独立富强便成了全中国人民的共同梦想。无论是洋务运动,还是戊戌变法以及辛亥革命,特别是中国共产党领导的新民主主义革命的根本目的都是为了实现民族独立、国家富强和人民幸福。中国人民追求富强的梦想既是顽强和持久的,更是艰难曲折漫长的。中华民族独立富强梦得以真正实现的一条最根本的原因,就是成功开辟了一条道路,形成了一个理论体系,创立了一个基本制度。民族独立,国家富强的最终目的是实现人民幸福。人民是国家的主人,人民既是国家一切公共权力的总根源,又是经济社会文化权益的享有者。这是实现富强、民主、文明、和谐的文明国家走向的人权梦之真谛。其次,中国梦的内核价值引领实现政治民主的人权梦想。政治民主体现和保证了中国梦的社会主义性质和现代文明的价值。民主是社会主义的生命,没有民主,就没有社会主义。中国梦体现在政治领域就是要实现民主政治。自戊戌变法以来中国先进

人士领悟到了政治民主的价值,从那时起中国历次大的社会政治文化运动都把民主与科学作为重大价值选择。辛亥革命是要实现民主,"五四"运动是要实现民主,新民主主义革命是要实现民主,社会主义革命、建设、改革开放更是自觉地高举人民民主大旗,建设社会主义政治民主。封建专权和特权以及神权的严重束缚是绝不可能实现人的自由和尊严的,也不可能实现广大人民的共同富裕的。如果说社会主义市场经济能实现富裕价值的话,那么,中国特色社会主义政治民主最能充分实现广大人民群众的民主、自由和尊严。

第二,中国梦的内核价值引领实现精神文明的人权梦想。一个国家的文明昌盛不仅要有强大的经济实力作后盾,政治文明作保证,而且还要高尚的精神文明作支撑。高尚的精神文明支撑包括广开民智,兴民德,使国民既有丰富的科学文化素养,更有高尚的思想道德情操。国民高尚的精神文明支撑,不仅包括独立自由思考的能力,更要有公平正义感、崇高境界和健康而丰富的精神文化情调。国民高尚的精神文明支撑,还要求有进取的思想创造力和创造想象力,以及宽广的胸怀和多元开放的国际视野,使中华民族的精神价值具有普遍的吸引力、感召力和引领力。努力形成中国特色的话语体系。

第三,中国梦的内核价值引领实现社会和谐的人权梦想。实现人与自然的和谐、人与人的和谐、人与社会的和谐、人与自我的和谐、人的内心世界的和谐,是中国梦的内核价值要求。社会主义市场经济的内生动力固然离不开竞争,但市场经济又是法治经济和诚信有序经济。大力发展生产力需要改造自然,但改造自然并不排斥人与自然的和谐相处。市场经济的个人主体需要拼搏奋斗,但拼搏奋斗并不排斥内心心灵健康和谐。中国梦的内核价值要求把竞争与和谐有机平衡起来,把改造自然和与自然和谐相处有机统一起来。由此,我们的国家和社会才会呈现出既充满发展活力又和谐有序的美好状态。

2. 中国梦的内核价值引领构建自由平等、公正、法治的文明社会走向

第一,中国梦的内核价值引领实现人的自由发展的人权梦想。马克思、恩格斯指出:未来社会人的发展终极价值追求是:"每个人的自由发展是一切人的自由发展的条件。"[①] 实现"每个人的自由发展"是社会主义的崇高价值目标。实现人的自由发展是中国梦的内核价值要求。现代文明社会的一

---

① 《马克思恩格斯文集》第 2 卷,人民出版社 2009 年版,第 53 页。

个显著标志,就是人的自由发展表现为一系列体现自由创造的能动自觉,以及权利和义务的自觉享有和自觉遵守。

第二,中国梦的内核价值引领实现人的平等的人权梦想。"每个人的自由发展"与每个人的平等发展的自由是内在统一的。人与人之间关系的平等,是自由在社会生活中得以实现的条件。如果人与人之间是支配和被支配、压迫和被压迫的关系,那就谈不上自由发展。当然平等也不是人的活动结果上的平均主义大锅饭,而是人格、身份的平等,是机会的平等、起点的平等、规则的平等、程序的平等,是法律面前的人人平等。有了这样的平等,每个人才能更好地依靠自己的聪明才能能动性取得应有的平等地位,才有精彩人生的机会,社会阶层才能从固化僵死走向流动和谐。

第三,中国梦的内核价值引领实现社会公正的人权梦想。公平正义是当下每个公民的信仰。公正的内容是自由和平等的辩证统一。如果只强调自由而无平等会失去秩序、规范,如果只强调平等而无自由会失去生机与活力。中国梦的价值内核就是要通过公正把自由和平等两种价值有机统一起来,更好地克服和消除贫富两极分化和平均主义大锅饭的两种片面极端,使社会对各种资源和价值的分配走向合理合法,使人们的劳动交换走向合情合理。中共十八大报告首次明确提出"逐步建立以权利公平、机会公平、规则公平为主要内容的社会保障体系"①的新主张。从这个意义上说,中国梦也就是实现广大人民的公平梦、正义梦、公正梦。

第四,中国梦的内核价值引领实现社会法治的人权梦想。法治的真谛是人权,法治是实现自由平等公正价值的有序方式,法治是实现公正的制度化形式,公正是法治的价值内容和规制。德国著名哲学大师康德指出,文明社会就是有序的法制社会。依法治国,建设社会主义法治国家已经成为我国的基本方略。中共十八大报告凝练出我国社会法治制度支撑的自由、平等、公正、法治的共同价值理念。这就充分体现了用法治来实现自由平等和公正,也是中国人权梦的内核价值诉求。

3. 中国梦的内核价值指引塑造爱国、敬业、诚信、友善的文明公民走向

中国梦的内核价值最终都是为了人,依靠人,提升人和发展人。离开了现实的个体人,中国梦没有真正的现实主体,也就没有实际意义。塑造爱国、敬业、诚信、友善的个体文明公民,既是中国人权梦的内核价值具体要

---

① 胡锦涛:《坚定不移沿着中国特色社会主义道路前进为全面建成小康社会而奋斗》,人民出版社2012年版,第21页。

求,又是中国人权梦得以真正实现的伦理条件。

第一,中国梦的内核价值引领塑造爱国精神的社会公民的人权梦想。爱国主义是中华民族的优良传统,是民族精神的核心内容,是中华民族伟大复兴的精神动力。一部近现代中国史,也就是一部爱国主义的英雄史诗。中国人由爱国而革命,由爱国而建设,由爱国而改革开放,充分说明爱国主义精神是中华民族伟大复兴的不竭动力。

第二,中国梦的内核价值引领塑造敬业精神的社会公民的人权梦想。现代社会既是分工协作的严密组织体系,又是每个人爱岗敬业的活的细胞。只有每个人都爱岗敬业,干好自己的本职工作,才能形成整个民族和国家的整体合力。爱岗敬业不仅是自己成长成才的平台,也是整个民族和国家强大的聚合力。只有全社会每个个人都自觉自愿爱岗敬业,并且形成一种优良的社会风气,由人人组成的民族和国家才是美好的,才会充满生机与创造活力。

第三,中国梦的内核价值引领塑造诚信精神的社会公民的人权梦想。诚实守信本是中华民族的优良传统,由于现实社会中的种种负面影响,诚信缺失已成为目前人们最为焦虑的重大社会道德问题。我国每年因诚信缺失所造成的直接经济损失竟高达五六千亿元。因此,建立健全社会诚信、商务诚信、政务诚信已经成为当下国人的价值诉求和道德选择。诚信已经不是单纯的道德伦理问题,而是关乎整个社会主义物质文明、政治文明、精神文明、社会文明、生态文明战略全局性的大问题。

第四,中国梦的内核价值引领塑造友善精神的社会公民的人权梦想。友善是一个要求更高、更具普遍意义的伦理价值目标追求。公正价值要求国民做到利己不损人的和谐相处,而友善则要求人与人相互关怀和相互帮助。在社会主义市场条件下,在由陌生人组成的公共生活领域,如果国民能够相互友善相互关爱,这将是一个充满爱的真正友好和谐社会。中国梦的内核价值就是指引人们自觉塑造友善精神的社会公民,我们坚信,在中国梦的指引下,大爱友善美好和谐的明媚阳光一定会普照中国大地!

2. 良法善治的人权新篇章

"法律是治国之重器,良法是善治之前提。"① 这是十八届四中全会《关于全面推进依法治国若干重大问题的决定》中的一个新颖命题,"良法"一词也是首次在党的全会文件中提出。法律、法治、良法、善治,具有层层递进的逻辑联系。而人权像一条红线贯穿于整个逻辑联系的始终。因为,人权是良法善治的灵魂和真谛。"良法善治"既是法治的内在本质规定,又是法治精神的基本特征和基本属性。就二者关系而言,"良法"是法治的直接目标和理性追求,"善治"是法治的运作方式和实现路径。"良法"与"善治"的有机结合,构成了现代法治的本质,尤其是社会主义法治的精神实质。依法治国的法必须是"良法",亦即体现和反映人民权益和权益意志的法律;"善治"应当是公共权力与公民权利和谐互动的治理方式,这是国家治理体系和治理能力的重要标志。同时,"良法"与"善治"必须符合中国国情和广大民意,才能被人们从内心真正信仰。依法治国,首先是依宪治国。宪法是国家的根本大法,是人民权利的根本保障书。"如果法治可以称作法学的皇冠,那么人权就应当是皇冠的明珠。"② 而要真正实现法治皇冠与人权明珠的有机结合,就应当紧扣十八届四中全会"依法治国"的主题精神实质,自觉确立依法治国的法治思维和法治方式。我们有理由相信,大力推进良法善治,必将谱写人权发展新篇章。

一、保障人权是良法善治的价值目标

保障人权是良法善治的基本价值目标之一。良法善治以"公平正义"为最高价值追求,在中国共产党的坚强领导下,有效监督国家公共权力,切实

---

① 《中共中央关于全面推进依法治国若干重大问题的决定》,《人民日报》2014 年 10 月 29 日。
② 李步云:《论人权》,社会科学文献出版社 2010 年版(自序开头语)。

尊重与保障公民人权。从一定意义说，一个良法善治的创新史，其实也就是党的领导、依法治国与人民当家作主的和谐互动史。也正是从这个意义说，良法善治的共同价值目标，其实也就是自觉坚持党的领导，实行依法治国，高举人民民主旗帜，坚持人民主体地位，有效监督国家公共权力；切实尊重和保障人权；保证人民依法实行民主选举、民主决策、民主管理、民主监督、依法保障全体社会成员平等参与、平等发展的权利。

1. 尊重与保障人权是良法善治的价值基石

良法善治区别于独裁专制的本质规定，就在于自觉坚持法治人权的法治思维和法治方式，切实把党的领导、依法治国与人民当家作主的主体地位和主体作用提高到了前所未有的法治人权高度。由此，尊重与保障人权就内在地构成良法善治的价值基石。良法善治的价值基石，也就是民主法治、公平正义，鼓励、促进和保护公民平等参与国家政治生活，保证人民依法实行民主选举、民主决策、民主管理、民主监督；依法保障全体社会成员平等参与、平等发展的权利。如果良法善治失去了对公民人权尊重与保障的价值基石，就从根本上动摇或丧失了良法善治的价值根基，也就不成其为良法善治，而是野蛮独裁的封建专权、资本特权或虚幻的神权。

2. 尊重与保障人权是良法善治的价值引领

现代法治国家作为现代新型民主国家的政治法律制度，理应充分体现对公民人权的尊重与保障。一种没有充分体现对人和人权的关怀的政治法律制度不配被称作现代的法治国家的制度。否则，就没有必要也不可能走向良法善治的文明时代。只有符合法治人权的新趋势，才能真正实现对人权尊重与保障的价值引领。毫无疑问，现代法治国家追求诸多价值，它们分属不同层次，而人权则是这一价值体系中的一个内核要素。"党的十八大报告一个突出创新亮点就是凝练出我国社会法治制度支撑的自由、平等、公正、法治的共同价值理念。这就是用法治思维来实现自由、平等、公正、法治，蕴含着社会主义核心价值观的人权价值引领。"①

3. 尊重与保障人权是良法善治的价值真谛

"法治的真谛是人权"是我国人权专家徐显明的至理名言。德国著名法学家拉德布鲁赫看到了法与人权的博弈问题，于是他写了一篇文章，叫作"法律的不法与超法律的法"。法官们从他的思想里获得启示，最后得出来的结论是："凡是展示人类的共同理性、以维护人权为特征的法才叫法，背离

---

① 鲜开林：《中国特色社会主义人权理论体系研究》，人民出版社 2014 年版，第 288 页。

了人类的共同理性以剥夺和践踏人权、侵犯人的尊严的法不叫法。"① 这深刻地揭示了人权的法理本质规定。诚然,新中国成立后的一个时期内,我国的法治与人权曾受到严重的践踏和破坏。然而,改革开放以来,特别是在以人为本的科学发展观的指导下,法治与人权受到极大的重视。十八大以来的中国梦的价值引领,更加赋予了法治人权的崭新内涵。"全面推进依法治国"成为党的十八届四中全会的主题,内含有里程碑意义的人权价值真谛。

4. 尊重与保障人权是良法善治的价值功能

良法善治的人权价值功能表现:第一,有助于培养公民权利意识,促进公民依法、有序、理性的政治参与,推动公民社会的健康发展。第二,有助于拓展公民权益表达渠道,推动公民个体、社会组织与政府进行有序合作对话与沟通交流。第三,有助于形成健康民主社会所需要的依法有序的协商政治文化,形成一种宽容、理解、对话、倾听和理性的民主氛围。归根到底,尊重和保障人权有助于推进和完善中国特色社会主义民主与法治的伟大历史进程,有助于实现中华民族的伟大复兴。

二、良法善治是维护人权的根本保障

德国的哲学大师黑格尔曾经说过:"真理只有作为体系才是现实的。"② 良法善治的人权保障体系,生动体现了中国特色的人权保障的"道路自信、理论自信、制度自信"③。中国特色的人权保障体系的内容,涵盖了中国特色的经济、政治、文化、法律、社会保障的各个方面,它是一个由中国特色的经济保障、政治保障、文化保障、法律保障以及社会保障等构成的有机统一体。其中,最根本、最突出的是中国特色的人权法律保障体系和中国特色的人权社会保障体系。

1. 法律体系的人权根本保障

中国特色的人权法律保障体系,是推动中国特色社会主义人权事业全面发展的法制根基,是中国特色社会主义人权理论创新与人权实践创新的法制体现,是中国特色社会主义人权事业全面发展的法制保障。十八届四中全会明确指出:"完善以宪法为核心的中国特色社会主义法律体系","形成完备的法律规范体系、高效的法治实施体系、严密的法治监督体系、有力的法治

---

① 徐显明:《和谐社会——上海浦东干部大会的学术报告》,《上海日报》2006年11月7日。
② [德]黑格尔:《精神现象学》上卷,贺麟、王玖兴译,商务印书馆1979年版,第15页。
③ 胡锦涛:《坚定不移沿着中国特色社会主义道路前进为全面建成小康社会而奋斗——在中国共产党第十八次全国代表大会上的报告》,人民出版社2012年版,第16页。

保障体系,形成完善的党内法规体系"①。形成完备的法律规范体系,就是推进人权保障制度化进程形成高效的法治实施体系,就是全面落实"国家尊重和保障人权"的宪法原则;健全宪法实施和监督制度,维护宪法尊严,依法执政,推进依法行政,切实尊重和保障人权。形成严密的法治监督体系,就是强化对国家权力的制约和监督;加强党内监督、人大监督、民主监督、行政监督、司法监督、审计监督、社会监督、舆论监督的制度建设,努力形成科学有效的权力运行制约和监督体系,把权力关进制度的笼子,让权力更好地为权利、为人权服务。形成有力的法治保障体系,就是加强人权司法保障。司法是保障公民权益、维护社会公平正义的最后一道防线。加强人权司法保障,重点是保护诉讼中的人身、财产权利,强化诉讼权利的制度保障,规范处置涉案财物的司法程序,完善对司法强制措施的监督,完善司法管理体制和司法权力运行机制,健全公民权利救济渠道和方式,解决好群众最关心、最直接、最现实的利益问题。形成完善的党内法规体系,就是加强和改进党对人权工作的领导。党的领导是全面推进依法治国、推进人权保障的最根本的保证。要完善法治教育和人权教育制度,提高党员干部法治思维和依法办事能力,增强党员干部人权意识和人权观念,充分发挥党在人权保障中的关键作用。特别是要"加强重点领域立法,加快完善体现权利公平、机会公平、规则公平的法律制度,保障公民人身权、财产权、基本政治权利等各项权利不受侵犯,保障公民经济、文化、社会等各方面权利得到落实"②。在法律体系的人权根本保障中,立法保障是前提,执法保障是关键,司法保障是最后的有力屏障。

2. 司法体系的人权根本保障

人权的执法和司法保障体系是人权立法体系的实践形态,是衡量一个国家人权真实状况的基本标志之一。它充分反映了一个国家人权保障制度化、法制化的实际水平和司法实践程度。中国特色的人权执法和司法保障体系的宗旨和任务是,依照法律保护全体公民的各项基本权利和自由以及其他合法权益的实现,保护公共财产和公民私人所有的合法财产,依法惩罚违法犯罪行为,维护社会秩序,保证公民的生命财产安全。按照十八届三中全会决定明确提出的"让人民群众在每一个司法案件中都感受到公平正义"③的目

---

① 《中共中央关于全面推进依法治国若干重大问题的决定》,《人民日报》2014年10月29日。
② 同上。
③ 《中共中央关于全面深化改革若干重大问题的决定》,《人民日报》2013年11月16日。

标,要从维护宪法法律权威、深化行政执法体制改革、确保依法独立公正行使审判权检察权、健全司法权力运行机制和完善人权司法保障制度等多个方面推动司法体制改革:一是确保依法独立公正行使审判权检察权,改革司法管理体制,推动省以下地方法院、检察院人财物统一管理,探索建立与行政区划适当分离的司法管辖制度,保证国家法律统一正确实施。二是健全司法权力运行机制,改革审判委员会制度,推进审判公开、检务公开,录制并保留全程庭审资料,增强法律文书说理性,公开法院生效裁判文书。三是广泛实行人民陪审员、人民监督员制度,拓宽人民群众有序参与司法渠道。四是完善人权司法保障制度,进一步规范查封、扣押、冻结、处理涉案财物的司法程序。五是健全错案防止、纠正、责任追究机制,严禁刑讯逼供、体罚虐待,严格实行非法证据排除规则。逐步减少适用死刑罪名。六是废除劳教制度,完善对违法犯罪行为的惩治和矫正法律。七是健全国家司法救助制度,完善法律援助制度。八是发挥律师在依法维护公民和法人合法权益方面的重要作用。十八届四中全会更加明确地强调指出:"保障公正司法,提高司法公信力。"要"完善确保依法独立公正行使审判权和检察权的制度,建立领导干部干预司法活动、插手具体案件处理的记录、通报和责任追究制度,建立健全司法人员履行法定职责保护机制。优化司法职权配置,推动实行审判权和执行权相分离的体制改革试点,最高人民法院设立巡回法庭,探索设立跨行政区划的人民法院和人民检察院,探索建立检察机关提起公益诉讼制度。推进严格司法,推进以审判为中心的诉讼制度改革,实行办案质量终身负责制和错案责任倒查问责制。绝不允许法外开恩,绝不允许办关系案、人情案、金钱案"①。

3. 社会保障体系的人权根本保障

中国特色的人权社会保障,是指运用公民、社会团体、社会组织和政党等所发挥的社会力量来保障人权的实现。这种社会保障是以公民、社会团体、社会组织和政党等名义实施的,虽然不具有法律上的强制性,但具有道义和舆论的力量,体现了中国社会主义的人权保障的民主化和社会化。随着中国特色社会主义法律体系的基本形成,我国逐步建立起了具有中国特色的社会保障制度,形成了包括社会保险、社会救助、社会福利、优抚安置等制度的较为全面的人权社会保障体系。"随着全面建成小康社会的加快推进,近年来中国的社会保障水平不断提高。2013 年,中国社会保障事业快速发

---

① 《中共中央关于全面推进依法治国若干重大问题的决定》,《人民日报》2014 年 10 月 29 日。

展，保障内容持续增加，保障范围不断扩大，在经济发展水平还不是很高的情况下，初步建立了世界上规模最大的符合现阶段中国社会实际的社会保障体。2012年，实现全国新型农村社会养老保险和城镇居民社会养老保险制度全覆盖。截至2013年，全国城乡居民参保人数达到49750万人，比2012年增加1381万人；全国城镇职工基本养老保险参保人数为32218万人，比2012年增加1791万人。2013年，企业退休人员月人均基本养老金水平继续调整，调整水平按2012年企业退休人员月人均基本养老金的10%左右确定，达到近1900元，并对具有高级职称的企业退休科技人员、基本养老金相对偏低的人员等进行适当倾斜。"①十八届四中全会决定强调指出，健全依法维权和化解纠纷机制，建立健全社会矛盾预警机制、利益表达机制、协商沟通机制、救济救助机制，畅通群众利益协调、权益保障法律渠道。

三、协商民主是保障人权的有效方式

人民是依法治国的根本主体和力量源泉。我国法律确定的"人民司法"概念，既体现了司法的民主价值，也体现了司法的公正价值。十八届四中全会决定根据人民主权的宪法原则，从扩大依法治国的群众基础出发，把"保障人民群众参与司法"作为"保证公正司法，提高司法公信力"的一项重要任务，不仅揭示了我国司法制度的人民属性，也指明了司法体制的改革方向和具体要求。为破解体制性机制性障碍，保障人民群众参与司法，十八届四中全会决定提出了一系列重大措施。我国的人民陪审员制度是人民群众参与司法、监督司法的最直接形式，也是审判工作充分依靠群众保障人权的有效方法。进一步完善人民陪审员制度，保障公民陪审权利的具体办法：一是增加人民陪审员的数量；二是扩大人民陪审员的审案范围；三是完善随机抽选陪审员方式；四是调整人民陪审员审判职权。

中国特色的协商民主既是我国人民民主独特形式和独特优势，又是尊重与保障人权的最有效方式之一。作为我国人民民主特有形式和独特优势的协商民主，不断拓宽国家政权机关、政协组织、党派团体、基层组织、社会组织的协商渠道，深入开展立法协商、行政协商、民主协商、参政协商、社会协商。以法治文明的这些协商民主形式为平台，就经济社会发展重大问题和涉及群众切身利益的实际问题在全社会进行广泛协商，增进和达成共识。作

---

① 国务院新闻办公室：《2013年中国人权事业的进展》白皮书，《人民日报》2014年5月27日。

为协商民主的重要渠道,中国人民政治协商会议积极推进协商民主建设,创新以专题为内容、以界别为纽带、以专委会为依托、以座谈为方法的协商形式,积极开展专题协商、界别协商、对口协商、提案办理协商,推动协商活动的多样化,约请有关部门负责人直接听取意见,推动建言献策成果的转化,等等。中国特色的协商民主的样式创新,无疑是"加强权力监督"、"切实尊重与保障人权"的最佳有效方式。

放眼当前世界各国的协商民主形式,同样是现代法治国家有效监督公共权力和尊重与保障公民基本人权的有效方式。归纳起来大致包括:公民共识会议(Consensus Conference)、民意测验机制(Deliberative Polling)、专题协商小组(Focus Group)、城镇居民协商大会(Town Meeting)、寻找美好未来会议(Future Search Conference)等。

需要特别强调的是,协商民主的实际操作方式,应当遵循并随着各国历史文化传统、经济、政治发展水平、社会情境与文化条件等的不同,其适用范围和运作模式也各不相同。"不同的文化,却有相同的人格尊严。"① 在人权问题上没有最好,只有更好。这不仅是至理名言,而且是历史事实。当前世界各国除了上述五种协商民主模式外,还包括公民陪审团、角色扮演、愿景工作坊、观点工作坊、表决会议、对话网络、居民听证会及公民评议会等等。当今中外的协商民主形式无疑向人们传递了这样一个道理:协商民主正越来越多地被运用到现代民主国家的社会政治生活之中,发挥着越来越大的公共权力监督与公民人权的尊重与保障。作为我国人民民主特有形式和独特优势的协商民主无疑是尊重与保障人权的最有效方式。

四、良法善治进一步丰富平等权的内容

十八届四中全会强调指出:"公正是法治的生命线。司法公正对社会公正具有重要引领作用,司法不公对社会公正具有致命破坏作用。必须完善司法管理体制和司法权力运行机制,规范司法行为,加强对司法活动的监督,努力让人民群众在每一个司法案件中感受到公平正义","推进严格司法,坚持以事实为根据、以法律为准绳,推进以审判为中心的诉讼制度改革,实行办案质量终身负责制和错案责任倒查问责制"。② 随着良法善治进程的推进,公民平等权将会不断得以充实新的内容。

---

① 罗豪才:《第四届北京人权论坛开幕词》,《光明日报》2011年9月27日。
② 《中共中央关于全面推进依法治国若干重大问题的决定》,《人民日报》2014年10月29日。

1. 公民平等知情权。在全面推进依法治国的进程中，作为人民民主特有形式和独特优势的协商民主其权利首先表现在平等知情权。公开透明各方对称的信息，是协商民主过程中公民人权实现的前提条件，知政是参政的前提，参政是知政的实践。因此，良法善治的平等知情权，是社会主义协商民主的首要平等权利形式。

2. 公民平等参与权。良法善治中的公民平等参与权，包括各层次、各领域公民有序政治参与权，决策程序、参政议政、政策执行、担任公职、农村及城市自治和企事业单位公民的参与权，尤其是民主管理、民主决策和民主监督的参与权。

3. 公民平等表达权。良法善治的重要运行方式，是参与者对于公共事务、公共政策及其相关利益关系的不同意见、主张和要求的表达，而充分的表达是实现充分讨论和有效协商的权利基础。

4. 公民平等决策权。作为公共决策的协商形式，良法善治与决策权具有关联性。当然，需要指出的是，协商民主中的决策权通常是参与决策和监督决策权，并非法定决策权。在我国的多层面政治协商和基层协商治理中，决策权的性质和功能都是如此。

5. 公民平等监督权。作为人民民主特有形式和独特优势的协商民主不仅涉及公共决策和民主管理，而且涉及民主监督。因此，政治组织、人民团体和公民依法监督的权利，是良法善治的重要内容之一。

6. 公民平等互利权。协商民主的目标是通过公民积极参与，实现公共权益最大化，实现平等的互惠互利。

7. 公民平等话语权。在当代社会思潮中，话语权指的是影响社会发展方向的制约能力。作为主流意识形态的话语权是指影响社会发展方向的主导能力。作为良法善治中的公民平等话语权，就是公民平等的权益发言权和平等的权益对话权。它既是公民依法参与协商民主的软实力，又是公民依法参与协商民主的硬实力。

3. 拷问美国人权的公正

11月24日，美国密苏里州大陪审团裁定对射杀黑人青年布朗的白人警官威尔逊免予起诉。这一司法裁定再度引发全美范围的抗议和暴乱，仅3天时间就扩散至170余城市。余波未平，亚利桑那州菲尼克斯市又再次发生白人警察枪杀手无寸铁的黑人事件。这连串的"弗格森事件"令人再三拷问美国人权的公正性。

司法之殇损害公正。在美国司法陪审制度中，刑事审判的陪审制度采用全票一致通过裁决制。对于受害者布朗，在白人警察开枪警示要他举起双手后，依然被开枪打死，陪审团的理由是，警察不能判断布朗是否会给他造成威胁。既然在白人警察作为被告时适用"疑罪从无"，那么为何白人警察在对黑人执法并且人命关天的问题上却是"有罪推定"呢？恰恰就是这种所谓"无可挑剔的陪审审判制度"，才导致了对被害人生命权极为不公的审判结果。正义不伸，何来和平？

种族之殇，社会心理养痈遗患。美国向来宣扬"人人生而平等"，反对种族歧视。然而，种族歧视问题历来是美国殖民历史乃至独立建国以来的"顽疾"。白人殖民者跨大西洋的黑奴买卖，以及美国南部种植园的黑奴制度，曾经是导致美国南北内战的肇因之一。近代以来，虽然历经了民权运动，白人歧视黑人的社会顽疾却并没有因为美国历史上首位黑人总统的当选以及连任而得以痊愈。相反，美国社会的"隐性歧视"却日益难以消除。表面看来，种族主义和种族歧视在美国社会是禁忌，是法律和道德所不允许的，但实际上，黑人在美国社会中遭受着严重的"隐性歧视"。仅举一例，芝加哥大学和麻省理工学院教授们联合做了一个实验，他们将5000份虚构的简历投递给1300个需要招聘的广告。每份简历内容大致相同，只是在名字上有差异。一些简历用白人特征的名字，另一些则用典型黑人名字。结果白人名字的简历进入下一轮面试的机会高于黑人名字50%。

生活在此等社会环境下,有色人种缺乏平等发展的机会,一再沦为公权执法的对象,甚至坐以待毙。《赫芬顿邮报》评论道:"在美国,会不会被警察枪杀取决于你的肤色。"美国的一项研究发现,近年来,美国年轻黑人男性被警察枪杀的风险是年轻白人男性的 21 倍。而美国联邦数据显示,从 2010 年到 2012 年,共有 1217 名美国人死于警察枪下。其中 15 岁到 19 岁的年轻人中,黑人每百万人中有 31.7 人被警察打死,而白人的同一数据仅为 1.47 人。

美国一直以"世界人权法官"自居,对世界各国的内部事务和别国人权状况横加干涉、指责。然而,对自身国内长期存在的种族歧视等严重人权问题,美国一直讳莫如深。美国国务院发言人对连串的"弗格森事件"所引起的骚乱公开辩称,"发生在弗格森的事件属于美国内政","美国的情况与其他国家没有可比性"。明显带有"双重标准"的美国人权,公正性经不住拷问。

4. 美国的人权状况并不完美

以"世界人权法官"自居的美国政府,一味奉行"双重人权标准":把美国的自身人权状况看得尽善尽美、完美无缺,对近200个国家的人权状况横加指责,评头品足。但美国对自身的人权严重问题却百般遮掩,讳莫如深。并不完美的美国人权状况,理应当平等自觉地接受联合国人权理事会普遍定期审议。

经济领域的人权保障问题。美国虽然经济复苏,但仍面临失业、贫困、两极分化和无家可归的严重问题。严重的失业问题。据统计,与2007年相比,2013年全美35个州中25—54岁人口的就业率下降。2007年该年龄段80%的人可以就业;而2012年6月至2013年6月,只有76%的人可以就业。据美国消费者新闻与商业频道网站2013年9月16日报道,2012年美国工人平均失业时间为39.5周,是第二次世界大战以来最严重的一年。2013年10月,美国退伍老兵的失业率为6.9%。"9.11"事件以后服役的退伍老兵中有24.6万人正在寻找工作。贫富差距进一步加大。2012年,美国收入最高的1%的人口集中了19.3%的总收入;美国10%的家庭控制了全美50.4%的总收入,这个数字是自1917年以来最高的。2009年至2012年,美国收入最高的1%家庭的收入增长了31.4%,占美国全部收入增长的95%;而低收入阶层只增长了0.4%。工人的工作环境和劳动报酬状况恶化。《今日美国报》2013年12月5日的报道称,美国有超过100个城市的快餐店工人举行大罢工。罢工者认为依靠每小时7.25美元的最低工资、1.5万美元的年薪难以维持生计。他们主张每小时最低工资提升到15美元,开始"为15美元而战"。无家可归者人数持续增加。据美国无家可归者联盟2013年11月发布的数据,纽约市收容的无家可归者的人数自2002年以来已经增加了71%以上。纽约市每天晚上多达60000人无家可归,其中包括22000多名儿童。

社会领域的人权保障问题。美国自认为是世界人权最先进的社会，其实美国的暴力犯罪、种族歧视、对妇女的性侵犯和儿童权利的侵害最为严重。暴力犯罪突出，据统计，2012年，全美共发生1214462起暴力犯罪，比2011年上升0.7个百分点。美国12岁及以上公民的暴力受害率从2011年的每千人的22.6增加到2012年的每千人的26.1。美国平均每26秒发生一起暴力犯罪，每1.5分钟发生一起抢劫案，每6.2分钟发生一起暴力强奸案，每35.4分钟发生一起谋杀案。美国是世界上监禁率最高的国家，每10万人中就有716人在监狱里。美国囚犯占人口比例比任何欧洲国家高4~8倍，是墨西哥的4倍、中国的6倍、日本的14倍。美国的种族歧视严重。近一半的黑人或者少数民族教师感到种族歧视对他们的事业发展造成了阻碍。40％的黑人认为存在大量针对黑人的歧视，黑人认为种族关系良好的比例比2012年下降了9％。2012年至2013年，非洲裔美国人失业率依然为白人的两倍以上。2014年连串的"弗格森事件"引发全美范围的抗议和暴乱，仅3天时间就扩散至170余城市。余波未平，亚利桑那州菲尼克斯市又再次发生白人警察枪杀手无寸铁的黑人事件。强奸是美国社会中另一个严重的人权问题。美国司法部的数据显示，1/3的美国当地妇女在其一生中会遭遇强奸。而联邦政府搁置并拒绝起诉了67％的性侵案件，即使涉及儿童。美国军人也同样广泛遭受性侵犯。美国五角大楼一项匿名调查显示，受到过不受欢迎的性接触或性侵犯的军人数字由前一次调查的19000名增加到2012年的26000名。2013年美军性侵犯增幅超过了50％。美国的儿童权利保障问题十分突出。美国"帮助儿童组织"指出，美国在1998年平均每天有3名儿童因父母暴力或疏忽而死亡，自2010年起上升至5名，在世界发达国家中居首位。超过22％的美国儿童生活在贫困之中。

公民自由权利方面的人权保障问题。美国自认为是世界民主的楷模，号称是世界上最公正、最自由的国家。但最突出的问题却是酷刑、司法不公和通过秘密监听对公民隐私权的严重侵犯。美国联邦调查局对美国司法和检察机构不久前进行的一次调查显示，调查人员在已有证据的情况下还犯了至少120起错误，导致27名无辜者蒙冤受难。在芝加哥，数十名曾被判处有罪的人声称曾遭受警察的殴打和电击，逼迫他们认罪，其中绝大多数都是非洲裔公民。美国情报机构对IPHONE用户数据、安卓系统设备以及黑莓进行广泛监控，而这些设备系统曾经被认为是高度安全的。美国公民自由协会的法律事务专员指出："美国对数百万用户的手机进行监控的行为，是对其宣称的尊重外国公民和美国公民隐私权这一国际义务的无情嘲弄。美国政府应

4. 美国的人权状况并不完美

该把监控对象更改为有犯罪嫌疑的人,而不是那些遵纪守法的无辜民众。"美国在关塔那摩的监狱是令世界震惊的酷刑中心。在那里,被拘押的人遭受极度的虐待和暴力。据维基解密揭示,被带到那里的60%的关押者与塔利班和基地组织都没有任何联系。尽管已有700多名被关押者已经离开监狱,但仍有160多人被关在该监狱内。2013年1月11日是美国第一次把在押人员转移到关塔那摩拘押中心的11周年。在美国和世界许多地方都举行了抗议活动。拉丁美洲团结联盟呼吁关闭关塔那摩监狱,并将其归还古巴。联合国人权高专首席代表皮莱在一份声明中说:"对大量在押人员进行持续性的无限期监禁,相当于任意拘留,这明显违反国际法。"2013年4月,关塔那摩监狱被押人员举行绝食抗议,一些绝食者被绑在椅子上在鼻孔中插入导管强制喂食。联合国人权高专办发表声明,重申美国对关塔那摩湾拘押中心的囚犯强制喂食是违反国际法的。

国际领域的人权维护问题。美国在国际舞台上高调倡导人权,定期对各国人权状况发布国别人权报告,仿佛自身已是人权保障的世界楷模。但美国随意侵犯他国主权、伤害他国公民的生命和通过非法监听侵犯其他国家公民的隐私权。据新闻调查局的统计,2004年以来美国已在巴基斯坦进行了376次无人机袭击,死亡人数在2525到3613人之间,其中有多达926名死者是平民。2013年5月9日,巴基斯坦白沙瓦高级法院裁定,美国无人机在巴基斯坦的袭击违反了国家主权、"公然违反了基本人权"以及《日内瓦公约》的规定。法院命令巴基斯坦政府将此事提交安理会,请求联合国秘书长"成立一个独立的战争犯罪法庭",并要求联合国安理会和联合国大会通过一项决议,谴责无人机袭击。根据斯诺登所提供的一份机密文件,国家安全局监控了35个外国领导人的通话。美国自认为是世界人权的领导者,9个重要国际公民权利组织却至今仍未批准或加入《经济、社会和文化权利国际公约》《消除对妇女一切形式歧视公约》《儿童权利公约》和《残疾人权利公约》等联合国一系列核心人权公约。

由此可见,美国的人权状况并不完美。根据联合国人权理事会的相关规则,美于5月11日接受联合国人权理事会第二轮别国人权审查,各国在审查中对美国过度执法、实施酷刑、侵犯隐私权等人权问题提出批评。世界上没有任何国家的人权状况是完美无缺的,作为世界最大发达国家的美国当然不例外。国际规则面前各国一律平等。共同的国际规则各国理应共同遵守,共同的国际人权监督规则也没例外。正因如此,国际社会才能不懈地致力于共同改善和促进人权事业发展。但由于每个国家的基本国情和发展道路不同，人权状况千差万别，相互间有许多可学习和借鉴的东西。不同的人权文明交流互鉴，求同存异，开放包容，平等自觉地接受联合国人权理事会普遍定期审议的监督，这是当今国际人权舞台健康发展的发展趋势和普遍规则。也正因如此，日内瓦人权理事会理应成为各国寻求对话合作、促进人权平等保护的国际平台，而不应是一个攻击别国、制造对抗的场所，更不应成为发达国家借人权之名干涉发展中国家主权的霸权任性。

5. 构建中国人权话语体系的"五个应当"

德国著名哲学大师黑格尔曾经指出,一个民族除非用自己的语言掌握本民族最优秀的东西,否则,这些东西就不会真正成为最宝贵的精神财富。由此他提出了"让哲学说德语"的话语权任务。在当代社会思潮中,话语权指的是影响社会发展方向的制约能力和控制能力。作为主流意识形态的话语权是指影响社会发展方向的主导力和掌控力。话语权既是一种软实力,又是一种硬实力。习近平总书记在中央政治局第十二次集体学习时的讲话中强调指出:"提高国家文化软实力,要努力提高国际话语权。""增强做中国人的骨气和底气。"① 努力打破自近代以来的欧洲人权中心主义和当代美国人权中心主义话语体系的垄断格局,构建中国特色、中国风格、中国气派的人权话语体系,是实现中国人权文化自觉和人权文化自信的一个重要战略任务。构建中国人权话语体系,既不同于一切西方世界的人权话语体系,但批判吸收了他们一切积极合理因素,也不同于一切过去传统的社会主义话语体系,但吸取了其成功经验和失误教训。它应当是科学社会主义基本原则与中国特色相统一的新型人权话语体系。我们认为具体表现为如下"五个应当"。

一、应当对目前学界种种人权话语主张的深刻反思

反思概念在黑格尔《精神现象学》中竟达 30 多处,意指认识主体反观自照的能动再认识。认识主体反观自照的能动再认识,是马克思主义哲学革命批判本质的内在要求。在如何构建中国人权话语体系的问题上,目前学界的如下三种主张应当引起我们深刻反思。

第一种认为,既然马克思主义人权理论是被实践证明的科学理论,它自产生以来就成功地指导了世界被压迫劳动人民的人权实践,并根本改变了中

---

① 习近平:《在中共中央政治局第十二次集体学习时讲话》,《人民日报》2014 年 1 月 12 日。

国人权的历史进程。近些年来学界兴起的"回到马克思"文本解读的文献研究法无疑十分重要和科学,但如果因重视文本却变成了"迷信文本"或"回到早期马克思",把马克思主义简单地归结为"人道的马克思主义",并由此主张"照抄"马恩"'老祖宗'的人权话语"就不对了。甚至有人还提出今天我们为什么还要标新立异,为什么不可以"照抄"马恩"'老祖宗'的人权话语"——这是所谓"照抄'老祖宗'的人权话语"主张。

第二种认为,中华文明的学术话语绵延数千年,并形成了具有东方神韵的"人为贵""和为贵""天人合一"的朴素人权话语元素,以至于今天我们才有资格"民族复兴"这个具有深厚历史感的时代主题,今天我们为什么要将这套话语体系弃之不用?为什么还要另起炉灶另搞一套——这是所谓回到复古的人权话语主张。

第三种认为,既然西方近现代几百年的人类中心主义的人权话语,伴随着全球化进程现代化进程,伴随着现当代西方民主与法治成熟领先而主导的,今天我们为什么不可以与成熟领先的西方民主法治人权话语接轨,为什么不能采取拿来主义的态度——这是所谓"全盘'西化的人权话语'"主张。

那么我们应当如何看待上述种种人权话语主张呢?

第一,中国现阶段的人权矛盾和问题具有自身的特殊性,不能简单"回到"或"照抄"马恩"'老祖宗'的人权话语"来解决21世纪中国的现实人权新问题。马恩"'老祖宗'的人权话语"为21世纪中国的现实人权建设和改革提供了总的指导原则。即"每个人的自由发展是一切人的自由发展的条件"①。"权利永远不能超出社会的经济结构以及由经济结构所制约的社会的文化发展。"② 马恩的这些经典原则,但它没有也不可能提供现成的具体方案和现成的具体答案。马恩"'老祖宗'的人权话语"在今天依然好用、依然能用、依然管用。但对于国际风云变幻的人权现时代和市场经济条件下的公民自主权以及网络条件下的公民参与权、自由表达权、公民隐私权而言,不够用也是必然的客观事实。马恩"'老祖宗'的人权话语"必须考虑现实中国人权具体国情的特殊性,创造适合当代中国国情的人权话语体系。中国在任何时候都必须牢牢把握不同人权发展阶段的特殊性,坚持用中国化的马克思主义最新理论成果,创造人权新话语创造性地解决当代中国的人权新问题。

---

① 《马克思恩格斯选集》第1卷,人民出版社1995年版,第85页。
② 《马克思恩格斯选集》第3卷,人民出版社1972年版,第12页。

第二，中国现阶段的人权矛盾和问题具有现时代的特殊性，不能奢望以"复古的人权话语"来解决今天中国的人权新问题。五千多年的中华文明的优秀传统人权文化基因，是在中国这块东方文明沃土上生长起来的一朵奇葩。它在许多方面达到的高度确实为西方古代文明所不及，甚至也为西方现当代文明所不及，正因如此，"取其精华"才有其合理性，也是我们正确对待中国优秀传统人权文化应有的科学态度。然而"取其精华"的同时不应忘了还要"去其糟粕"。中国儒家传统文化中"存天理，灭人欲"的封建皇权糟粕，担当不起中华民族伟大复兴的历史重任。如果以为这套人权话语能够担当民族复兴的历史重任，那么，近一个半世纪以来无数仁人志士向西方寻求救亡图存的真理的历史就成了无谓之举，19世纪中叶以来中国人民在各条道路、各个主义、各种话语的反复较量中最终选择了马克思主义就成了历史的误会了。所以，在今天试图将已经完成历史使命的中国传统话语简单复活而不加改造地"复古的人权话语"是根本行不通的。

第三，中国现阶段的人权矛盾和问题具有民族的特殊性，不能期待以"西化的人权话语"来解决中国的人权新问题。中国特色的人权话语不是脱离人类文明大道而固步自封的，而应该是人类一切优秀思想文化成果的合乎规律的借鉴与升华。只有积极吸收和批判改造人类历史上创造的一切有价值的人权理论和实践成果，并在此基础上根据中国的实际加以创造性的转化和发展中国特色的人权话语体系，才能真正代表时代发展精神和世界进步潮流，才能为世界各国人民所理解和认同。对于西方某些先进的人权文化理念，可以作为中国人权话语体系的有益借鉴。但是中国人权话语和中国的人权矛盾与问题，必须具有深厚的本土性和特殊性，绝不能"全盘西化"。然而，西方世界的人权话语霸权立场和人权话语中心主义的逻辑，把西方话语上升为唯一正确的"普世价值"观，而把其他非西方话语看作是反人类文明的落后垃圾。我们国内一些人却对西方的民主法制理念和条款简单照抄照搬，还以为站在学术前沿，用西方的人权概念来解答中国社会的人权现实问题，削中国人权之足来适西方人权之履。这是特别值得我们警惕和深刻反思的。

二、应当认清构建中国人权话语体系的重要意义

构建中国特色的人权话语体系具有十分重要的现实意义。"如何在学习借鉴人类文明成果的基础上、用中国的理论研究和话语体系解读中国实践、中国道路，不断概括出理论联系实际的、科学的、开放融通的新概念、新范

畴、新表述，打造具有中国特色、中国风格、中国气派的哲学社会科学学术话语体系，是理论界和学术界面临的重大而紧迫的时代课题。"①

一方面，这是推动中国特色社会主义人权事业科学发展的内在要求。尊重和保障人权是党和政府治国理政的重要原则，是社会主义核心价值观的重要内容，是中华文明的民族精神和时代精神的重要体现。改革开放以来，党和政府坚持解放思想、实事求是、与时俱进、求真务实的思想路线，冲破"左"的人权思想桎梏，高举起尊重与保障人权大旗，开始了中国特色社会主义人权事业发展的崭新阶段。党的十六大以来，党和政府自觉坚持以科学发展观为指导，把尊重和保障人权作为治国理政的重要原则，并贯穿于"五大建设"的各个领域和全过程之中，取得了举世公认的伟大成就。我国人权学术界、理论界积极进行理论创新，认真研究和深入探讨中国特色社会主义人权事业发展的现实问题，先后公开出版了数百部人权理论专著和数万篇人权学术论文，为中国人权事业的发展提供了有力的理论支持。当前和今后一个时期是全面建成小康社会的关键时期，是全面深化改革加快转变经济发展方式的关键期，也是进一步推动人权事业全面发展的重要战略机遇期。中国特色社会主义人权实践的全面发展迫切呼唤构建实现中国梦的人权话语体系。然而我国的人权话语体系还明显地落后于中国人权实践发展的新要求，落后于改革开放和现代化建设的新需求，落后于广大人民群众人权实践发展的新期待。因此，国内人权建设的现实需求，迫切需要建立起一整套能够指导中国人权实践发展的话语体系。

另一方面，这是提升中国在国际舆论中话语权的必然要求。联合国秘书长潘基文在联合国纽约总部的讲话中强调指出："必须将人的权利和尊严置于发展行动的核心。"②尊重和保障人权是人类社会进步的重要成果和现代文明社会的重要标志，反映了世界各国人民的共同追求和时代发展的潮流，越来越成为一个国家国际形象的重要标志和国家软实力的重要组成部分。正是从这个意义说，谁在人权领域拥有话语权、主导权，谁就占领和掌握了国际舆论的道义制高点。进入新世纪以来，特别是后金融危机时代中国正以前所未有的强劲态势走向现代化崛起，在世界东方对世界产生着日益重大的广泛影响，世界也正以前所未有的目光聚焦中国、正视中国、关注中国，各国对

---

① 李长春：《在马克思主义理论研究和建设工程工作会议上的讲话》，《人民日报》2012年6月4日。

② 潘基文：《在联合国国际人口和发展大会2014年全球报告发布会议的讲话》，联合国网站2014年2月13日。

中国的借重和合作正在不断增加，相比之下美国等西方国家综合国力和国际影响力明显下降，西方的发展模式和价值观念遭到前所未有的质疑和挑战。然而中国在硬实力快速增长的同时，软实力建设却是一个明显的短板。长期以来西方世界一直垄断着国际舆论话语权，中国在国际传播格局和话语体系中处于明显的弱势地位。"一超主导、西强我弱"的话语格局并没有打破，西方话语垄断和话语霸权的态势并没有根本改变。特别是美国等西方国家对中国迅速发展强大，心态复杂，紧迫感、焦虑感上升，疑虑和防范意识不断加深，为维护其在国际事务中的主导地位在硬实力下降的情况下，更加注重利用价值观外交和话语霸权等软实力来改善其战略处境，更加注重利用民主自由人权作为战略武器来渲染西方发展模式的道德优势，抹黑和丑化中国的国际形象。在中国综合实力日益增长，各国之间的竞争越来越表现为软实力竞争的今天，能否打破西方话语霸权，提升中国的国际话语权，事关中国的和平崛起和中华民族伟大复兴的大问题。

三、应当破除以西方是非为是非的人权思维定势

所谓"以西方是非为是非"的人权思维定势，就是我国学术界的一些人们论述人权问题时，自觉不自觉地习惯用西方的人权话语作为是非标准，并形成了一种固定的思维定势和固定的思维方式。"华盛顿共识"是西方中心论的现代版，也是西方发达国家对发展中国家和转型国家开的标准处方和普世价值标准。其结果都给这些国家带来了灾难性后果，比如拉美陷阱、苏东剧变以及伊拉克的人道主义灾难等等。从历史形态看来，具体表现为三种思维定势：第一种是"言必称希腊"，自觉不自觉地习惯用柏拉图或亚里士多德的话语为话语的是非标准；第二种是"言必称欧洲"，自觉不自觉地习惯用欧洲人道主义者们的法律、政治话语为话语的是非标准；第三种是"言必称美国"，自觉不自觉地习惯用当代美国人权中心主义者们的人权话语为话语的是非标准。在当前我国理论学术界，"言必称美国"的人权话语为话语的是非标准最为时尚、最为典型、最为流行。一方面，以美国为代表的当代西方民主自由人权话语体系和思想体系是以当代美国等西方资本主义征服世界的殖民统治为基础不断得到主导和发展的。另一方面，以美国为代表的当代西方的这套人权思想体系和话语体系，又给予当代西方资本主义殖民统治以精巧外衣，成为当代美国等西方国家征服世界称霸世界的一个合法外衣。"人权高于主权""人权无国界""人道主义干涉合法论"是其典型口号。现当代以来，国际人权理论和实践一直为美国等当代西方的人权思想体系所主

导,美国等西方国家主流意识形态垄断着对当代国际人权问题的解释权,美国等西方国家的社会制度和发展模式被视为唯一正确的"普世价值"观。二战后联合国世界人权宣言共识的形成。20世纪六七十年代,随着第三世界广大发展中国家登上国际历史舞台并积极发挥作用,曾一度对西方人权观发起了强烈冲击,但由于受美国主导的世界格局制约和影响,这种冲击并没有从根本上动摇西方人权观在国际人权领域的垄断地位和话语霸权态势。

新中国成立后的一个时期内,由于受"左"的指导思想影响,我国曾一度将"人权"视为禁区。改革开放以后,解放思想,实事求是,破除了将"人权"视为资产阶级口号的"左"的束缚,坚持从中国的国情出发,以经济建设为中心把生存权和发展权作为首要基本人权的发展道路,创造性地提出了"把马克思主义人权的普遍性原则与中国具体实际相结合""人权问题没有最好只有更好"等一系列具有鲜明中国特色的人权新观点、新思路,并在国际社会独树一帜,有力地维护了我国的民族尊严和核心利益,扩大了中国在当今国际人权领域的重要影响。与此同时,我国人权学术理论界研究并出版了一大批人权学术研究成果,为国家人权建设和国际人权事业健康发展作出了重要贡献。然而总体来看,我国学术界的人权理论研究仍缺少源于中国自身实践的原创性思想成果,仍没有真正形成基于自身理论基点的自主创新的人权理论体系和话语体系,在很大程度上还自觉不自觉地受到以西方是非为是非思维定势的束缚,存在着自觉不自觉地用西方人权观和西方人权话语体系来思考、看待和说明中国人权的现实问题。这种情况的存在,一方面与近现代以来西方人权思想体系和话语体系长期主导着国际政治和社会科学研究的客观现实相关;另一方面也是改革开放以来中国学术界在大量引进当代西方学术成果的基础上,开展社会科学研究的历史过程是相适应的。但是这种情况的长期存在,既不利于中国人权思想理论建设的学术发展,更不利于中国人权事业的国际交流合作,因此,必须破除以西方是非为是非的人权思想桎梏,努力构建中国特色的人权话语体系。

四、应当厘清构建中国人权话语体系的研究思路

一是直面现实沃土、必须立足当代中国特色社会主义现代化的伟大实践。习近平指出:"中国特色社会主义理论体系,集中体现了当今世界和当代中国的发展变化对党和国家工作的新要求,集中体现了全党全国各族人民的意志,集中体现了当代中国马克思主义的实践特色、民族特色、时代特色,是我们党励精图治开拓进取探索真理把握规律的结果。在新的历史起点

上,坚持和发展中国特色社会主义理论体系,奋力开拓中国特色社会主义更为广阔的发展前景,是当代中国共产党人的庄严责任。"① 中国特色社会主义现代化的成功实践,在世界上树立起人类历史上非资本主义发展道路的成功范例。"北京共识"取代"华盛顿共识"就是其典型表现。这就像资本主义发展模式是西方资产阶级人权思想体系和话语体系的物质基础一样,生机勃勃的中国特色社会主义伟大实践,无疑也是创新和发展中国人权思想体系和话语体系取之不竭的力量源泉。学术理论界要系统研究和总结建国以来特别是改革开放以来党和政府推动中国现代化建设和人权发展的成功经验和成果,系统研究和阐释党和政府提出的坚持以人为本、推动科学发展、促进和谐社会、坚定走和平发展道路、推动建设持久和平共同繁荣的和谐世界等一系列重大战略思想中所包含的人权内涵,系统研究和阐发中国特色社会主义发展模式和发展道路的人权内涵,紧紧围绕依法保证全体社会成员平等参与、平等发展权利这一历史逻辑主线,着力破解制约和影响人权发展的民生现实问题,努力建立起一整套与中国发展模式相适应的人权理论体系和话语体系。

二是弘扬优良传统,必须认真汲取中国优秀传统文化中的人权文化基因。习近平总书记在"关于弘扬中华优秀传统文化的重要讲话"中指出:"要继承和弘扬中华优秀传统文化,弘扬中华传统美德,弘扬时代新风,振奋中华民族精神。"② 发掘中华文明中最深厚的人权文化基因,是努力构建中国特色的人权话语体系的重要思想来源。中华文化博大精深,历经五千多年而不衰,至今仍然深刻影响着中国社会的发展,在世界上独具魅力。中国传统文化中包含着丰富的尊重人、爱护人、关心人、发展人的人道主义和人权思想基因。应当结合当代中国和世界的实际,从人权的角度深入研究中国传统文化,剔除其糟粕成分,挖掘和阐释其中符合时代精神,具有普遍意义的人权思想精华,使之成为创新和发展人权理论体系和话语体系的重要源流,这是深化社会主义核心价值体现的重要内容。中华优秀传统文化中讲仁爱、重民本、守诚信、崇正义、尚和合、求大同的价值追求,有利于促进人与自然之间、国家之间、社会组织之间,以及人与人之间和人的内心世界之间的和谐相处,对当代世界发展有着特殊意义。对此英国哲学家罗素曾指出

---

① 习近平:《在2008年中央党校春季开学典礼上的讲话》,《人民日报》2008年3月2日。
② 习近平:《在山东考察时关于弘扬中华优秀传统文化重要讲话》,《光明日报》2014年1月14日。

过:"中国至高无上的伦理品质中的一些东西,现代世界极为需要。若能够被全世界采纳,地球上肯定比现在有更多的欢乐祥和。"①

三是开放多样包容,必须积极借鉴吸收世界各国和国际社会一切进步的人权思想和有益成果。习近平指出:"坚持开放多样包容,为促进共同发展提供广阔空间,'海纳百川,有容乃大'。"②中国特色人权理论体系和话语体系,不是脱离人类文明大道而产生的,而应该是人类一切优秀思想文化成果的合乎规律的发展。只有吸收和改造人类历史上创造的一切有价值的人权理论和实践成果,并在此基础上根据中国的实际加以创造性的转化和发展,我们的人权理论体系和话语体系才能真正代表时代发展精神和世界进步潮流,才能为世界各国人民所广泛理解和认同。为此,我们应当加强对国际人权文书和各国人权发展模式的研究,加强对国际人权理论和实践的前沿问题的研究,善于从国际国内人权理论与实践成果的相互转化优势互补中进行创新,牢牢把握世界人权发展的历史大趋势。

五、应当深入进行中国人权话语体系的人权理论体系研究

不断丰富和发展中国特色社会主义人权理论体系,是构建中国人权话语体系的核心内容和要义。德国著名哲学大师黑格尔曾经指出:"真理只有作为体系才是现实的。"③深入进行中国特色社会主义人权理论体系研究,说到底,就是中国特色社会主义人权文化自觉和人权文化自信。中国特色社会主义人权理论体系建构是中国特色社会主义人权理论与实践的全面系统梳理和科学总结,深刻反映了中国特色社会主义人权文化自觉和人权文化自信,彰显了中国特色社会主义人权话语体系的创造力。

作为人权文化自觉和人权文化自信的中国特色社会主义人权理论体系的基本内容,主要由中国特色的人权本质规定、中国特色的人权理论基石、中国特色的人权实践基础、中国特色的人权保障体系、中国特色的人权原则立场、中国特色的人权发展道路、中国特色的人权发展趋势等十三个方面构成。以维护中国最广大人民权利为核心,以科学发展观为指导,以中国特色社会主义理论体系中的人权新思想人权新观点为基本范畴,以中国特色社会主义创造性实践为坚实基础,努力构建中国梦的人权话语体系。

---

① [英]罗素:《中国问题》,商务印书馆1998年版,第31页。
② 习近平:《在博鳌亚洲论坛2013年年会开幕式上共同创造亚洲和世界的美好未来的讲话》,《人民日报》2013年4月8日。
③ [德]黑格尔:《精神现象学》上卷,商务印书馆1979年版,第15页。

5. 构建中国人权话语体系的"五个应当"

在中国特色社会主义人权理论体系的十三个方面内容中，贯穿一条理论创新的逻辑主线。而在这条理论创新的逻辑主线中包含了一系列丰富的人权新观点和新思想。一是冲破"左"的思想桎梏，把人权的旗帜掌握在我们的手中；二是人权不是资本主义的专利，而是社会主义民主政治的本质要求；三是共产党执政就是领导和支持人民掌握管理国家的权力尊重和保障人权；四是国家尊重和保障人权，用宪法和法律保障公民的合法权利；五是以人为本，依法保证全体社会成员平等参与平等发展的权利；六是人权的实现是一个过程，受多种条件的决定与制约；七是从中国的国情出发，始终把生存权和发展权作为首要的基本人权；八是科学统筹、协调发展促进社会主义人权事业的全面发展；九是全面建设小康社会和构建和谐社会，不断提高人民群众享受经济社会文化权益的水平；十是将人权的普遍性原则与各国的具体国情相结合，选择符合自己国情的人权发展道路和发展模式；十一是切实尊重和保护特殊群体的各种合法权益；十二是提倡国际人权合作与对话，促进国际人权事业的健康发展；十三是促进人的自由全面发展，是充分人权实现的重要目标；十四是对广大基本群众，特别是青年学生进行系统性的马克思主义人权观教育等方面的人权基本观点。这一系列的人权新思想、新观点，彰显了马克思主义人权理论在中国的创新发展，是中国化的马克思主义人权理论的最新成果，是中国特色社会主义人权理论体系的重要内容，生动体现了马克思主义人权理论体系与时俱进的理论品质。

6. 法治人权保障的新境界新亮点
——中共十八大以来法治人权保障的理论创新与实践创新

中共十八大以来，中国特色社会主义法治人权保障制度体制有了创新发展，特别是十八届三中全会通过的《关于全面深化改革若干重大问题的决定》，对中国特色社会主义人权司法保障制度体制作了重大改革部署。本文以中共十八大以来法治人权保障的创新理论与实践为视角，论证中国特色社会主义法治人权保障的新境界、新亮点。

一、法治人权保障：中国人权发展的新境界

2013年8月22日至9月26日的36天时间里，国内一批备受瞩目的案件接连开庭公正审理，其中包括薄熙来案、李某某案、"表哥"杨某某案、"房叔"蔡某案、北京摔婴案、首都机场爆炸案、南京饿死女童案、"房姐"龚某某案，其公审公判频率之高，曝光程度之透明，关注度之集中，是近些年来罕见的。这不仅反映出公众对社会上腐败现象的深恶痛绝，对生存环境、民生问题、法治国家、司法公正的热切关注，而且彰显出中国特色社会主义法治人权司法保障制度体制的日益完善，折射出中国特色社会主义法治人权司法审判制度和司法审判实践的公平正义光辉。

尊重客观事实，公开透明依法公正审判，是法治社会应该有的法治思维与法治实践。司法机关秉公执法，无论违法者是谁，不管其权势的大小，是否有舆论的压力，都依法公正审判，这都体现出司法公正审判的透明与公正，反映了中国特色社会主义司法制度体制和司法程序的成熟与进步。继2004年"国家尊重与保障人权"条款被写进宪法之后，2013年十八届三中全会的决定明确做出全面贯彻完善人权司法保障制度的改革部署，这说明，法治人权已经不仅仅停留在立法方面，标志着我国进入法治人权保障的新阶段。2013年8月，由中国人权研究会编写的《中国人权事业发展报告

(2013)》(人权蓝皮书)正式发布,首次推出了《中国大众人权观念调查报告》,此次调查覆盖全国 125 个城市,涉及 15111 个受访者,是迄今为止规模最大的大众人权观念调研。此次调研显示,中国公众人权观念明显增强,尊重和保障人权的社会氛围日渐成熟,中国人权事业的发展正在向更高目标迈进。

中国的法治社会正在不断完善,法治人权保障日益成熟。切实维护和保障全体社会成员平等参与、平等发展的权利,就必须依据依法治国的十六字方针,即"科学立法、严格执法、公正司法、全民守法"。法治人权保障正日益彰显中国特色社会主义法治人权的新境界。

第一,日益彰显中国共产党执政为民宗旨的人权发展新境界。十八届三中全会决定明确提出,全面深化改革,必须"以促进社会公平正义、增进人民福祉为出发点和落脚点"。为人民服务一直是我党执政的宗旨,我国有 13 亿人口,每个人都有不同的追求、不同的利益,这些表现在现代的法治社会就是人权。如果要很好的保障每一个人的权益,就需要人权法制化,即法治人权。如果不实行法治人权,就可能会出现厚此薄彼等不平等的现象。只有人权进入法治的阶段,才能真正实现中国共产党执政为民的宗旨,使人民获得尊严和幸福。

第二,日益彰显社会主义政治文明本质的新境界。政治文明基本上可以概括为民主政治、法治政治、责任政治等。有学者提出,人权是政治文明的组成部分,是政治文明的发展成果,是政治文明内涵的应有之义。[1] 我们一直努力朝着法治政治迈进,因此法治人权成为了其中的重要任务。也就是说,我们要保障人民在政治上平等地享有权利,无论生活在城市还是农村,无论是学者还是工人。同时十八届三中全会提出完善人权司法制度,我国的政治文明将进入新的发展阶段。

第三,日益彰显人本法律观的新境界。党的十八大以来,科学发展观成为党和国家的指导思想。科学发展观的核心是以人为本,应当将以人为本作为法治建设的指导思想。这就是"人本法律观"。"人本法律观",最终也是为了维护和保障最广大人民群众的合法权益。法治中国的建设,最重要是实现人的法治化。法治人权的建设,有利于更好地推进法治中国的建设,更好地落实依法治国的方针政策。把人权纳入法律体系,形成完整的制度体系,不仅有利于权力机关加强依法执政、依法行政,也有利于引发大众对于法治

---

[1] 邹平学:《基于人权视角的政治文明解读》,《江西社会科学》2004 年第 6 期,第 32 页。

人权的共鸣，加强对法治人权更深层次的理解，从而更好地推进法治中国的人本法治建设。

第四，日益彰显中国特色社会主义司法公正审判的新境界。深化司法体制改革，就要加快建设公正高效权威的社会主义司法制度，维护人民权益，让人民群众在每一个司法案件中都感受到公平正义；就要坚持法律面前人人平等，任何组织或者个人都不得有超越宪法法律的特权，一切违反宪法法律的行为都必须予以追究。司法公正是社会公平公正的基础和底线。要通过深化司法体制改革，建立确保依法独立公正行使审判权检察权的制度，让人民群众真切地在司法实践中感受到司法的公平正义。

二、法治人权保障：中国人权发展的新亮点

党的十八大以来，法治人权保障集中表现为既自觉坚持法治人权的法治精神引领，又自觉坚持法治人权的司法保障。这两个亮点的有机统一，书写了十八大以来中国特色社会主义人权理论创新与实践创新发展的新篇章。

第一，自觉坚持法治人权的法治精神引领

法律是人权的规制和保障，人权是法律的灵魂和价值趋向。① 法治人权保障作为一项自觉的法治人权实践，首先要有法治人权的法治精神引领。只有自觉坚持法治人权的法治精神引领，才能真正实现公权力与私权利的和谐互动。2004年，"国家尊重与保障人权"的条款写进宪法，使中国特色社会主义人权事业进入了新的起点。宪法作为我国的根本大法，包含经济、政治、文化、社会等各方面的内容，核心都是为了保护人民的利益，即保障公民人权的真正实现。然而现实生活中，在法治建设上还有违背法治价值一元化的现象，立法、执法、司法、守法等对法治价值的理解和追求各不相同，即使在司法中，也有割裂现象。事实上，中国特色社会主义法治人权保障的特点，就是有其法治精神的自觉引领。党的十七大报告提出，要全面落实依法治国基本方略，党的十八大报告强调"全面推进依法治国"，这是从宏观到微观的变化。在中国特色社会主义法律体系形成后，需要构筑中国特色社会主义法治体系。从法律体系再到法治体系是目前中国法治进程的一大特点。法治体系构筑起来之日，就是全面推进依法治国局面形成之时，全面建成小康社会的法治目标就会实现。党的十八大报告凝练出的共同价值理念，即自由、平等、公正、法治。十八届三中全会决定重申了法律面前人人平等

---

① 姜伟：《人权司法保障制度》，《光明日报》2013年11月19日。

6. 法治人权保障的新境界新亮点

原则，强调任何组织、任何政党都要在宪法和法律的范围内活动，任何人都没有超越宪法和法律的特权。与此相呼应的是，决定明确提出要坚决反对三种现象：以言代法、以权压法和徇私枉法。这是用平等原则来反人治、反特权、反腐败。腐败产生于特权，反腐败如果不反特权等于不反。这一重申，既有现实的针对性，更具有长远的历史意义。党的十八大以来，还强调了弘扬社会主义法治精神的新提法。法治精神的地位排到了社会主义法治理念之前，这是一个新变化。关于法治精神，法学界赋予其六个含义：一是宪法法律至上；二是追求公平正义；三是尊重保障人权；四是约束公共权力；五是司法职权独立；六是自由平等和谐。

在共同法治价值理念、法治精神、法治思维中，法治人权的法治精神引领，应当从中国的实际出发，遵循以下原则：

首先，生存权和发展权依然是法治人权的最基本权利。我国拥有13亿多人口，由于我国的生产力还没有发展到一定水平，一些人还存在温饱问题。只有整个国家经济的大力发展，这一问题才能从根本上解决。目前，很多城市出现了环境问题，比如严重的空气污染和雾霾天气，这也将在很长一段时间成为人们关注的问题。因此，人权立法保证人的生存发展是首要原则。

其次，幸福生活权是公民基本人权的重要内容。幸福的生活，是每个人在满足基本的生存之后的追求，这其中不仅包含物质生活，也包含精神生活。随着经济的不断发展，人民的生活水平不断提高，精神层面的需求也显得越来越重要。因此立法不仅要关注物质层面，注重经济方面的权益保障，还要注重社会、环境等方面给人民带来的影响。人不是单个的人，是生活在社会中、群体中的成员，所以更好地保证个体有宜居的环境、发展的可能、精神的愉悦等成为人权法实体要考虑的内容。

再次，休闲权是人权中的一项基本生活权利。休闲权，简单的理解，就是人们从繁杂的劳动中解放出来，获得身心和精神上的享受的权利。休闲，也是采取一种自己喜欢的方式，为了追求精神生活的充实和愉悦，最终达到提高人的生活品质、自由幸福的体验。从这个角度看，休闲是实现幸福权的一种方式。因此，人权立法也要充分考虑人的休闲权，例如，充分考虑人们的休假，合理安排劳动工人的休息时间等。

第二，自觉坚持法治人权的司法保障

十八届三中全会决定提出完善人权的司法保障制度，把"完善人权司法保障制度"作为推进法治中国建设和深化司法体制改革的一项重要战略任务，对于法治人权的建设和推进有重大的现实意义。法治人权，就是将人权法律化，使之进入国家法律保障体系，通过国家行政机关认真履行职责、严格执法，将法律条文中的各项具体人权付诸实践，使每一个公民都受惠。要更好地实现法治人权，就要在立法保障的基础上，有司法保障。为了切实尊重与保障人权，党的十八大明确提出确保审判机关、检察机关依法独立公正地行使审判权、检察权。司法职权独立始终是宪法对于司法的第一原则和根本原则。没有独立行使职权，就没有现代司法制度，也就没有法治保障。独立行使职权包含多层含义，包括司法权独立于行政权、法院以及法院之间要独立、法官的人格独立、法官的判断独立和法官的责任独立。十八届三中全会决定明确了人权保障原则、提升人权保障理念、健全人权保障措施等有关人权司法保障制度的改革部署，主要有如下几个方面：

一是进一步规范查封、扣押、冻结、处理涉案财物的司法程序。规范查封、扣押、冻结、处理涉案财物的司法程序是确保涉案财物的法治化、规范化、公开化，防止有些不法人员以正当手续为借口，使得涉案财物处理不当，或者中饱私囊。规范这一司法程序首先要按照关于处理涉案财物的法律法规，严格遵守法律法规；其次要完善司法程序，细化司法机制；最后要加强对涉案财物的管理。

二是健全错案防止、纠正、责任追究机制。决定中提到的"错案"即一般意义上的冤假错案。例如无辜者入罪或者被栽赃的刑事案件。习近平总书记明确指出，要坚决防止冤假错案，切实维护人民群众的合法权益和司法的权威。健全防止和纠正错案机制，首先要健全防止错案机制，严禁刑讯逼供，体罚虐待，要准确把握案件证据，不冤枉一个好人，也不能放过一个坏人。其次要健全发现错案机制。要保障犯罪嫌疑人的申诉控告权，对其提出的申诉、控告、检举材料，应该重视且认真对待，充分发挥辩护律师的作用，切实保障每个人的权益。最后要健全纠错以及责任追究机制，防止一些司法人员滥用职权，造成对无辜者的人权伤害。

三是逐步减少适用死刑罪名。死刑是剥夺犯罪人生命的刑罚，是最严厉的惩罚。虽然目前一些国家认为死刑是最不人道的刑罚故而废止，但是照搬外国，不顾我国国情也是不可取的。我国仍处于社会主义初级阶段，一些手段极为残忍、后果和影响极为严重的恶性案件时有发生。面对这样一些案件，我国的基本政策是"既保留死刑，又严格控制和慎重适用死刑"。

四是废止劳动教养制度，完善对违法犯罪行为的惩治和矫正法律，健全社区矫正制度。① 劳动教养是对被劳动教养的人实行强制性教育的行政措施。社区矫正是将管制、缓刑、暂予监外执行、假释等符合法定条件的服刑人员置于社区内，在法定期限内，由专门的国家机关及相关社会团体、民间组织和社会志愿者，矫正其犯罪心理和行为恶习，促进其顺利回归社会的非监禁刑罚执行活动。② 劳动教养制度在人权的视角下，限制了人的生命自由权。社区矫正制度是废止劳动教养制度以后的补偿性措施。制度建立初期，必然会遇到各种各样的问题，需要在实践中进一步完善。这是中国人权司法保障的一个突破，彰显了中国特色社会主义人本法律观的灵魂。

五是健全国家司法救助制度，完善法律援助制度。司法救助，是国家给予受害人的一次性补助制度。法律援助是国家设立的法律援助机构向经济困难的当事人免费提供法律服务的一项法律制度。健全司法救助制度，首先要确定救助对象，突出救助重点。其次要完善救助措施，健全救助方式。再次要健全司法救助程序。最后要强化司法保障工作。完善法律援助也要充分考虑到法律援助覆盖面、办案经费、权力机关之间的合作以及援助立法方面的问题。

六是完善律师制度。律师是推进法制建设中不可缺少的重要力量，他们靠自己广博的知识、强辩的技能来维护当事人的合法权益，并且通过自己的努力，一定程度上促进司法公正，尤其他们时常也代表着社会的公平正义。完善律师制度，要加强对这一人群的管理，规范他们的活动，为其提供司法保障。首先要健全辩护、诉讼机制。其次要推进律师专业化评定机制。最后要完善律师执业行为规范，加强职业道德建设。

---

① 姜伟：《人权司法保障制度》，《光明日报》2013年11月19日。
② 吴爱英：《努力推动社区矫正工作不断发展》，http://www.jfdaily.com/a/4375805_1.htm，2012年12月9日。

7. 毛泽东人权思想的独特贡献

在毛泽东诞辰 120 周年、《世界人权宣言》问世 65 周年之际学习和研究毛泽东人权思想的独特贡献,具有重要的现实意义。毛泽东人权思想的独特历史贡献和历史功绩来源于他指导中国革命和建设的伟大实践。党的十八大报告指出:"以毛泽东同志为核心的党的第一代中央领导集体带领全党全国各族人民完成了新民主主义革命,进行了社会主义改造,确立了社会主义基本制度,成功实现了中国历史上最深刻最伟大的社会变革,为当代中国一切发展进步奠定了根本政治前提和制度基础。"① 中共中央总书记习近平关于正确看待改革开放前后历史的重要论述,更为我们正确评价毛泽东人权思想的独特贡献提供了新的科学依据。

一、毛泽东人权思想独特贡献的历史功绩

首先,迎来了实现中国人权的新曙光。一部中华民族的近现代史,既是一部中国人权的悲史,更是一部中国人权的奋斗史。从 1840 年到 1949 年的 110 多年间,帝国主义先后发动了大小数百次侵略战争,强迫旧中国政府签订了 1000 多个不平等条约。完整独立的中国,丧权辱国,国家没有了主权;家破人亡,人民没有了生存权;愚昧落后,人民没有了发展权。中国近代志士仁人的人权探索也好,戊戌维新救亡图强者们的人权初醒也好,辛亥革命孙中山的人权奋斗也好,"五四"新文化运动主将们的人权抗争也好,都没有找到实现中国人权的科学理论、正确道路和真正主体。唯有以毛泽东为主要代表的第一代中国共产党人,把马克思主义人权理论与中国的具体实际相结合,创立了实现中国人权的新理论,开创了实现中国人权的新道路,确立

---

① 胡锦涛:《坚定不移沿着中国特色社会主义道路前进为全面建成小康社会而奋斗》,人民出版社 2012 年版,第 10 页。

7. 毛泽东人权思想的独特贡献

了实现中国人权的新主体,迎来了实现中国人权的新曙光。

其次,开辟了中国社会主义革命和建设的人权新纪元。以毛泽东为核心的第一代中国共产党人高举民主、人权的旗帜,领导中国人民经过长期艰苦卓绝的斗争,取得了反对帝国主义、封建主义和官僚资本主义的伟大胜利。中国广大民众以主人翁的姿态真正获得了"做人的资格",第一次真正享受到了做人的基本权利。1954年,毛泽东亲自主持制定了《中华人民共和国宪法》。这是我国第一部社会主义类型的宪法,是中国人民第一个社会主义的人民权利宣言。1956年我国生产资料所有制的社会主义改造基本完成。这从根本上改变了中国人民和中华民族的前途命运,使广大无产阶级和广大劳动人民获得了最公平、最广泛、最真实的人权,这是毛泽东对马克思主义人权理论独特贡献的历史功绩。为当代中国特色社会主义人权事业的创立发展奠定了根本政治前提和制度基础。

二、毛泽东人权思想独特贡献的历史过程

1. 争人权争自由:土地革命时期的人权思想和实践

毛泽东在领导安源煤矿工人大罢工时,提出了"哀而动人"的口号。"从前做牛马,现在要做人。"这就用通俗生动的语言,提出了中国人民摆脱剥削和压迫的做人的基本权利。由于共产党领导工人进行了英勇顽强的斗争并得到了社会各界的广泛声援,终于迫使煤矿当局承认了工人提出的大部分条件。争取人权的罢工取得了胜利,并提出了"为争取自由而战,为争取人权而战"的响亮口号。1931年11月7日,中华苏维埃第一次全国代表大会在江西瑞金召开,宣布成立中华苏维埃共和国临时中央政府,选举毛泽东为政府主席。这次代表大会还通过了《宪法大纲》、劳动法、土地法及其他重要法令。《宪法大纲》规定:"中华苏维埃政权所建立的是工人和农民的民主专政的国家,苏维埃全部政权是属于工人、农民、红军战士及一切劳苦民众的。在苏维埃政权下,所有工人、农民、红军战士及一切劳苦民众都有权选派代表参与管理。"《宪法大纲》还具体规定了工人、农民、红军战士以及一切劳苦民众的一系列政治、经济、文化和社会权利,其中主要有:"(1)不分男女、种族、宗教,在法律面前一律平等;(2)彻底改善工人的生活状况,制定劳动法,宣布八小时工作制,规定最低限度的工资标准,创立社会保险制度与国家的失业津贴,并宣布工人有监督生产之权;(3)消灭封建制度,彻底改善农民生活,颁布土地法;(4)宣布中华民族的完全自由与独立,不承认帝国主义的特权和不平等条约;(5)有言论、出版、集会、结社

的自由;(6)保证彻底实行妇女解放;(7)有受教育权,进行完全免费的普及教育;(8)信仰宗教自由;(9)少数民族享有自决权。"① 这些规定的最主要之点,就是确保国家的独立主权和人民的生存权,并为此而规定了一系列实际措施。这是中国历史上第一部人民民主的宪法,是中国历史上第一部人民权利宣言,它第一次规定和保障了中国最广大劳动人民享有政治、经济和文化各项权利。

2. 争独立、争主权:抗日战争时期的人权思想和实践

1931年"九一八"事变后,日本帝国主义大规模侵略中国东北与华北。中国的独立主权遭到践踏,人权遭到蹂躏。1935年8月1日,中国共产党中央委员会、中华苏维埃共和国中央政府发表了《为抗日救国告全体同胞书》,即著名的"八·一宣言":呼吁一切愿意参加抗日救国事业的各党派、各团体、各民族、各名流学者及一切地方军政机关,共同组织统一的国防政府和统一的抗日联军,"为祖国生命而战!为民族生存而战!为国家独立而战!为领土完整而战!为人权自由而战"!以后,党中央和毛泽东又进一步号召全国人民"为民族独立、民权自由、民生幸福这三大目标而奋斗"②。毛泽东还强调"抗日"和"民主"是目前中国的头等大事,必须将两者结合起来。他说:"抗日与民主互为条件,同抗日与和平、民主与和平互为条件一样。民主是抗日的保证,抗日能给予民主运动发展以有利条件"③,"然而历史给予我们的革命任务,中心的本质的东西是争取民主"④。为此,他主张必须保障"全国人民除汉奸外,都有抗日救国的言论、出版、集会、结社和武装抗敌的自由"⑤。1940年,毛泽东在《论政策》一文中明确提出:"关于人民权利。应规定一切不反对抗日的地主资本家和工人农民有同等的人权、财权、选举权和言论、集会、结社、思想、信仰的自由权。"⑥ 1945年4月抗日战争胜利前夕,中国共产党在延安召开了第七次全国代表大会,毛泽东在《论联合政府》中,全面论述了有关民主、自由、人权等重要问题。指出:"为着动员和统一中国人民一切抗日力量,彻底消灭日本侵略者,并建立独立、自由、民主、统一和富强的新中国。"⑦ 强调"自由是人民争来

---

① 张晋藩:《中国宪法史》,吉林大学出版社2004年版,第126页。
② 《毛泽东选集》第1卷,人民出版社1991年版,第259页。
③ 《毛泽东选集》第1卷,人民出版社1991年版,第274页。
④ 《毛泽东选集》第1卷,人民出版社1991年版,第274页。
⑤ 《毛泽东选集》第2卷,人民出版社1991年版,第355页。
⑥ 《毛泽东选集》第2卷,人民出版社1991年版,第768页。
⑦ 《毛泽东选集》第4卷,人民出版社1991年版,第1055页。

的，不是什么人恩赐的。中国解放区的人民已经争得了自由，其他地方的人民也可能和应该争得这种自由"。"没有人民的自由，就没有真正民选的国民大会，就没有真正民选的政府。"①

3. 保障人权，解救民生：解放战争时期的人权思想和实践

在解放战争时期，毛泽东号召全国人民为"保障人权，解救民生，完成统一"而奋斗，号召国统区人民进行"反饥饿、反内战、反迫害"的斗争，反对蒋介石的内战政策和独裁统治。在中国共产党领导的各个新老解放区，民主选举了各界人民代表会议及民主政府，全面进行了土地改革运动，没收地主土地，分配给贫雇农，组织农民协会，农村政权归贫雇农掌握。各解放区民主政府，继承了抗日战争时期的传统，继续加强保障人权的立法与实践，制定了以保障人民"人权、财权、公民权"为主要内容的施政纲领和条例。人民的言论出版、集会、结社、信仰、迁徙、旅行等自由不得侵犯。保障人民的身体自由和安全，除司法机关和公安机关依法执行其职务外，任何机关、部队、团体和个人，不得执行逮捕、监禁、审问或处罚。凡年满18岁的华北解放区人民，除精神病患者和依法判决剥夺公民权者外，不分性别、种族、阶级、职业、信仰、教育程度等，一律享有选举权和被选举权。这个文件还规定实行男女平等原则，提高妇女在社会上政治上的地位，发挥妇女在经济建设中的积极性，禁止买卖婚姻，男女婚姻自由自主，任何人不得干涉。还规定实行民族平等原则，保障居住在华北解放区的少数民族在政治、经济、文化上和汉族有平等的权利，尊重他们的民族信仰和风俗习惯。在《论人民民主专政》中，毛泽东指出："人民民主专政"是对人民内部的民主方面和对反动派的专政方面的互相结合。就是说，对反动派"实行专政，实行独裁，压迫这些人，只许他们规规矩矩，不准他们乱说乱动"。而在人民内部"则实行民主制度，人民有言论集会结社等项的自由权。选举权，只给人民，不给反动派"②。并强调"人民的国家是保护人民的"。只有有了人民的国家，人民才有可能充分享有各项民主自由权利，享有真正的人权。1949年9月召开了中国人民政治协商会议第一届全体会议，通过了《共同纲领》。它起着临时宪法的作用：（1）它宣布"中华人民共和国为新民主主义即人民民主主义的国家"，"中华人民共和国的国家政权属于人民。人民行使国家政权的机关为各级人民代表大会和各级人民政府"；（2）它明确

---

① 《毛泽东选集》第3卷，人民出版社1991年版，第1070页。
② 《毛泽东选集》第4卷，人民出版社1991年版，第1475页。

规定"中华人民共和国人民依法有选举权和被选举权","有思想、言论、出版、集会、结社、通讯、人身、居住、迁徙、宗教信仰及示威游行的自由权";(3)它明确规定"妇女在政治的、经济的、文化教育的、社会生活的各方面,均有与男子平等的权利";(4)它明确规定"中华人民共和国境内各民族一律平等,实行互相团结","各少数民族聚居的地区,应实行民族的区域自治"。《共同纲领》作为中国的第一个人民民主的人权宣言而载入中国人权的发展史册,在中国人权的发展史上占有十分重要的地位。

4. 政权属于人民,权利给予人民:社会主义时期的人权思想和实践

新中国是人民民主的社会主义国家,人民群众在国家里享有最充分的权利,这是社会主义人权的最基本内容。1954年,毛泽东亲自主持制定了《中华人民共和国宪法》。这是我国第一部社会主义类型的宪法,是中国人民第一个社会主义的人民权利宣言。该宪法对人民权利作了全面系统的规定,主要是:第一,宣布中华人民共和国是工人阶级领导的,以工农联盟为基础的人民民主专政国家;第二,宣布我国的基本政治制度是人民代表大会制度,国家的一切权力属于人民。人民行使权力的机关是全国人民代表大会及地方各级人民代表大会;第三,公民在法律上一律平等,享有选举权和被选举权,享有言论、出版、集会、结社、游行、示威的自由,享有宗教信仰的自由、人身自由、居住和迁徙的自由,享有劳动权和休息权、物质帮助权、受教育权、从事科学研究、文学艺术创作和其他文化活动的自由,享有控告权和赔偿权以及民族平等和民族自治权等一系列权利和自由,妇女在政治的、经济的、文化的、社会的和家庭生活方面同男子平等的权利。国家还通过其他法律和政策将上述权利具体化,保障公民行使和实现上述一切权利,把中国的人权事业不断推向前进。它使中国的人权事业进入了崭新的发展阶段,即主权国家要通过发展经济文化事业来改善人权,通过健全和完善社会主义民主与法制来保障和发展人权。

三、毛泽东人权思想独特贡献的基本特点

1. 人权的人民性

毛泽东的人民权利思想的最突出的特点是权利的人民性。人民,就其性质而言,是一个政治概念,在不同的国家和不同的历史时期有不同的含义。它表明谁在国家生活中居于主人翁地位,谁是国家权力的主体,谁是国家力量的源泉。毛泽东指出:"人民这个概念在不同国家和各个国家的不同的历史时期,有着不同的内容,拿我国的情况来说,在抗日战争时期,一切抗日

7. 毛泽东人权思想的独特贡献

的阶级、阶层和社会集团都属于人民的范畴，日本帝国主义、汉奸亲日派都是人民的敌人。在解放战争时期，美帝国主义和它的走狗即官僚资产阶级、地主阶级以及代表这些阶级的国民党反动派，都是人民的敌人；一切反对这些敌人的阶级、阶层和社会集团，都属于人民的范围。在现阶段，在建设社会主义的时期，一切赞成、拥护和参加社会主义建设事业的阶级、阶层和社会集团，都属于人民的范畴；一切反抗社会主义革命和敌视、破坏社会主义建设的社会势力和集团都是人民的敌人。"① 这是毛泽东人民权利思想的出发点和前提条件。同时他还指出："对于反动阶级和反动派的人们，在他们的政权被推翻以后，只要他们不造反，不破坏，不捣乱，也给土地，给工作，让他们活下去，让他们在劳动中改造自己，成为新人。"② 这就是说，即使是敌人，是刑事犯罪分子，他们仍有生存权和生命权，也有活下去的权利。这个思想至今都是有深刻意义的。

2. 人权的阶级性

毛泽东多次谈到，在阶级社会中，无论是民主、自由，还是人权、公民权、公民权利、人民权利，都是有鲜明阶级性的，都是反映和代表一定阶级的意志和利益的。毛泽东的人权阶级性思想主要表现在：政权属于人民，权利只给人民，不给敌人；人权首先反映和代表中国广大劳动群众的意志和利益；权利为人民民主专政国家和社会主义法律所确认和保障；权利为社会主义建设服务，维护社会主义社会关系；人民权利的人民性和人民权利的阶级性二者在本质上是一致的，它们互相渗透、相互影响、相互作用、互相促进。毛泽东还极为深刻地揭露了美国资产阶级民主政治的阶级实质。他指出："美国也有'民主政治'，可惜只是资产阶级一个阶级的独裁统治的别名。"③ 这同样也是对美国人权实质的揭露。

3. 人权的广泛性

毛泽东人权思想的广泛性，不仅是指权利主体的广泛性，即全体人民，更重要的是指权利内容的广泛性。人民权利的内容不仅包括人民的政治权和民主自由权利，而且还包括经济、社会和文化等一系列权利。在《抗日根据地的政权问题》一文中，他又重申了这项政治权利，即"抗日统一战线政权的选举政策，应是凡满十八岁的赞成抗日和民主的中国人，不分阶级、民

---

① 《毛泽东选集》第5卷，人民出版社1977年版，第364页。
② 《毛泽东选集》第4卷，人民出版社1991年版，第1476页。
③ 《毛泽东选集》第4卷，人民出版社1991年版，第1495页。

族、男女、信仰、党派、文化程度，均有选举权和被选举权"①。政治自由权，主要是指言论、出版、集会、结社、游行、示威等项自由权利。在《论联合政府》中，毛泽东指出了人民政治自由的一般要求是："要求取消一切镇压人民的言论、出版、集会、结社、思想、信仰和身体等项自由的反动法令，使人民获得充分的自由权利。"② 毛泽东亲自主持制定的1954年宪法，是新中国的第一部宪法，它确认了人民享有的广泛政治权利，即选举权和被选举权，广泛的政治自由权利，即言论、出版、集会、结社、游行、示威以及宗教信仰自由和人身自由。

4. 人权的实践性

《论人民民主专政》一文指出："我们现在的任务是要强化人民的国家机器，这主要地是指人民的军队、人民的警察和人民的法庭，借以巩固国防和保护人民利益。"③ 至于具体保障措施方面，毛泽东也作了论述。比如，为了保障人民的人身自由不受侵犯，早在抗日战争时期，他就主张，要消灭任何机关团体都能捉人的现象，规定除战斗时间以外，只有政府司法机关和治安机关才能有逮捕犯人的权力，以建立抗日的革命秩序。建国以后，这方面的论述就更多了，他一再强调要保护人民的人身自由，逮捕人犯要依法，要废除法西斯审判方式，严禁逼供，要给罪犯以人道主义待遇。1954年宪法和法院、检察院组织法有关保护人民的人身自由不受侵犯的各种规定，充分体现了毛泽东的这一思想。

5. 人权的物质制约性

1949年毛泽东在致谢觉哉同志的信中明确指出："人民各项权利，在我们这里，只能说实现了几个重要部分，例如管理政府，工作权，在现有物质条件限制下的言论、出版、集会权等。至于休息权，中国目前大体上还谈不到，工农更是如此，教育权、老病保养权，还在走头一步。苏联宪法是几个五年计划的产物，在中国许多部分还是理想不是事实，在我们的这类文件上不宜提及苏联宪法，免人误会。"在《关于中华人民共和国宪法草案》的讲话中，他说："现在能实行的我们就写，不能实行的就不写，比如公民权利的物质保证，将来生产发展了，比现在一定扩大，但我们现在写的还是'逐步扩大'。"④ 所有这些论述都表明了毛泽东人民权利思想中权利的物质文化

---

① 《毛泽东选集》第2卷，人民出版社1991年版，第743页。
② 《毛泽东选集》第3卷，人民出版社1991年版，第1063页。
③ 《毛泽东选集》第4卷，人民出版社1991年版，第1476页。
④ 《毛泽东著作选读》（下册），人民出版社1986年版，第709页。

条件制约性的特点,这一特点是和从实际出发,实事求是的原则精神内在一致的。权利总是受一定的物质文化条件制约和决定的。

总之,毛泽东人权思想是马克思主义人权理论中国化的重大人权理论成果,它的创立和发展不仅对中国的人权事业发展,而且对世界的人权事业发展都有重要意义。然而,由于毛泽东晚年"左"的错误,特别是十年"文化大革命"的严重错误,使中国共产党、国家和人民的事业受到严重损失,广大人民的正当权益受到严重伤害。这在很大程度上妨碍了人们对毛泽东人权思想客观公正的评价,这是值得总结的教训。

8. 对等式"三方协商机制"的构建与完善

完善协商民主制度和工作机制,推进协商民主广泛多层制度化发展涉及群众切身利益的实际问题广泛协商,广纳民意广集民智,增进共识增强活力。① 这是党的"十八大"报告协商民主思想的一个重要创新亮点。而对等式"三方协商机制"的构建和完善,就是其具体运用。众所周知,金三角因三边力量均衡对等才成为最稳定的三边对等结构。同样的道理,一个公正和谐稳定的劳资权益关系,也应当是对等式"三方协商机制"的构建和完善。然而,在现实的劳资权益关系中,由于没有真正形成和完善对等式"三方协商机制",政府和资方异常的主控和强势,劳方(职工)异常的弱势或缺失。这种极不对称的职工权益决定机制,造成了一线劳动者的劳动报酬始终不能跟随经济社会发展水平的增长而增长,出现了贫富差距日益拉大的态势,促使劳工和雇主之间的对立关系逐渐升温,使他们的合法权益遭受了严重侵害。随着我国分配制度和分配体制改革的深入发展,应当切实真正构建和完善对等式"三方协商机制",它对于化解劳资利益矛盾冲突,建立信任稳定的劳资利益关系,提高一线劳动者的劳动报酬,缩小贫富差距,激发一线劳动者的创造活力无疑具有不可小视的现实意义。

一、对等式"三方协商机制"的由来与发展

1. 对等式"三方协商机制"的含义

所谓对等式"三方协商机制"是指国家(通常以政府部门作为代表)、雇主(资方)和工人(劳方)三者之间公正平等的职工权益协商机制。对等式"三方协商机制"的实质是一种现代劳资利益关系和社会利益关系的协商

---

① 胡锦涛:《坚定不移沿着中国特色社会主义道路前进,为全面建成小康社会而奋斗》,人民出版社2012年版,第26—27页。

机制。这一协商机制旨在解决劳资双方利益矛盾冲突、调解社会利益矛盾方。在现代国际社会，经过国际劳工组织（International Labor Organization）的大力提倡，现已成为一种普遍公认的国际劳工利益均沾的对等式"三方协商机制"，并且日益成为大多数国家协调劳资利益关系和劳资利益矛盾的协商机制。

2. 对等式"三方协商机制"的由来

1848 年在卢森堡成立的劳动咨询委员会，工人可有权利参与政府相关劳动部门的决策制定，积极地进行个人利益表达，极大地提升了劳动者的权利。1914 年第一次世界大战的爆发和蔓延，促使欧洲众多国家发生了通货膨胀现象，并越发加剧、催化并加深了这些国家企业雇主和一线工人的经济矛盾，为了尽快摆脱眼前不利形势，合理妥善地解决雇主和劳动者的利益关系，经过一次次探索并最终设立了三方协商机构。1920 年以后，由于劳资利益矛盾的日益严重，在欧洲众多国家，以政府为主导开始协调工会和雇主的利益关系，从而逐步形成对等式"三方协商机制"。对等式"三方协商机制"的日程和原则最初由国际劳工组织率先制定。该组织旨在维护职工权益，扩大社会保障，改善劳工状况和促进就业。这一体制在 2000 年和 2002 年分别被列入了议事日程，并提出了相应的解决方案。这使得"三方协商机制"得到进一步完善，工会的地位以及劳动者的合法权益都得到了较大提升。2008 年全球金融危机的发生，使世界各国认识到解决当前金融危机最好的方法之一就是实现和谐的劳资权益关系，需要企业和员工的共同努力来应对金融危机。然而，这急需要政府作为中介人加入进来，从而引导协调平衡劳资权益关系，通过建立平等尊重的互利关系，有利于构建对等式"三方协商机制"，从而逐步解决全球金融危机。ILO 总干事胡安索马维亚在谈到应用对等式"三方协商机制"应对金融危机时曾经这样说过：在所有的地区，人们已经普遍认识到了社会对话与三方协商的价值。当政府和社会伙伴们一起设计政策应对这场危机时，这些制度具有更加特别的价值。①

3. 对等式"三方协商机制"的基本要求

对等式"三方协商机制"的基本要求是三方对等参加协商，平等互惠、平等表决、平等决策。公平正义是核心，利益均沾是目标，平等协商是有效方法，三方对等是有效形式。约翰·邓洛普认为，劳方的主体包括非管理人

---

① 李丽林、袁青川：《国际比较视野下的中国劳动关系"三方协商机制"：现状与问题》（中），http://www.rky.org.cn/c/cn/news/2012-05/11/news_12532.html。

员的雇员及其代表组织工会；资方的主体是各级管理人员及其代表雇主协会；有关的政府机构不仅是劳动行政部门，更包括代表国家意志的立法和司法机关。① 其实，对等式"三方协商机制"中的三方主体，他们追求的利益目标既有共同点，又有不同之处。然而，这恰恰反映了三方协调机制的平等性、多样性、开放性、透明性、包容性等独特特性。美国著名学者托马斯·寇肯曾经明确指出：由于劳动者和雇主之间存有不同的经济利益，导致了他们在经济上存在严重的利益矛盾冲突②。他的这种观点得到普遍认可。对一线工人来说，是以追求工资和福利最大化，提高他们的生活质量为最终目标；对于资方而言，控制最低生产经营成本，提高市场竞争能力是其追求的目标。总的来看，劳动者的合法权益随着企业生产成本的降低在逐步遭到侵蚀，这除了降低或不给涨工资外，新技术的投入使用能够极大地提高并保持企业市场竞争能力，从而提高企业的利润收益，然而对劳动者来说可能意味着下岗失业。所以说，如何平衡劳资双方的利益就内在地成为劳资关系最重要最根本的核心问题。当前，在许多国家，尤其是在发达国家，这一协商机制得到普遍应用，解决了众多的劳资利益矛盾冲突。许多国家根据各自的国情，在政府作为参与协商主体之外，还有各国的教育部和财政部等部门的广泛参与，甚至在波兰和日本等国家元首都要加入到对等式"三方协商机制"之中，使得"三方协商机制"的运用更加具有灵活性，这为其他国家的"三方协商机制"的完善和应用提供了有益参考和借鉴价值。

4. 我国对等式三方协调机制的初步形成

我国社会生活中对等式"三方协商机制"主要产生于改革开放以后。伴随着我国经济快速发展的同时，在我国辽宁省为了解决日益突出的劳资利益矛盾关系，尝试通过对等式"三方协商机制"来协调劳资利益矛盾。我国新修订的《工会法》第34条第2款中规定：各级人民政府劳动行政部门应当会同同级工会和企业方面代表，建立劳动关系"三方协商机制"，共同研究解决劳动关系方面的重大问题。③ 这为对等式"三方协商机制"的构建和完善提供了可靠的法律依据。于是，我国2001年正式成立了"三方协商机制"。随后，各地区也纷纷创建三方协商机构。到2009年底，全国已经建立

---

① 李丽林、袁青川：《国际比较视野下的中国劳动关系"三方协商机制"：现状与问题》（中），http://www.rky.org.cn/c/cn/news/2012-05/11/news_12533.html。
② ［美］托马斯·寇肯：《美国产业关系的转型》，朱飞、王侃译，中国劳动社会保障出版社2008年版，第260页。
③ 《中华人民共和国工会法中国工会章程》，中国法制出版社2010年版，第32页。

劳动权益关系的三方协调机制 1.4 万个。① 当前我国对等式"三方协商机制"的成员构成是在明确各方的职能和职责的基础上，并从各方中选取相对固定的机构负责人员作为会议成员，从成立起到目前举行过多次的相关协商会议。除此之外，人社部为三方协商会议的日常工作成立了常务办公室，并于 2006 年决定成立 5 个相关专业委员会。通过一系列会议的召开及相关机构的设立，我国对等式"三方协商机制"也在逐步地推进，一线工人的主体地位也逐步提高。然而，随着社会利益结构的新变化，实际生活中的对等式"三方协商机制"，还存在许许多多的新情况和新问题。

二、当前我国对等式"三方协商机制"的主要问题

1. 三方协商力量不平衡

一是单边政府。改革开放前，我国还未实现政企分开，人事劳动关系均有国家统一安排。随着这一固定经济发展模式使得政府权限过于膨胀，而劳动者由于自身素质低下的原因，也就进一步放纵了政府单边主义行为。由此看出传统计划经济下的劳动利益关系实际上是一种劳动行政关系，受计划经济体制这一传统模式的深刻影响，转型中的政府行政部门仍未根本摆脱这种单边政府的行政干预。单边政府的主要问题在于两个方面：第一，行政主导性过强，行政乱作为。第二，政府第三方职能又十分弱化，即无作为。政府能够充分运用手中权力职能是实现平衡的劳资关系的根本保证。但是，由于受行政部门利益的驱使，政府的第三方行为往往出现严重扭曲。一些行政政府部门把 GDP 绩效与企业的利润捆绑在一起，为了促进 GDP、就业、进出口和税收等宏观经济指标和形象工程政绩工程的增长，出台各种有利于企业发展的政策，其中满足并保障企业各种需求就是典型表现，这就导致了政府重资方轻劳方的不公平待遇的出现。在鼓励和扶持企业发展过程中，使得企业利润逐年增长，政府也在企业利润增长中获益。而这种互相依赖的特殊利益关系和特殊利益机制，在一定程度上使政府在公共管理服务上偏离了职责目标和价值取向，从而使政府在从事劳动关系管理上出现了该作为的不作为、不该作为的乱作为的扭曲现象，使得劳资双方利益关系严重失衡，最终导致劳动者利益被牺牲被排除或被异己的严重恶果。

二是强势资方。由于劳动力必须依赖资本才能生存，又因工作性质和学

---

① 全国总工会研究室：《2009 年工会组织和工会工作发展状况统计公报》，http://stats.acftu.org/template/10002/file.jsp?aid=167。

历水平的限制，使得我国劳动力资源处于相对过剩的状态。一方面，由于我国社会主义市场经济发展还不够完善，同时我国就业人口又太多，使得我国就业人口处于非常困难境地，而资方正是利用这一时机，使得资方在选择和提供员工待遇上就有了更多话语权。追求利润最大化是企业家主要目的，所以他们会想尽各种途径来降低自己的成本，其中不乏损害劳方利益的方法。而从事技能的工作，由于劳动者学历低接受慢，同时又缺乏一定的培训，寻找适合自己的工作对于他们来说是一种奢侈。劳方为了寻求工作，养家糊口，面对强大资方的苛刻要求只能默默忍耐。另一方面，一些地方政府对资方的过渡依赖，也加深了强资方和弱劳方的消极影响。在片面追求经济高速发展的形势下，一些政府官员为了拉动当地经济增长，增加政府的政绩工程和形象工程，开出各种优惠政策招商引资，甚至为了吸引资方的投资，往往只是较多地考虑了资方的各种利益，很少去关注社会公共事业的建设，从而使得劳动者生活处境变得更加艰难。政府行政部门对于一些企业在经营过程中的各种侵权行为常保持不作为的态度，这在无形中放纵了资方欲望，严重损害了劳方正当合法权益。

三是弱势劳方。在实现生活中的对等式"三方协商机制"，政府拥有权力，企业拥有雄厚的资本，而劳动者只具有双手。由此可以看出劳方在三方中力量最弱。一般说来，在市场经济条件下，缔约双方在缔约前的地位应当是自主平等互利的。然而，在实际经济生活中，由于各方面因素的影响，劳方与资方和政府部门之间的力量极为悬殊。一方面，伴随着我国城市化进程逐步推进，以农民工为代表进城务工人员逐年增加，企业需求员工有限，使得劳动者之间形成竞争关系，在竞争过程中大多数劳动者将被淘汰，使得我国劳动力过剩状况更加剧了，在巨大的就业压力面前，劳动者的主体选择地位就被剥夺了，只能接受资方各种不公平条件待遇。另一方面，业主既有强大的资本实力，更有当地社会关系实力，他们可以与其他业主联手，与相关政府部门和执法部门的各自利益勾结一起。而相比之下，一线工人由于自身素质，思想过于狭隘，缺乏团结意识，又由于他们的工作场所过于分散，导致接触机会太少，形成与资方抗衡的团结力量变得尤为艰难。同时，在我国出现了许多企业不是没有工会组织，即使有工会组织也没有实际权力，形同虚设。由于二者势力相差悬殊的现实存在，使得雇主为了提高市场竞争实力，胆大妄为地压榨一线工人，以降低企业的生产成本，这使得工人丧失了物质、休息和娱乐等基本权益，劳动者的身心遭受到很大的摧残，他们的健康权和休闲权等公民基本人权遭受到了很大损害。

2. 三方协商组织不完善

一是政府部门的越位与缺位。为了协调平衡劳资利益关系，"三方协商机制"从雏形到大致确立，都迫切需要中介人政府运用各种公共权力逐步推动，并在推动形成过程中确立在协商机制中的主导地位。然而，现实情况却是，政府由于自身所处的特殊地位，既要为改善民生考虑，又要促进企业的发展，提升我国的经济实力，这使得政府的主导行为变得摇摆不定，在三方协商过程中不是行政干预过多，就是对于劳资矛盾不予理睬，常常出现越位缺位的现象。政府的越位主要表现在"三方协商机制"运作过程中政府过多地加入了自己的意愿和主张，用行政命令来代替平等协商。例如，政府调控企事业单位的人事关系及人员工资，背离了劳动力市场的价值规律，甚至有些地方政府部门在劳动力市场中进行钱权交易。政府的缺位表现在一些地方政府为了自己的绩效考核，在招商引资的过程中较多地考虑对资本的吸引力，违背中央政府的一些社会政策，不惜牺牲劳动者的合法权益。例如，个别地方政府部门为了赢得招商引资的项目，竟然默许非公有制企业不为工人购买五险一金，而且对企业的一些损害劳动者切身利益的行为持默许态度，没有建立起完善的监管制度，严重影响了政府部门在群众中的公信力。

此外，单方面的严格要求规范企业制度来维护一线工人的劳动权益是不现实的。我们不但要求有责任有良心的资方，更要有责任政府来保障企业制度的完善，监督企业不合法不合理的利益行为。但是，一些政府行政部门主观随意无作为、对企业包办代替、政府单边主义强制行政命令等等，从而脱离了客观实际。在对企业的监管力度上存有许多漏洞、许多职责的缺失和单纯的口号宣传，导致一些企业违法乱纪，不按经济发展规律办事，过分追求经济的增长，钻法律的空子出现了一夜暴富现象，我国的基尼系数逐渐增大，使得劳资双方利益矛盾日益突出。因此，随着世界经济的发展和我国经济发展方式的转变，经济发展中急需转变政府职能和强有力地法律监管，不但要加大执法力度健全约束机制，更要引导规制企业，并加大民间团体和新闻媒体的监管力度。

二是企业责任的缺失和无视。企业追求经济利益最大化是其最大目标，在追求经济利益过程中却忽视了社会利益，这是我国当前一线工人合法经济权益被侵害的一个重要原因。当前无论是国际还是国内社会能够取得日新月异的发展，正是劳动者和资本的结合，这才是社会经济发展的源动力，即使如此，由于企业家自身素质问题，对劳动者的工作生活处境不予关注和关心。因此，在市场经济时代，要使社会和企业实现跨越式发展就必须实现劳动者和资本的有效结合。然而，现实生活中却出现了一线劳动者不能体面地劳动，一线劳动者不光荣的怪现象。保护劳动者权益本是企业社会责任的首要职责，企业只有承担起对劳动者的社会责任，保持自身的生产经营，才有可能谈到对消费者权益保护等社会责任的承担。因此，企业不能过分追求GDP的经济增长，一味地以利润最大化为唯一和最终目标，而不择手段地要求员工加班加点，剥夺员工的正常休息时间。只有通过提高自身的专业水平和法律意识，本着劳资互利的原则，规范企业制度，签订合理的劳动合同，不但要从提高员工工资落实社会保障和休息休假待遇等方面着手，更要从处理好内部劳资关系上下大力度，才能化解劳资利益矛盾冲突。企事业社会责任，既有法律的硬性责任，也有道德的软性责任，实际上，无论是法律责任还是道德责任，虽然在国家相关法律中都有规定，但是某些企业没有认真履行其应具备的职责，使得劳动者权益屡遭侵害。目前我国劳动者权益保护中出现的多数问题是法律法规得不到正确的执行和认真的遵守。另外，作为弱势群体的劳动者，需要有一个平台可供他们与控制着多数资源的企业平等对话，这就需要不断完善各种工会和社会组织，提高其影响力。企业的社会责任更加要求企业严格自律，遵守国家劳动法律法规，用以人为本的理念指导企业人力资源活动，建立行之有效的薪资激励机制。现代社会对于企业有了更高的要求，从以往单纯的营利性演变为营利性和社会性两者的兼备。由于企业具有双重身份，即经济人和社会人，这就要求企业在为自身利益和社会利益之间掌握好平衡。然而，企业责任的缺失和无视，造成了许多严重危害职工合法权益的恶果，导致了劳资利益的矛盾冲突。

三是工会的脱位与畸弱。工会维权是保障一线工人权益实现和维护的重要职能部门。工会不但是企业与员工沟通协商的重要渠道，也是政府和企业之间进行监督解决劳资利益关系的重要中介。但是一些企业工会长期以来在政治上过分依赖政府，在经济上过分依赖资方企业，从而在职工权益上弱化了劳动者的合法权益。因此，我们要不断监督和完善工会的职能，对工会进行科学定位，形成良好的运行机制，使政府、企业和员工三者之间达到利益协调一致、协商机制一致，从而避免员工的利益诉求被边缘化，地位缺失严重化。总之，我们要结合自己的国情和实际情况，借鉴发达国家工会有益经验，建立区域或行业工会，进而规范资方、约束政府，保障员工权益不受侵害。为了促进国有经济发展，在进行经济体制的改革中，通过调整经济发展结构，转变经济发展方式，不断健全和完善工会组织。一些非公有经济企业一直没有建立工会组织，建立的工会组织又在政治上过分依赖政府，在经济上过分依赖资方，成为了资方的附属物，而不具有真正自主独立性质和资格，真正代表职工利益的中介组织，工会没有充分发挥它应有的作用，工会组织被边缘化了，导致了劳动者权益受损。因此，许多劳动者对工会缺乏信任，是否参与工会对于劳动者而言没有实际意义，这就使得劳动者力量进一步弱化，而资方力量则更不易被动摇。

3. "三方协商机制"不健全

一是协商机制主体定位不明确。主体角色的定位是推动"三方协商机制"向前迈进的前提，明确三方各自主体定位具有重要作用。对于政府来说，主导调节劳方和资方宏观平衡，并积极推动劳资双方进行沟通与协商是政府在"三方协商机制"中的主要职责，指导三方机制的运作。但是在实际运作中，政府没有摆正自身位置，主要表现在：在协商过程中没有考虑实际情况而更多地掺杂了政府的主观意志，滥用手中权力，不合理地运用公共权力现象增多，极大地损害了员工的切身利益。在我国存在着国有企业、民营企业和私营企业等多种成分的所有制形式，与此相应存在着企业家协会、企业联合会、商会和行业总公司等团体组织，但雇主组织的地位和身份十分模糊。同时，产业升级的雇主组织还没有普遍建立，使得产业升级的三方机制因缺乏雇主代表而无法运行；作为工人代表的工会组织，可以说目前仍然只是企业的一个内部组织。由于受传统计划经济体制的影响，国有企业、集体企业中的工会仍处于企业行政及政府组织的从属地位，没有充分发挥切实维护劳动者合法权益的作用。在私营企业，工会的组建率非常低，而且企业的领导往往是工会会员，这就对工会拥有很强的控制力。所以，工会组织几乎是形同虚设。由于三方协调主体职责定位存在不确定性，使得"三方协商机制"往往流于形式，难以在实际谈判中真正体现出其应有的对等作用。

二是协商机制制度不健全。改革开放 30 多年来我国政府高速发展经济就是为了让更多的人共享经济发展的成果，为此各地方政府和企业调整当地的最低工资标准，以改善劳动者的工资待遇水平。由于先天及后天的不对等处境，从而导致了一线工人目光短浅、经济收入低、社会地位低下，这就使得一线工人在就业中处于极为被动的地位。而资方由于自身所拥有良好的经济条件和优越的社会地位，使得当前总体呈现的强资方、弱劳方已成为不争的现实。资方正是利用自身的优势更加肆无忌惮地侵害一线工人的经济权益，主要表现在没有及时兑现或变相不兑现，把企业加班费津贴和福利待遇一起加入到最低工资中来迷惑劳动者，又由于当前就业困难及劳动者自我维权意识低，最终导致了很多一线工人对自身的工资标准不敢去过多奢想。然而，产生这一现象的最根本原因是"三方协商机制"制度的不健全，主要表现在机制运作过程中缺乏行之有效的制度规范。对"三方协商机制"而言，固定的协商机构是其重要根基，行为准则是其核心要领，机制反馈是其重要补充。如果一个协商机制缺乏这些规范，在很大程度上将限制它的作用发挥。

三是协商机制功能不健全。经济增长速度以及发展程度往往与劳动者合法权益的保障有着必然联系，当国家经济发展速度缓慢时，政府就要把工作重心转向经济增长上来；反之，则要转向具体民生建设上来。所以说，在不同阶段，劳动者与企业的关系是相互对立又相互影响的，尽管劳资双方可能在某些方面存在着利益冲突，但是我们在保护劳动者权益的问题上，不能简单地对等于对企业权利的限制和剥夺，当我们选择一种此消彼长的思维方式时，会将我们把解决问题的方式方法局限在狭小的范围内，而耽误解决问题的时机。因此，作为劳动者的一方，为了更好地维护自身的权益，就要求员工依法参与、理性参与和有序地参与企业的管理。第一，要不断提高自身素质，树立竞争和学习的意识，尽量延长接受再教育或系统教育的时间。第二，不断增强法律意识，在遇到自身权益受损时才能更好地保障合法权益不受侵害，在谈判中处于有利地位。第三，利用工会这个平台，表达自己的权益和获得平等协商的话语权。实际上，有相当一部分的劳资矛盾是发生在产业内部的，这样最佳的解决方法就是"内部问题"，内部公平协商解决。但是目前，我国仅有建筑业尝试推广"三方协商机制"协调劳动关系，对于日益庞大的新型劳动力市场、农民工劳动力市场，"三方协商机制"还没有覆盖到。这促使农民工劳动力市场存在的劳动环境恶劣，拖欠工资等严重歧视问题不能通过三方协商机制得到有效的解决。

三、完善我国对等式"三方协商机制"的对策思路

1. 构建责任性服务性政府

政府作为"三方协商机制"中主导调解人和国家经济发展的领路人应以身作则，加强自身的责任性和服务性建设，保障国家经济健康稳定的发展，有助于逐步缓解劳资利益矛盾。

一是规范企业市场竞争的环境秩序。企业之间不正当的市场竞争是制约市场经济健康发展的重要因素，然而不正当的市场竞争现象的出现对于消费者和一线工人的损害最为严重，因为一线工人在生产的同时也在消费，并由于不正当的竞争关系可以使企业以牺牲员工的经济利益作为竞争的筹码。例

如，降低员工工资或拒绝为员工涨工资以及延长一线工人的工作时间等，因此，政府应在遵守市场经济发展规律的基础上，不断整顿市场经济发展的秩序，不断加大对民营企业的扶持力度并积极鼓励和引导，降低新兴和某些弱小企业的税收，并提供可靠财力支持用以提高中小企业生产的科学技术水平等，使其不断提升自身的市场竞争地位，从而有助于形成有序的市场经济竞争机制。这不仅仅关系到我国企业未来发展的走向，更是关系到一线工人的经济利益问题，通过整顿市场经济竞争秩序并大力支持发展民营企业，能够不断壮大民营企业的规模，这样便能够减少因科学技术迅速发展代替人力而面临就业问题。为此，加强市场经济有序竞争秩序构建势在必行。

二是归还工会固有的维职属性。工会是我国重要的非政府组织，是维护和保障工人合法权益不受损害的重要组织。然而，在现实的国家和社会经济活动中，我国工会更多的是带有政治色彩，工会的所作所为必须得到政府部门公共权力的同意，我国工会没有充分发挥出自身所具备的独特职能，工会所具备的权力更多的是表面化和口头化，由此导致一线工人的权益难以得到切实维护。因此，政府应逐步把工会应该具备的权力归还给工会，真正实现政府权力和工会权力分开，从而提高工会行使权力的独立自主性。这样，既能缓解政府工作的压力，化解官民矛盾和劳资矛盾，又能积极维护一线工人的合法权益，从而提高一线工人的社会地位。

三是克服政府单边主义行为。三方协商重在平等，然而现实三方力量相差悬殊，特别是政府的行政权力过于强大，使其在三方协商过程中，劳方没有对等的话语权，也就不能充分地表达自身的切实利益。与此同时，由于政府权力过于强大，不了解或不尊重客观实际情况，导致政府滥用手中的权力，从而出现该作为的不作为、不该作为的乱作为的现象十分突出，不能积极地维护和保障一线工人的正当合法利益，进而使职工的经济权益遭受损害，因而遏制政府单边主义行为，能够充分关注并照顾到一线工人的切身利益，从而合理地调节企业和一线工人的利益关系，努力做到有所为有所不为，既能够提高政府为人民服务的效率，又能够保障一线工人的经济权益。

2. 打造人文性包容性资方

劳资双方利益关系从表面和眼前来看是相悖的，但是从本质和长远来看他们的利益关系却是一致的。德国著名社会学家、经济学家维尔纳桑巴特在《为什么美国没有社会主义》中，通过1900年前后美德两国工人阶级的对比分析发现，无论在工资水平还是物价水平上，抑或是在生活享受上，美国工人的生活水准完全超过德国，这除了与美国得天独厚的自然地理等优势外，主要是因为美国拥有和谐的劳资关系,美国企业主通过各种公正平等的奖罚举措以及通过把企业部分有利可图股票售给本企业员工,让自己的员工从中受益,并使他们中每个人都能过上体面的生活,他们的人格尊严得到充分的维护,这就把企业和员工的利益扭在一股绳上,增强了员工在工作中的职业责任意识,进而达到企业和员工双赢目的。因此,强化企业的人文性包容性资方无论对资方还是劳方都具有重要意义。

一是打造企业以人为本的文化理念。创办企业的最初和最终目的都是为实现经济的最大化发展,奉行的是利润至上的理念,然而在实现企业经济快速发展的同时需要坚持以人为本的企业发展理念,也就是要把员工的根本经济利益纳入到企业长远发展规划当中,重视和改善员工经济利益,从长远看不仅不会降低企业经济效益,反而会提高企业经济效率,提高企业在市场的竞争能力,因为企业家在治理企业的过程中的道义情感亲密性都可以转化为强大的生产力,因而注重员工经济利益的提升,能够提高员工工作的积极性,这是提高生产效率的必要条件;能够留住员工继续在企业工作的决心,由于长期在企业工作中积累的丰富经验,能够不断为企业实现创造经济利益的最大化发挥重大作用。因此,注重和改善企业员工根本经济利益的文化理念对于企业创新发展将会发挥着潜移默化的积极影响。

二是制定企业科技创新的发展规划。在三方协商过程中,企业面临的一个重要问题就是如何降低生产成本,当前我国企业大多数是依靠廉价一线工人的工资来降低企业发展的成本,但是纵观发达国家的企业发展,大多数依靠科技创新来降低企业生产成本,提高劳动生产率,而不是通过降低一线工人的工资来降低成本,国内企业长此以往依靠一线工人降低生产成本,使我国劳动力长期处于廉价状态,这也是国外大型跨国公司选择来华建厂的重要原因。因此,为保障员工长远的经济利益,企业必须不断进行科技创新,以提高企业生产效率,而不是单纯地依靠从员工身上索取利益,长此以往,这样的企业必然没落于市场竞争之中。因而要保障企业的长远发展就必须制定科技创新的发展规划,在产品生产的过程中不断进行创新,降低生产成本,提高生产的产量和质量,促进企业的长远发展,这也为一线工人就业及工资利益提供了重要保障。

三是打造现代企业优秀管理团队。提高企业的科技生产能力是作为提升与其他同行业企业在市场上竞争能力的硬件表现,然而为进一步维护企业发展的生命力,还需要企业拥有先进的管理方法,这是提高企业市场竞争力的软件表现,只有把硬件和软件有效地结合起来才能够极大地提高企业经济效益，促进企业的长远发展。优秀管理团队是企业发展的核心，他们是企业朝向长远发展的导航仪，所谓优秀管理团队首先要以能够积极调动员工工作的积极性为前提，制定合理的奖惩措施，这就需要他们在企业组织管理中进行人性化的管理方式，使他们具有归属感，这样有助于赢得员工的拥护和支持，在此基础上逐步对资源进行优化配置，形成健康良性的循环从而不断提升企业在市场竞争中的地位，也在一定程度上不断改善一线工人的经济状况。

3. 提升参与性创新性劳方

一线工人的合法权益的缺失除了政府调节不力和资方的压制外，还有劳动者个体和集体的力量不够强大，弱小的实力很容易遭到缺乏责任性政府和寻求暴利的资方的忽视，这就使劳动者无论是在工作中还是在协商谈判中都始终处于弱势地位，而增强劳动者和工会的力量无疑将会引起政府的重视，并能够成功制止住资方盛大的气焰，从而回归到平等的"三方协商机制"中进行商谈，为改善和提高劳动者的生活和工作待遇提供新的力量支撑。

一是切实增强员工的维权意识。一线工人在三方协商过程中是处于劣势地位的，其中很重要的原因就是他们维权意识不够强烈，这归根结底还是因为我国缺乏法治传统。当一线工人面临经济利益受损害时往往不是不了了之，就是采取暴力等非理性的行为方式来解决问题，这些行为都无法从真正意义上改变员工的现实状况，只会使一线工人今后的处境越来越困难。因此，加强一线工人的维权意识是改善他们眼前和未来处境最重要的途径，通过提升他们的权利意识可以使他们积极参与到关乎一线工人生存状况的场合中，充分地进行利益表达，争取属于自己的利益需求。

二是切实提升工人的创造才能。一线工人为了改善自己的生存状况，除了提高自身的维权意识外，最根本的是不断提高一线工人所具有的创造才能，即为企业的创新发展的能力本领。这就需要一线工人不断提高自己的创造才能，这不仅仅是工人自己的生存之本，同时也是企业长久发展的力量之源，通过不断提高自身的技能本领，不断进行岗位竞争，能够极大地提高企业生产效率和产品质量，与此同行，伴随工人技能本领的提升，他们在企业的地位也会逐渐由被动转为主动。

三是切实提升工人的谈判艺术和技巧。对等式"三方协商机制"的真正形成和完善迫切需要企业工会干部和参加谈判的职工代表在开展工资集体谈判时，不仅要有牢牢维护职工合法权益的权利意识，还要懂得一些谈判技巧和艺术，学会劳资双方利益均沾利益双赢理念。面对企业工会干部与职工代表不敢谈、不会谈的问题,许多省份总工会每年都会根据形势变化举办工会工资集体谈判首席代表培训班,从企业具体经营状况分析着手,主要向职工讲授企业财务情况以及在社会主义市场经济条件下工资集体谈判的工作模式,并介绍人工成本分析指标劳动分红和工资形式等相关内容让每名参加工资集体谈判的职工能够懂得经济能够看明白财务报表,知道工资调整的测算方法并懂得谈判会议的组织计策及技巧等内容;再通过讨论模拟检测及角色扮演的方式,使其能够掌握工资谈判的知识和技巧,解决其不会谈不敢谈无法谈的难题。例如,河南省新乡市总工会通过多年的探索和总结,帮助企业工会干部普遍掌握了十种谈判艺术和十项要求,有效地推动了该市"三方协商机制"工作的有效开展。

四是切实发挥职工代表大会的职代作用。十八大报告指出:"健全以职工代表大会为基本形式的企事业单位民主管理制度,保障职工参与管理和监督的民主权利。"职工代表大会的目的和价值就是把充分保障员工合法正当利益作为最高准则。但是,目前我国职工代表大会往往流于形式,在许多方面都难以保障工人的切身利益。员工的弱势其实也就是工会弱势的一个缩影,就像一个外国人身在异国他乡没有尊严地活着。在一定程度上就能突显出这个国家在整个国际社会中就处于弱势地位。提升并完善职工代表大会的职代模式,切实需要职工代表大会真正坚持三项基本原则:第一,切实坚持职工代表大会的责任原则,这是维护一线工人合法经济权益的坚实平台。第二,切实坚持职工代表大会的自主原则,职工代表大会应积极争取自身本应拥有的权利,从而自主地发挥所具有的效力,更多地参与各项有关劳动法律和法规等具体实施过程。第三,切实坚持职工代表大会的创新原则,职工代表大会应积极地开展维护职工合法权益的创新活动,使职工代表大会真正成为维护职工合法权益的有益场所和坚实平台。

9. 不同人性特点的不同人权诉求

多年来，由于人们对人性的理解过于简单化和抽象化，由此也带来了人权理解的简单化和抽象化。其实，当我们把人权与人性联系起来进行哲学理性思考时，就很自然地发现人权与人性二者的内在必然联系。笔者认为，这里的关键问题，就是要从人性的不同特点具体思考不同的人权诉求。这样，与特定历史条件相联系的依据人的自然属性和社会本质规定的人之为人的基本权益和自由的人权内涵①，也就相应地呈现出不同人性特点的不同人权诉求。即人作为人类人性特点的人权诉求，作为群体人性特点的人权诉求，作为个体人性特点的人权诉求。历史地具体地分析不同人性特点的不同人权诉求，对于我们彻底打破那种单纯片面的人权政治化、革命化、阶级化思维定势，确立科学发展观视野下"以人为本"的人权人文关怀的现实意义是不容小视的。然而，某些西方国家却打着"人权外交"的旗号，既把人权问题片面地抽象化，又把人权问题国际化、政治化。而在现实生活中，至今一些人仍然把人权问题简单地归结为政治人权和阶级人权，这是值得我们认真思考和反思的。其实，人权概念，是个非常人性化的多学科综合范畴。科学的思维方法就在于我们具体分析不同人性特点的不同人权诉求。正如毛泽东同志所指出的那样：马克思主义的最本质的东西，马克思主义的活的灵魂，就在于具体地分析具体的情况。②思想解放是推动学术进步的根本动力，如果说改革开放之初，中国人权学术界思想解放的主要任务是从将人权视为资产阶级口号的"左"的思想桎梏中解放出来的话，那么，当前中国人权学术界的一个重要任务是，既要继续破除人权阶级化、人权政治化的思维定势，更要破除以西方之是非为是非的思维桎梏，从而真正确立起科学发展观视野下以

---

① 鲜开林：《科学发展观与人权》，国防大学出版社2009年版，第47页。
② 《毛泽东选集》第1卷，人民出版社1991年版，第187页。

人为本的人权人文关怀理念,实现和构建中国人权文化自觉和中国人权文化自信的人权话语体系。①

一、具体分析类人性特点的人权诉求

在人类历史上,人的现实社会本质是作为一切社会关系的总和来规定自己的本质的。但就人对自身本质规定的逻辑秩序而言,人首先是作为类即人类来规定自己本质的。马克思在探索人的本质问题时,就是首先从研究人的类本质出发的。马克思指出:"人和动物一样靠无机界,而比动物越有普遍性,人赖以生活的无机界的范围就越广阔。因为,动物只是按照它所属的那个种的尺度和需要来进行建造,而人却懂得按照任何一个种的尺度来进行生产,并且懂得怎样处处都要把内在的尺度运用到'对象'上去;因此,人也按照美的规律来建造。"② 按照马克思的观点,当人有了自我意识之后首先要做的事情就是把人和自然界区别开来。而人与自然界与其他动物区别开来的根本标志,便是人具有思维能力和从事创造性的社会劳动,这是人类人性的共同本质特征。正因人以理性规定自己的类本质,从而才获得了人类人性的理智光芒和崇高人格的理智品质。

1. 类人性的独特特点

一是具有类的共同性。人类,即人之所以为人,就在于与其他动物不同所具有的人这个类的质。这种类的共同性,就是人自身活动的自由性、自觉性和创造性。与之相适应的人权诉求内涵也就是人之为人的基本尊严和自由度的人类共同性。

二是自由平等性。凡是人所具有的自由平等性,都应该为人这个类中的每一个人所拥有,每个人都拥有天生平等地实现自由性的权利。虽然西方世界的民主自由平等和人权,有其严重的历史局限性和阶级局限性,但人类人性的根据,就是类人性的自由平等性,仅就这个意义而言,有其不可否认的合理性。当然,西方世界的人权观却又把它片面化、绝对化、抽象化、神圣化了,并掩盖其资产阶级人权观的阶级实质,这是我们应当警惕和反对的。然而,我们过去不承认或否认这一点,也是需要克服和纠正的。事实上,改革开放以来,特别是用以人为本的科学发展观对内构建社会主义和谐社会,

---

① 董云虎:《为创新和发展我国人权话语体系而努力,在第三次全国人权研究机构工作经验交流会上的讲话》,http://www.scio.gov.cn/zxbd/nd/2011/201111/t1043972.htm。

② 《马克思恩格斯全集》第42卷,人民出版社1998年版,第52页。

对外共建和谐世界的伟大实践就是最有力的证明。

三是思维规定的类人性的抽象性和具体性的统一性。作为类人性,具有最广泛意义的普世性,其存在形式的思维规定也具有普遍的抽象性。但是,人的类人性也是一个具体的历史范畴。它是相对物质世界的共同本质即客观实在性而言的。就像马克思和恩格斯在共产党宣言中分析资本主义的历史过程时揭示的那样,人类是社会化了的人类。

四是类人性的整合性和联合性。人类是个体或者群体的有机组合,正因如此,人类才能组合成一个有机联系的整个人类社会。任何将人类理解为单独个人的简单相加,或者互不隶属的群体的任意组合的观点都是机械的形而上学的。

五是无限永恒性。一定的个人和群体,在一定的条件下都有一个产生发展和消失的过程,但整个人类却要一代一代地延续下去。又由于人类是一个整体,具有整合力和联合力,所以人类是人的无限永恒的表现形态。

2. 类人性特点的人权诉求

第一,它是人的基本尊严和自由度价值取向充分肯定的内在根据。人的类人性,不仅是指人和动物相比,有哪些类特性,而且是指在人类人性中,自然内在地包含着对人类人性或人类基本尊严和价值的深刻反思和充分肯定。因为人类人性是区别于动物并且有利于人类自身的特性,这种特性的实现,表明人类优越于动物的价值所在,从而彰显人类人性的类本质属性,即人性的光辉。2008年的汶川特大地震和2009年的玉树特大地震中所彰显出的跨越国界不分肤色的大爱无言善举就充分证明了这一点。马克思所说的人的最高价值就在于人本身的思想,就深刻包含这个道理。

第二,它是深刻揭露一切反人性反人道反人权的内在根据。马克思主义认为,类人性的观念,是人的理想之崇高价值的观念,也就是人应当是怎样的人的观念,它是同人的动物特性和有害于人的反人性反人道反人权相对立的。它表明,那些有害于或不利于人的、非人性的、反人性、反人道、反人权的丑恶社会现象,都必然受到人类公平、正义和道德良知的审判和裁决。

第三,它是正确理解未来共产主义社会人性复归的内在根据。在马克思主义看来,未来共产主义社会,将是人性和人的个性自由得到全面充分实现的社会。在那里,每个人的自由发展是一切人的自由发展的条件。① 因此,它要求人们必须认真思考人的类特性和人的个性自由问题。因为这个未来社

---

① 《马克思恩格斯全集》第 1 卷,人民出版社 1995 年版,第 132 页。

会将使人类人性得以完全复归或充分实现。也就是崇高人权的彻底实现。

第四,它是昭示人与人之间和谐相处的内在根据。作为马克思主义产生于 19 世纪初的三四十年代,资本主义社会中的人与人之间关系是极不和谐并严重冲突的,于是,金钱至上和商品拜物教的观点和行为极端盛行。为了改变这种不和谐的人与人之间关系,马克思特别强调人类人性的共同性方面,主张人与人之间要按人性的方式和谐相处,主张人与人之间的平等合作和友爱,主张共同维护人类自身的基本尊严和自由度,特别是主张无产阶级要解放自己,首先就要解放全人类。

第五,它是理解人的一切问题的一个逻辑前提。从认识的思维逻辑看,认识人的逻辑秩序,首先应当认识人的类特性,然后才进一步认识人的社会特性和人的个体特性。因此,在马克思看来,对人的类特性的认识是对人的认识的逻辑开端和出发点,其意义在于,它科学地确定了人这个类与动物不同的属性。这就为我们进一步深入研究人的社会人性提供了一个基本逻辑前提。因为,你要认识类人的这一现实社会性,就必须首先认识人的类特性,人的现实社会性只是在你是人这一普遍共同类人性的前提下的一种社会现实性,是人的类特性的现实人性化和现实社会化。对人的丰富个体人性的多样性认识也不例外。

第六,它为正确理解和正确评价人类进步思想家们有关人的学说提供理论根据。近代西方天赋人权论者们之所以提出自由平等博爱和人权的口号,并且主张回到自然等同状态中去,特别是主张人民主权论,马克思之所以提出人道主义的一些思想和主张,提出社会化的人类是新唯物主义的立脚点等,其理论根据,都可以从人的类人性所具有的上述特性中去寻找。因此,在马克思主义看来,历史上那些进步思想家们关于人的学说中有关人类人性的合理因素,不是资产阶级的专利,我们是可以持扬弃分析态度的。但是,绝不能仅仅归结于抽象人类人性和抽象人道主义。以人为本的科学发展观,就是批判地继承了东西方思想史上的人本主义思想中的积极合理因素,更加彰显了中国特色和鲜活时代特征,是中国化的马克思主义最新理论成果。

二、具体分析群体人性特点的人权诉求

作为群体人性而言,是指由某种共同纽带和社会关系联系起来进行共同活动的现实各种社会关系的总和的共同体或复合体。在这里,一切社会关系的总和是社会关系人性的本质规定,这是社会化了的人性本质规定。由于这种既超出丰富个体人性的共同纽带的联系的现实社会人性,就使得社会群体

性人性不等于丰富个体性人性的机械相加,而异于个人;又由于现实社会关系的群体性人性有自己的独特性,又使群体性人性不同于人类的类人性。同样的道理,人作为社会关系特点的人权诉求,也有别于人作为人类人性特点的人权诉求。

1. 人作为社会关系的群体人性特点

一是共同纽带性或共同规范性。社会关系层面的群体人性首先具有共同的联系纽带或共同规范,在马克思那里的国家民族阶级政党团体和家庭等概念,就具有共同纽带或共同规范性。这样来看,就不能简单地认为任何一定数量的个人的组成都能构成群体。

二是共同目的性。由一定数量的个人组成的有机整体,朝着共同的目标奋斗。如无产阶级,就有着消灭私有制阶级剥削,实现人类平等和自由解放的共同目的。

三是共同意识或群体意识。作为群体中的任何一员,都清楚地意识到自己是这个群体中的一员,认识到自己与这个群体的其他群体成员有着一致的东西,并且意识到与其他群体的区别。

四是稳定的社会关系中的和谐互动性。群体内人与人之间有较稳定的社会关系,在这种社会关系中,人与人之间进行经常的交往和联系。他们的交往是和谐互动的,这种和谐交往既包括人与自然的和谐互动,又包括人与人之间的往来,还包括人与人和人自身内心心灵的沟通和情感的交流。

五是共同活动性。即群体内的人们的活动具有共同性。这里的活动,当然指作为群体内的每个成员的主要活动,如中国特色社会主义社会的成员共同构建和谐社会的活动以及全面建设小康社会的活动。

六是共同的需要和利益。属于同一群体内的成员,由于具有共同的需要和利益需求,而结成共同的利益体。没有任何共同的需要和利益需求,人们是不能构成现实的社会群体的。因此,马克思主义认为,社会关系层面的群体人性,最根本的本质特征,就是现实社会性的一定的社会的共同性。在阶级社会,最突出表现为具体的历史的特定的鲜明阶级性。

2. 人作为群体人性特点的人权诉求

第一,它是理解人权社会性的内在根据。群体人性的本质其实就是人的社会本质规定性。正如马克思所指出的:"人的本质并不是单个人所固有的抽象物。在其现实性上,它是一切社会关系的总和。"[1] 因此,群体人性的

---

[1] 《马克思恩格斯选集》第1卷,人民出版社1995年版,第136页。

本质其实就是人的本质社会性。作为群体人性特点的人权诉求，其真实本质也就是人权的现实社会权益关系。正是这一人权的现实社会性，从而与西方世界抽象人学史观的人权观根本相区别。也正是从这个意义上，马克思主义认为，人权不是天赋的自然生成的，而是社会历史条件的产物。人权不是抽象的超阶级超时代超历史的，而是具体的历史的有阶级性的。人权并非是空洞的政治权利，而首先是生存权和发展权。人权并不仅仅是个体人权，而是个体人权与集体人权的统一。人权并不是权利与义务的割裂，而是权利与义务的统一。人权并非纯自然的空洞抽象，而是特定社会制度的本质规定。

第二，它是正确理解集体人权的内在根据。人作为群体的人，由于具有共同纽带或共同规范性、共同目的性、共同群体性、共同活动性、共同利益性，特别是一定的社会的共同性。由此，如今的自然灾害是人类面临的共同挑战。① 因此，与之相应的人作为群体人性层面的人权也就是集体的民族的社会环境权。这一层面的公民基本人权的实现过程始终与国家层面的责任执政党和责任政府的积极作为联系在一起的。没有国家层面的责任执政党和责任政府的积极作为，公民对于这些基本人权的享有和维护，就只能是一种渴望而无法成为现实的空中楼阁。② 正因如此，我国国家人权行动计划（2009～2010年）和国家人权行动计划（2012～2015年）的实施和制定就充分证明了这一点。

第三，它是正确理解国权比人权重要得多的内在根据。在人权与国权的辩证关系中，一方面，人权是国权的人性基础和法理基础。丧失人权的国权既不合法，更违背人性。另一方面，国权是保障和维护人权的基本前提和保障基础。没有共同权益的国权，就根本构不成现实的公民个人人权。这同样是人权的群体人性基础和群体法理基础。

第四，它是正确理解人权阶级性的内在根据。在阶级社会中，由于社会关系层面的群体人性，最突出表现为具体的历史的鲜明的阶级性。人权作为上层建筑的意识形态，就必然具有鲜明的阶级性。这种鲜明的阶级性是社会关系层面的群体人性在阶级社会中的集中表现。然而，过去，人们往往把人权的阶级性与人权的人道性绝对对立起来，其实二者有着内在的一致性。所不同的只是，人权的阶级性，更加具有特定的阶级实质。

---

① 胡锦涛：《在中国科学院第十四次院士大会和中国工程院第九次院士大会上的讲话》，人民出版社 2008 年版，第 20 页。

② 俞可平：《政府对人民幸福有不可推卸的责任》，人民日报 2011 年 2 月 22 日。

第五，它是正确理解国家公共权力与公民私权利良性互动的内在根据。由于社会群体内人与人之间有较稳定的社会关系，在这种群体关系中，人与人之间进行经常的交往和联系。他们的交往是和谐互动的，这种和谐交往既包括人与组织的联系，又包括人与人之间的往来，还包括人与人之间心灵的沟通和情感的交流。这种和谐互动关系表现在社会权益上，集中表现在国家公共权力与公民私权利的和谐互动。随着社会法治文明的现代化与公民权利意识自觉维护化，当代社会文明正催生着一种崭新型的国家公共权力与公民基本权利和谐互动和利益均沾的和谐社会。这种和谐社会的一个最基本特征，就在于国家尊重和保障人权的人权原则和人权精神。如果公民最基本的人权都得不到有效保障，公民私权利与国家公权力严重对抗和分离，人民就不是真正意义上的国家主人，国家权力就不是人民的权力。既不合法，又违背人性。因此，国家公权力与公民私权利和谐互动的内在根据，就是人作为一定的社会的共同性即群体人性层面人与人的各种权益和谐互动的人权诉求。正因如此，改革开放以来，特别是党的十六大以来，我们党和政府自觉地把尊重和保障人权的条款写进了国家根本大法，写进了执政党的主题报告，写进了执政党的党章，写进了经济社会发展目标，2012年又写进了新修改的刑事诉讼法。党的十八大报告特别强调切实尊重和保障人权，保证人民依法享有广泛权利和自由。①

三、具体分析个体人性特点的人权诉求

人作为个体人性的社会存在是由人的类人性存在，过渡到群体人性的根本出发点和落脚点。人的类人性和群体人性表明人与人之间人性的普遍性和共同性，而人的个体人性则表明人与人之间人性的差异性丰富性和多样性。马克思指出：个人以及他们的商品的天然差别成为这些个人联合起来，建立起他们之间的社会关系的动因。② 这就是说，个人的社会存在是其人性存在的一个基础。而个体人性的差异性丰富性和多样性，又是类人性和群体人性普遍性和共同性的现实前提和现实基础。马克思在德意志意识形态中反复强调现实中的个人，是从事活动的、进行物质生产的人，是从事实际活动的人。③ 从个体人性这种现实性来讲，只能通过个人而存在，离开现实的个体

---

① 胡锦涛：《坚定不移沿着中国特色社会主义道路前进为全面建成小康社会而奋斗》，人民出版社2012年版，第25页。
② 《马克思恩格斯全集》第46卷，人民出版社1972年版，第195页。
③ 《马克思恩格斯全集》第31卷，人民出版社1998年版，第355—356页。

人性，人和人性不过是一种空洞的纯思维抽象，只能存在于人们的头脑想象之中。因此，个体人性是类人性和群体人性的一种最现实最直观最生动的人性存在形式。个体人性与他所处的社会或社会现实是紧密联系的。这就是说，有不同的社会关系或社会，就会有不同的个体人和不同的个体人性存在。也就是说，现实社会中的个人不仅作为群体人性的存在出现，而且还作为个体人性的存在出现。这样，个体人性存在包含两方面的基本内容：一是与类人性相对应的个人与个人之间的差异性独一无二性不可取代性和自我性；二是与个体人性的社会存在相对应的个人的独特性独立自主性和自由自觉等鲜活个体主体性。

1. 人作为个体人性的独特特点

一是具有独特性和完整性的统一。个体人性是一种自身中把人的人性本质的各种规定结合为一个具体现实人的存在属性，同时又是具有某种具体的和独特个体人性的个人，即他不仅具体表现群体人性的社会性和历史性的鲜活个性，而且也表现着他自身的个体人性的独特特点，还表现与社会成员之间的个体人性的个体差异性。这种具体个体人性的独特特性，内在地包含着个体人性的自律性自主性自尊性和排他性。

二是具有发展变化的多样性。即在社会关系的丰富性的基础上能够表现各种能力天赋才干的差异，能够克服具有因循守旧的生产方式的闭塞性和地域性。

三是具有活生生的生命性和崇高精神性。与人类人性群体人性不同，个体人性首先是一个自然属性人，具有活生生的肉体生命，同时又是一个具有意识或思维的精神追求人。如康德所说，头顶星空，心中道德律 这是个体人性的伟大和崇高。

四是具有现实可感性。由于每个个体间的肉体生命和个体精神的相互作用相互制约，使得个体人性成为可以通过经验观察来感知感悟的现实人性，如实际生活中的每个个体人的生理心理和情感的喜怒哀乐，等等。

2. 人作为个体人性特点的人权诉求

第一，它使得人类人权具有现实个人人权的具体实际意义，为我们尊重和维护现实生活中的具体个人的正当合法权益提供内在根据。个体人性有其自身丰富多彩的独特性，他与作为人类人性和作为群体人性是不同的。这就要求人们不能只注重作为人类人性和作为群体人性的人，而且还要关心作为个体人性的多样性和丰富多彩。只有这样，对人的关注才真正具有现实性彻底性和具体性。在马克思看来，每个具体人的个性全面自由发展才是社会历史发展的最终目的,才真正消除了人本的异化,才是真正意义上的人性复归。

第二,它使得人类人权具有活生生的可感知性的实证性,为我们尊重和维护现实生活中的具体个人的正当合法权利提供观察的基本依据。虽然处于社会历史中的个体人性是一种不同一般生物个体存在的社会存在,但并不是一种反自然的存在,只不过是自然存在在人的活动中的社会化而已。如果否认人的个体人性存在,必然导致把人类群体和社会看成是一种反自然的抽象存在物,最终必然导致思辨的神学的唯心主义。而承认人的个体人性存在,就必然要对人性进行唯物的实证的考察,必然坚持人的问题上的具体多样性。这是我们思考人的问题的基本出发点。因此,马克思才把有生命的个体人看作人类历史的第一前提条件。原则不是问题的出发点,丰富具体的实现人,才是我们观察社会的真正出发点。

第三,它使得个人人权的内容具有活生生的丰富性和多样性,为我们尊重和维护现实生活中个体人权(公民权利)提供内在根据。多种多样的个体人权(公民权利),主要是公民个体独自享有和行使的各种合法权利。如个体公民的人身权自由权财产权人格尊严权,等等。当然它还包括个体协同权利,即为个人所有但只能在集体中与他人协同行使才能实现的权利,如言论自由权出版自由权集会自由权结社自由权,等等。个体共有权,应当是两人或两人以上对同一财产共同享有的所有权,如夫妻或合伙人对共有财产的享有权。个体与集体并有的权利,即主体可以是个体又可以是集体的同一权利,如生存权发展权和平权环境权平等权自由权和谐权,等等。

总而言之,我们应当具体分析不同人性特点的不同人权诉求,对于我们继续解放思想,既彻底打破那种单纯片面的人权政治化思维定势,又彻底打破以西方之是非为是非的思维桎梏,从而真正确立科学发展观视野下以人为本的人权人文关怀理念,真正努力实现和构建中国人权文化自觉和人权文化自信的人权话语体系,有着不容置疑的现实意义。

10. 中国特色社会主义人权理论体系的逻辑关系

理论体系的逻辑关系，其实就是这个理论体系的内在逻辑联系和内在逻辑生成。党的十七大以来，中国特色社会主义理论体系的研究硕果累累，而中国特色社会主义人权理论体系还几乎无人系统研究和系统论述，就这个意义而言，中国特色社会主义人权理论体系研究还是一个空白。中国特色社会主义人权理论体系是由中国特色的基本人权观点、基本人权实践、基本人权原则和基本人权法律保障体系、基本人权发展道路和基本人权发展趋势等内容构成的内在统一、相互联系的有机系统或中国特色社会主义人权理论体系的逻辑关系，主要体现在如下几个方面：

1. 它是中国特色社会主义理论体系的重要部分。

这是母系统与子系统的逻辑关系。中国特色社会主义理论体系是母系统、大范畴，是理论基础，是指导原则，是根本方向；而中国特色社会主义人权理论体系则是子系统、小范畴，是具体展开，是具体深化。改革开放30多年的伟大实践所形成的中国特色社会主义理论体系和发展道路，极其深刻地蕴含了中国特色社会主义人权理论体系的一系列新观点和新思想。例如关于全国人民的人权思想，关于国权比人权重要得多的人权思想，关于搞强权政治的国家没有资格讲人权的思想，关于实现更加广泛更高层次的人权思想，关于依法保障全体社会成员平等参与、平等发展的权利的人权思想，关于把马克思主义人权的普遍性原则与中国的具体实际相结合的原则的人权思想等等，都内在包含在中国特色社会主义理论体系中。中国特色社会主义的人权新思想、新观点，是中国特色社会主义理论体系的重要内容和重要组成部分，是对中国特色社会主义理论体系在人权领域的具体深化和具体展开。要全面深入理解中国特色社会主义理论体系的科学内涵，就应当深入理解中国特色社会主义人权理论体系的科学内涵。因此，深化中国特色社会主

10. 中国特色社会主义人权理论体系的逻辑关系

义人权理论体系的研究，既是中国特色社会主义理论体系深化的需要，也是建构中国特色社会主义人权理论体系的需要；既丰富了中国特色社会主义理论体系的内容，又实现了中国特色社会主义人权理论体系的人权文化自觉和人权文化自信。特别需要强调的是，中国特色社会主义人权事业的伟大成就和当今国际国内人权面临的许多新情况、新问题，都迫切需要系统性人权理论成果支撑。改革开放以来，党和政府在推进中国现代化建设事业的实践中，解放思想，与时俱进，不断深化对人权问题的认识，推动中国人权事业在改革、发展、稳定的相互促进中向前发展。尤其是党的十六大以来，以胡锦涛为总书记的党中央，坚持以人为本，高举人权旗帜，将尊重和保障人权作为治国理政的重要原则并贯穿于经济建设、政治建设、文化建设、社会建设以及生态文明建设各个领域，贯穿于改革开放和现代化建设的全过程，不断加强人权建设，取得了举世瞩目的重大成就。学术界、理论界积极开拓创新，深入研究阐释中国特色社会主义人权事业发展的重大理论和现实问题，扎实推进人权理论建设，取得了丰硕的成果，为中国人权事业的发展提供了有力的理论支持。但是，总的看来，我国人权理论和话语体系，还明显地落后于改革开放和现代化建设的新发展，还没有建立起一整套能够指导中国人权实践发展和引导世人正确认识中国人权的中国特色、中国气派、中国风格的人权理论体系和人权话语体系。虽然已经发表的数百部的人权学术专著和数万篇的人权学术论文，取得了许多新成果，但中国特色社会主义人权理论体系的系统性研究仍是一个空白。不系统的、滞后的人权理论研究适应不了当前国际国内人权形势的发展要求。伴随人权入宪法、入党章、入"十二五"规划，随着中国特色社会主义理论体系研究的深入拓展，加强中国特色社会主义人权理论体系研究变得日益迫切和可能。

2. 它是中国特色社会主义人权观点的系统梳理。

观点与体系如同珍珠与项链的逻辑关系。体系是观点的系统化和理论化，观点是体系的要素和原料。再好的珍珠只有经过艺术加工制成精美绝伦的项链，才能发挥其价值连城的整体效应。"整体大于各部分之总和"，不仅是古希腊著名哲学家亚里士多德的至理名言，而且蕴含有现代系统论的首要核心原则。深入挖掘和系统梳理中国特色社会主义理论体系中的人权新思想和人权新观点，并非哪个人的主观意志和一时的情感冲动，而是当代国际国内人权形势发展的客观需要。当代中国已经站在新的历史起点上，当代中国人权事业也站在新的历史起点上。全球金融危机爆发后，越来越多的西方学者都在认真研究和深入思考中国特色社会主义理论与实践，越来越多的发展中国家正在思考和参考"中国模式"和"中国经验"。然而,许多西方学者却把"中国模式"和"中国经验"仅仅局限在经济的成功上。中国特色社会主义人权事业的伟大成就和当今国际国内人权面临的许多新情况、新问题,都迫切需要系统性的人权理论成果支撑。但近代以来西方人权思想体系和话语体系长期主导着国际政治和社会科学研究的客观现实,不利于中国人权思想理论建设的发展,不利于中国人权事业的发展。当前和今后一个时期是全面建设小康社会的关键时期,是深化改革开放、加快转变经济发展方式的攻坚时期,也是进一步推动人权事业全面发展的一个重要时期。2011年3月,国家公布的"十二五"发展规划纲要明确提出,要"加强人权保障,促进人权事业全面发展"。2011年10月,中国政府在全面总结评估第一个《国家人权行动计划》实施情况的基础上,决定制定新一期《国家人权行动计划》,对"十二五"期间中国人权事业发展作出全面规划。这标志着中国人权事业的发展进入了一个新的阶段。人权实践的全面发展迫切需要系统人权理论的指导和人权话语的新支撑,呼唤着人权理论和人权话语体系的新概括。中国特色社会主义人权理论体系,是对中国特色社会主义理论体系中的邓小平人权思想、"三个代表"重要思想的人权论述、科学发展观的人权最新成果的系统梳理,从而形成系统的中国特色社会主义理论体系的逻辑框架。这一逻辑框架主要是由中国特色的人权本质规定、中国特色的人权理论基石、中国特色的人权实践基础、中国特色的人权保障体系、中国特色的人权原则立场、中国特色的人权发展道路、中国特色的人权发展趋势等十三个方面内容构成的理论体系。系统研究中国特色社会主义人权理论体系,更能从人权理论形态的文化自觉上,彰显马克思主义人权理论中国化的时代价值。

3. 它是中国特色社会主义人权实践的科学总结。

这是体系与沃土的逻辑关系。人权实践是形成人权体系的沃土和基础,人权体系是人权实践的概括和升华。中国特色社会主义人权实践是中国特色社会主义人权理论体系的沃土和基础,中国特色社会主义人权理论体系是中国特色社会主义人权实践的总结和升华。马克思曾经精辟地指出:"一切划时代的体系的真正的内容,都是由于产生这个体系的那个时期的需要而形成起来的。"①

首先,邓小平人权思想,是思想大解放的人权实践的科学总结。邓小平同志坚持解放思想、实事求是,以巨大的政治勇气和理论勇气,恢复了马克

---

① 《马克思恩格斯全集》第3卷,人民出版社1995年版,第544页。

思主义人权理论的本来面目，开创了中国改革开放人权实践发展的崭新阶段。邓小平人权思想冲破了"左"的人权思想束缚，对人权问题的认识有了新的突破，提出了富有时代气息的"多数人人权"、"全国人民人权"和"国权比人权重要得多"等一系列新思想、新观点和新论断。正是由于有了邓小平思想大解放的人权实践，有中国特色社会主义的一系列人权建设新构想才有可能得到肯定和坚持。

其次，"三个代表"重要思想的人权论述，是对世纪之交的人权拓展实践的科学总结。从十三届四中全会到十六大，以江泽民为核心的党的第三代中央领导集体，高举邓小平理论伟大旗帜，坚持改革开放、与时俱进，在国内外政治风波、经济风险和西方"人权外交"战略的严峻考验面前，创立"三个代表"重要思想，"把体系。人权的旗帜掌握在我们手中"，"实现更高层次和更广泛的人权"等人权新论述，对于促进21世纪中国人权创新事业的发展，认清西方敌对势力利用人权问题从事反华的丑恶本质，具有极其重要的理论意义和实践意义。

再次，科学发展观的最新人权理论成果，是对人权事业的全面科学发展实践的科学总结。党的十六大以来，以胡锦涛为总书记的党中央坚持以邓小平理论和"三个代表"重要思想为指导，全面贯彻落实科学发展观，顺应形势发展的新变化，适应人民的新期待，对内构建社会主义和谐社会，对外共建和谐世界，坚持以人为本，不断地推动社会主义人权事业的全面发展。尊重和保障人权的条款首次被写进宪法、党章、国民经济和社会发展目标和"十二五"规划中。科学发展观等重大战略思想指导下的伟大社会实践，不仅把中国特色社会主义人权事业推向新阶段，而且为形成中国特色社会主义人权理论体系指明了前进方向。

4. 它是古今中外优秀人权文明成果的扬弃升华。

这是借鉴与升华的逻辑关系。中国特色社会主义人权理论体系不是脱离人类文明大道而固步自封的，而应该是人类一切优秀思想文化成果的合乎规律的借鉴与升华。① 为此，我们必须加强对国际人权文书和各国人权发展模式的研究，加强对国际人权理论和实践的前沿问题的研究，善于从国际国内人权理论与实践成果的相互转化、优势互补中进行创新，牢牢把握世界人权发展的前进方向。中国特色社会主义人权理论体系，是开放包容的理论体系，是与时俱进的人权文化自觉和人权文化自信。由于马克思主义的人权理

---

① 参见本书"5. 构建中国人权话语体系的'五个应当'"。

论是人类人权文明发展的科学理论形态,因此,它更具有厚重的历史文化底蕴,更加与时俱进,更具有开放性和包容性。集百家人权思想之大成,聚百家人权思想之精华。中国特色社会主义人权理论体系也是如此。一是在人类思想文化史长河中勇于同各种错误思潮作斗争,在斗争中求发展,在比较中显示真理本色。马克思主义的人权理论对从文艺复兴的人权思想启蒙到17、18世纪资本主义社会的人权理论,从占统治地位的资本主义社会人权理论,到19世纪的各种空想社会主义的人权思潮,都一一进行过深刻的分析批判,并在分析批判中日益彰显它的真理性。同样,中国特色社会主义人权理论体系,既分析批判了当代国际上各种人权错误思潮,尤其是当代西方霸权主义的"人权高于主权"的种种论调,又深刻分析批判当代国内的各种人权错误思潮,从而作出了当代中国的马克思主义人权理论的新论断,在当代国际人权斗争中彰显了马克思主义人权理论的真理性。

二是在人类思想文化史的长河中善于吸收各家之精华,在比较、鉴别中升华自己的人权思想。马克思、恩格斯的人权理论,就批判吸收了世界"第一代人权"思想的合理因素;毛泽东、邓小平、江泽民和胡锦涛的人权重要论述,就批判吸收了世界"第二代人权"、"第三代人权"各种人权思想的深刻内涵,从而把马克思主义人权理论发展到当代中国的马克思主义人权理论的崭新阶段。如十七大报告中的"依法保障全体社会成员平等参与、平等发展的权利"的重要论述,就是对古今中外优秀人权文明成果的积极扬弃和升华。三是在人类人权文明的历史长河中不断地超越自己,开辟马克思主义人权理论的新境界,作出马克思主义人权理论的新论断。邓小平同志把马克思主义人权理论中国化,开拓解放思想、实事求是的人权理论新境界;开拓走自己的路,走有中国特色的人权理论新境界;开拓"三个有利于"的人权理论新境界;作出了西方世界的所谓"人权"和我们讲的人权是两回事的新论断;作出了国权比人权重要得多的新论断;作出了搞强权政治的国家根本没有资格讲人权的新论断。江泽民同志把马克思主义人权理论中国化,创造性地开辟了"三个代表"的人权崭新境界,作出了共产党执政就是领导和支持人民掌握管理国家的权力的新论断;作出了保障人权,维护人的尊严和价值的新论断;作出了对于一个民族来说,

首先是人民的生存权和国家的独立权的新论断;作出了人权是一国主权范围的事,反对以人权为借口干涉别国内政的新论断;作出了中国既保障人民享受经济社会文化权利,又保障人民享受公民权利和政治权利的新论断;作出了人权是由多种不可分割的权利构成的新论断;作出了积极促进国际人

权事业健康发展的新论断;作出了实现更高层次和更广泛的人权的新论断。以胡锦涛为总书记的党中央,对内构建社会主义和谐社会,对外共建和谐世界,尊重各国自主选择社会制度和发展道路的权利,相互借鉴而不是刻意排斥,取长补短而不是唯我独尊,推动各国根据本国国情实现振兴和发展;要加强不同文明的对话和交流,在竞争比较中取长补短,在求同存异中共同发展,努力消除相互的疑虑和隔阂,使人类更加和睦,让世界更加丰富多彩;要以平等开放的精神,尊重和维护世界文明的多样性,促进国际关系民主化,协力构建各种文明兼容并蓄的和谐世界。正如云杉散文《文化的非洲》中所说:"在交流中的碰撞是不可避免的,我们需要碰撞。碰撞的火花就是灵感,碰撞的前方可能就是一片文化创新的天地。"①

---

① 彭云:《民族自信下的文化自信》,《光明日报》2012年4月10日。

11. 中国人权文化的历史变迁

文化是人权的精神本质和精神支撑,人权是文化的价值取向和价值目标。人权既是普遍的,又是特殊的。各个民族都有自己特定的人权文化观念和人权文化价值取向。广义人权文化是人权物质文明成果和人权精神文明成果的统称。狭义人权文化是人权精神文明成果的观念形态,是人们在人权实践中逐步形成的人权知识体系、人权价值观念、人权生存方式等构成的人权观念形态的复合体,是人类人权生存方式的深刻反映和人类人权生存智慧的结晶。中国人权文化既是中国人权历史的产物,又是中国人权历史过程的积淀,具有中国特色、中国气派和中国风格。然而,长期以来,人们误认为,人权文化在西方,似乎中国没有人权文化。其实,中国人权文化厚古今伟,"艰难困苦,玉汝于成"。在中华文化五千年的变迁中,我们可以大致勾画出如下几个历史阶段。

一、中国古代人权文化基因的丰富多彩

中国古代优秀的人权文化基因,彰显了中国人权深厚的历史文化根基。毛泽东同志曾说:"从孔夫子到孙中山,我们都要认真研究。"[①] 这是一部"不可割断"的中华民族的优秀文化思想传统,不懂得这一部"不可割断"的优秀民族文化思想,就不可能真正地懂得中国人权思想生成的文化根基。江泽民同志指出:"重视人的尊严和价值,是中华民族的传统美德。我国古代先哲提出的'天地之间,莫贵于人'、'仁者莫大于爱人'的思想,在社会中有着深厚的影响。""中华民族历来尊重人的尊严与价值。"[②]

[①] 《毛泽东选集》第 2 卷,人民出版社 1991 年版,第 533 页。
[②] 《江泽民论有中国特色社会主义(专题摘编)》,中央文献出版社 2002 年版,第 323—325 页。

孔子是世界历史文化名人，其对中国和世界的深刻影响超越了历史时空，孔子的学说是中国传统文化的代表。孔子的仁学理论，是中国古代朴素人权思想的集中代表和最高成就。孔子思想的核心，是他的仁学理论。孔子的仁学理论对于中国古代朴素的人权思想启蒙具有重要的积极意义。它所蕴含的人权文化基因主要有：

1. 发现了"人"

孔子是我国历史上首倡人的思想解放的思想家，他从殷商以来的天命神学中解放了"人"，从而发现了"人"，创立了中国古代朴素人本主义的人学。在殷商时代，天命神学占统治地位，人世间的一切都受"天命"、上帝的支配。孔子一反传统，把人的观念意识引到重视人的轨道上来，把天看成是随四时变化、万物生长的自然现象，否定了天的绝对权威性；强调重视和研究人的现实生活，重视人的物质生活和精神生活，从而创立了中国古代朴素的人学思想。孔子关于"人"的发现比西欧在文艺复兴时才发现"人"，要早一千多年，因此孔子被西方思想家们列为世界十大文化名人之一。

2. "人为宇宙中心"的思想

以孔子为代表的儒家认为，人是宇宙的中心。《礼记·礼运》篇中说："人者，天地之心也"，这就肯定了人在宇宙中的中心地位。《周易》的大宇宙观认为，宇宙是由天、地、人三种物质材料构成的，称之为"三才"，并且上为天，下为地，中为人。人在整个宇宙的构成中处于中心地位，是宇宙的观察者和体悟者。既然人是宇宙的中心，人就是价值的尺度，是价值的主体，离开了人来讲价值，就没有任何意义。

3. "人为万物之灵"的思想

儒家重视人，认为人为万物之灵。《尚书》中说："惟人为万物之灵。"宋代的周敦颐在《太极图说》中说："唯人也，得其秀而最灵。"

4. "民为贵"的思想

民者，人也。孟子说：土地、人民、政事是诸侯国的三件宝，人民是国家的三件宝之一。"民为贵，社稷次之，君为轻。"① 对于一个国家来说，人民最为重要。所以，以孔子为代表的儒家从实际经验得出了一个真理："民为邦本，本固邦宁。"② 荀子也说："君者，舟也；庶人者，水也。水则载

---

① 《孟子·尽心下》。
② 《论语·五子之歌》。

舟，水则覆舟。"① 这些观点一方面维护了剥削阶级的统治；另一方面也对中国古代朴素人权思想的启蒙起到了积极作用。

5. 中国传统文化"和为贵"的思想是东亚文化的主要源流

儒家文化是中国传统文化的主流。"和为贵"的思想，在中国儒家文化中占有突出的位置。孔子的《论语》提出："礼之用，和为贵。"孟子提出："天时不如地利，地利不如人和。"荀子也说："万物各得其和也生。"《中庸》提出："和也者，天下之达道也。"《汉书》和《尚书》还分别提出了"和气致祥"、"和衷共济"的思想。"和为贵"的思想，是儒家"人为贵"思想的扩充。"人为贵"思想，是认为"天地之间，莫贵于人"，主张要爱护人、维护人的尊严。"和为贵"思想，是主张人与人之间、人际各种关系要和睦、和谐、和善。"人为贵"与"和为贵"是互相联系的。孔子说："仁者人也"，认为两人以上相处就应该讲仁的道德。孔子主张"推己及人"，"己所不欲，勿施于人"，既要维护个人的权益，又要尊重他人的权益。堪称处理当今国际关系的"黄金规则"。求同存异的包容思维更体现了中华文化的宽广胸怀。

还有墨子强调经验论，强调人的主观能动精神，强调"兼爱"、"非攻"和"节用"，都对后世有深刻的积极影响，为中国人权文化的历史发展提供了积极的思想素材。其中，韩非是先秦诸子中最后一名著名思想家。他继承了商鞅等前期法家的思想，吸收了荀子以及道家思想的一些成果，成为法家的最杰出的代表。韩非子赞成前期法家关于古今势异、因时变法的观点，提出了"变古易常"、"美当今"，而反对"法先王"的主张。他继承并改造了老子关于"道"的理论，提出了"理"，而且要以"理"解"道"，对"道"和"理"概念进行了明确界定并阐明了二者的关系。他继承了荀子"明于天人之分"、"制天命而用之"的思想，强调人的主观能动性，主张以人的力量积极地改造自然。他指出，现成的为人所用的器具、武器是没有的，都是人自己制造出来的，是人使用工具使自然得到了改变，成为人可用之物。

中国古代朴素的人权文化思想，既对我国古代人民争取基本的生存和发展具有积极的启蒙作用，又使得和谐与包容等中国传统文化元素在当今世界人权对话中的积极作用日益彰显。

二、近代中国人权文化桎梏的腐朽没落

中国本是世界四大文明古国之一，她不仅创造了灿烂的华夏文化，而且

---

① 《荀子·哀公》。

对推动世界历史进程,也做出了不可磨灭的贡献。可是,当历史发展到1840年,由于西方列强的入侵,封建专制的腐败,愚昧意识的桎梏,使中华民族的主权、中国人民的人权遭到了空前绝后的践踏。

1. 封建愚昧意识的自我泯灭

封建愚昧意识对人性、人权的泯灭,到了明清时期达到了极点。最为典型的是朱熹"存天理、灭人欲"的桎梏信条。他的根本理论缺陷,是把天理与人欲对立起来,所谓"天理存则人欲亡,人欲胜则天理灭"。这就把属于社会伦理的"天理"看作独立于人之外的存在,在社会还没有制定出合法的程序来确立"天理"的内容时,而被任意赋予各种规定,从而造成如清代戴震所说的"以理杀人"、"以理吃人"。近代封建统治者更是用过时僵化的伦理纲常如"三纲五常"之类作为统治人民的精神武器。封建愚昧的"三纲五常"、忠孝节义的僵死说教,加上崇拜鬼神的愚昧迷信,再加上使人精神萎靡的低级趣味的庸俗文化,互相交织在一起,形成了泯灭人民人权自由思想,扼杀民族生机的思想桎梏。

2. 封建王权文化的任意剥夺

臣民对皇帝绝对忠诚的至高无上的封建王权文化,其实就是封建王权文化对臣民权利的任意剥夺。中国历代封建统治者的残酷剥削,导致中国人民的生活难以维持。旧中国的历代政府不仅没有解决这一问题反而加深了人民的灾难。在旧中国,只占农村人口10%的地主和富农,占有70%的土地,而占农村人口70%的贫雇农却只有10%的土地。地主和富农凭其所占有的土地残酷地剥削广大农民。封建社会的中国人民,毫无人权可言。特别是以蒋宋孔陈四大家族为首的官僚资本,利用特权,控制国家的主要经济命脉,刮尽民脂民膏。乱发货币,进行金融垄断,使得广大中国人民的生存和发展状态更加悲惨。

3. 西方殖民文化的肆意践踏

从1840年到1949年的110年间,西方帝国主义列强先后对中国发动过大小数百次侵略战争,强迫中国签订了1000多个不平等条约。西方列强凭借侵略战争和不平等条约抢占中国的大片领土,把独立统一的中国分割为他们的"势力范围"。偌大的中国支离破碎,国不成国。国家丧失了主权,人民就会被欺辱,被蹂躏。1867年春天,上海外滩法国租界公园门口,各国洋人出出进进。门口却赫然挂着一块牌子,上面写着:"华人与狗不得入内。"中国自己的土地,不允许中国人进出,这是十足的强盗逻辑。当帝国主义列强用大炮轰开中国围墙的时候,在另一个领域,一场无硝烟的战争也在全面展开,这就是以传教士为先锋的文化侵略战。他们不仅以传教的谎言来掩盖掠夺的图谋,干着武装侵略所不能及的罪恶勾当,而且向中国灌输崇洋媚外思想,"造就服从他们的知识干部和愚弄广大的中国人民",通过传教、报纸、"慈善"事业、学校教育等等,把毒素散播到城镇乡村。这都是西方列强对中国进行文化侵略的重要手段。

三、近代中国人权文化启蒙的呐喊抗争

一部中国近代史,既是一部中国人权的沉吟史,又是一部中国人权文化启蒙的呐喊史、抗争史。愤怒觉醒的中国近代仁人志士,他们将人权的理论从西方引入中国,开始了近代中国人权文化启蒙的呐喊与抗争。

1. 康有为的人权思想启蒙

康有为是我国19世纪末改良维新派知识分子的首领和杰出代表。当时他在主要是针对君权的人权运动中,常用"民权"这个与君权相对的词,因此康有为的人权思想也可称为"民权"思想的启蒙。其主要内容是:抽象的"升民权降君权"的理论阐述;宣扬人性论,反对压抑人性的封建伦理道德观;要求变革危害人权的不合理制度;描绘了人人平等、人人都爱劳动的理想大同社会。

2. 孙中山的人权思想启蒙

中国革命的先行者孙中山不仅是一位伟大的革命领袖,同时也是一位杰出的人权斗士。他的一生,都是在为争取中国人民应享有的各种权利而奋斗,同各种践踏和压制人权的封建专制制度和西方殖民侵略者进行了不屈不挠的坚决斗争。在几十年的革命实践中,孙中山留下了丰富的人权思想。他的"民族、民权、民生"的"三民主义"和立法权、行政权、司法权、考试权、监察权五权分立的宪法思想,就是近代中国资产阶级人权思想启蒙的典型代表和最高成就。

3. 邹容的《革命军》、胡适的《人权约法》和罗隆基的《论人权》等,都是中国近代资产阶级人权启蒙思想的重要文献

除此之外,还有不少人在人权问题上也有不少贡献。如就当时中国所涉及到的人权思想来看,几乎西欧所有流行的人权观点都有了,并且有不少在传播、介绍、阐述人权思想的过程中,还注意到了中国的传统文化背景和当时中国社会的现状,使中国近代资产阶级人权思想的启蒙不同程度地带有中华民族的自己特色。

中国近代资产阶级人权启蒙思想家们在接受西方资产阶级人权观的基础

上，结合近代中国国情进行人权思想启蒙宣传，为唤起国民的自身解放、打破封建传统文化的束缚，发挥了积极作用。但是，他们的人权理论启蒙也必然和西方资产阶级的人权理论一样，存在着抽象人学唯心论、虚伪性、利己性等局限性。他们用这种人权理论去反对帝国主义和封建主义，其结果都未能如愿以偿，自然吃了败仗。

四、现代中国人权文化变革的浴火新生

五四新文化运动，特别是中国共产党的成立，中国共产党人把马克思主义人权的普遍性原则与具体的国情相结合，开辟了中国人权革命的历史新纪元。

1. 五四新文化运动的人权变革

"五四"运动是中国历史上的一次划时代的伟大事件，它极大地促成了马克思主义与中国工人运动的结合，开启了中国新民主主义革命的历史序幕。五四运动还是中国人权发展史上的一个里程碑，它使得以前那种简单借用西方人权思想，注重争取个人平等、自由的人权理论产生了一个质的飞跃，升华到反帝、反封建的高度，喊出了民主与科学的时代最强音。五四运动时期人民群众在争取思想言论自由、争取个性解放的斗争中，在"打倒孔家店"和雪耻丧权辱国的呐喊声中，极大地普及和提高了中国人民的民族意识、民主意识和人权意识，随着五四运动在中国的广泛传播，经过五四运动风暴洗礼并接受了马克思主义的中国先进知识分子，对人权概念的认识达到了一个崭新的高度。

2. 新民主主义革命争人权、争自由的浴血奋斗

以毛泽东为代表的第一代中国共产党人带领全国各族人民经过二十八年的浴血奋斗，形成和创立了中国人权的新理论，迎来了中国人权的新曙光。为中国最广大的劳苦大众争人权、获自由、得解放，是我们中国共产党人新民主主义革命的一贯基本立场和原则。在新民主主义革命的各个时期，争人权、争自由、获得民族独立解放，始终是中国共产党高举的一面旗帜。早在建党之初，我们党就在领导"二七"大罢工中明确地提出了"争人权，争自由"的口号。在抗日战争中，我们党号召全国人民"为人权自由而战"，"为民族独立、民权自由和民生幸福这三大目标而奋斗"，并领导人民在各个抗日战争根据地建立民主政府，制定民主纲领，颁布了一系列专门的人权保障条例。在解放战争时期，我们党提出"保障人权、解救民生、完成统一"的革命政策主张，并在解放区领导人民制定实施"保障人权、财权、公民权"

的各种施政纲领、宪法原则和专门法令,在国民党统治区领导开展了"反饥饿、反压迫、反内战"和"争自由、争民主、争人权"的爱国民主运动。

3. 毛泽东人权思想的创立

以毛泽东同志为主要代表的中国共产党人,在领导中国的半个多世纪民主革命、社会主义革命和社会主义建设中,把马克思主义关于人权理论的原理同中国革命和建设的具体实践相结合,创立了毛泽东的人权思想,创造性地提出了他的人民权利思想。毛泽东的人民权利思想是中国历史上的第一次真正意义上的人民权利论的理论旗帜。毛泽东的人权思想,是马克思主义人权理论中国化的第一次飞跃。毛泽东的人权思想为后来的人权理论和人权事业的发展奠定了坚实的理论基础。但是,后来的"文化大革命"运动,使党、国家和人民的事业受到严重损失,人民正当的合法权益受到伤害。这在某种程度上妨碍了人们对毛泽东人权思想的全面客观评价。对此,西方某敌对势力大肆攻击和歪曲中国社会主义的人权事业,这是我们应当吸取和总结的严重教训。

4. 民族独立、人民解放

1949年10月1日,中华人民共和国成立,中国人民从此站起来了,获得了一个真正"做人的资格",从根本上改变了"华人与狗不得入内"、"东亚病夫",毫无人格尊严的悲惨状况;实现了中国从几千年封建专制制度向人民民主制度的伟大跨越,实现了中国高度统一和各民族空前团结,彻底结束了旧中国半殖民地半封建社会的历史,彻底结束了旧中国一盘散沙的局面,彻底废除了西方列强强加给中国的一切不平等条约和帝国主义在中国的一切特权。

5. 确立了崭新的社会主义人权制度

新中国成立后的人民民主的国家制度、全国人民代表大会制度、共产党领导的政治协商制度和民族区域自治制度的建立和健全,为全国各族人民真正实现当家作主的民主权利提供了根本的政治保障。1956年社会主义基本经济制度的建立,为全国各族人民平等参与经济发展和平等分享劳动成果,提供了根本性的经济制度保证。第一部《中华人民共和国宪法》和《婚姻法》的制订,为全国各族人民的各项权益提供了可靠的法律保障。

五、当代中国特色人权文化的自觉自信

1. 当代中国特色人权文化

自觉自信的历史经验和历史责任,建党九十多年的宝贵经验启示,新中

国成立六十多年的人权建设实践，特别是改革开放30多年的人权实践创新和理论创新，使得当代中国特色人权文化进入了崭新的自觉自信阶段。胡锦涛同志《在庆祝中国共产党成立90周年大会上的讲话》中强调指出："我们必须以高度的文化自觉和文化自信"，"在中国特色社会主义伟大实践中进行文化创造"。①

2. 当代中国特色人权文化

自觉自信的基本内涵和生动体现所谓文化自觉，主要是指一个国家、一个民族、一个政党在文化上的觉悟和提升，包括对文化在历史进步中地位作用的深刻认识，对文化发展规律的正确把握，对发展文化历史责任的主动担当。用著名社会学大师费孝通的至理名言来说，"在于生活在一定文化中的人对其文化有'自知之明'，明白它的来历、形成的过程、所具有的特色和它的发展的趋向"；目的"是为了加强对文化转型的自主能力，取得决定适应新环境、新时代文化选择的自主地位"②。文化自觉，是人类文明进步的强烈向往和不懈追求，是推动人类文化大繁荣大发展的内生动力。所谓文化自信，主要指一个国家、一个民族、一个政党主流文化的自信心和创造力，包括主流意识形态文化和传统优秀文化的吸引力、感召力和开放包容多样性以及创造思维活性。改革开放、以人为本的科学发展，对内构建和谐社会，对外共建和谐世界的尊重差异、开放多元、包容多样就是生动体现。

3. 当代中国特色人权文化自觉自信的精神实质和基本内容

建党90年来，特别是改革开放以来，我国逐步走出了一条有中国特色社会主义的人权发展道路，逐渐形成了一个中国特色社会主义人权理论体系，逐渐建立了一系列中国特色社会主义的人权保障制度。她深刻反映了中国特色的人权文化自觉和人权文化自信的精神实质，反映了中国特色的人权文化的创造力和感召力。作为文化自觉和文化自信的中国特色社会主义人权理论体系基本内容，主要由中国特色的人权本质规定、中国特色的人权理论基石、中国特色的人权实践基础、中国特色的人权保障体系、中国特色的人权原则立场、中国特色的人权发展道路、中国特色的国际人权合作等方面构成，以维护中国最广大人民权利为核心，以科学发展观为统领，以中国特色社会主义理论体系中的人权新思想、人权新观点为逻辑主线，以中国特色社

---

① 胡锦涛：《在庆祝中国共产党成立90周年大会上的讲话》，人民出版社2011年版，第23页。

② 费孝通：《美美与共与人类文明》，《新华文摘》2005年第8期，第13页。

会主义创造性实践为坚实基础。

4. 当代中国特色人权文化自觉自信的系列新观点和新思想

第一,以人为本,依法保证全体社会成员平等参与、平等发展的权利;

第二,人权不是资本主义的专利,而是社会主义民主政治的本质要求;

第三,共产党执政就是领导和支持人民掌握管理国家的权力,尊重和保障人权;

第四,"国家尊重和保障人权",用宪法和法律保障公民的合法权利;

第五,人权的实现是一个过程,受多种条件的决定与制约;

第六,从中国的国情出发,始终把生存权和发展权作为首要的基本人权;

第七,科学统筹协调发展,促进社会主义人权事业的全面发展;

第八,公民基本人权是各种权利的有机统一;

第九,全面建设小康社会和构建和谐社会,不断提高人民群众享受经济社会文化权益的水平;

第十,将人权的普遍性原则与各国的具体国情相结合,选择符合自己国情的人权发展道路和发展模式;

第十一,切实尊重和保护特殊群体的各种合法权益;

第十二,共建和谐世界,积极开展国际人权合作与对话,促进国际人权事业的健康发展;

第十三,努力促进人的自由全面发展,是充分人权实现的重要目标;

第十四,对广大基本群众,特别是青年学生进行系统性的马克思主义人权观教育等等。这些人权新思想、新观点,既是中国化的马克思主义人权理论新成果,也是对当今国际人权事业的新贡献。

12. 实现公民的幸福权

2011年的"两会"期间，关注民生、提高公民幸福感一词成了热门话题。追求和实现幸福是每个现代公民的基本权利，各级政府理应对公民幸福权的维护和实现承担责任和履行承诺。人类社会发展历史表明，当人们的生存需要满足以后，社会发展的根本目的不是社会财富的最大化，而是人的幸福生活的最大化。中国在总体上进入了全面建设小康社会以后，随着社会财富的不断增加，人民生活水平的不断提高，人们的精神需求凸显，实现物质生活和精神生活相统一的幸福已经成为人们最大的追求。人们对幸福生活的日益追求和期待，由此催生了公民幸福权的日益彰显。

一、公民幸福权的科学内涵

公民幸福权是通过公民幸福感表现出来的，而公民幸福感的测量又是通过幸福指数来测量的。"幸福指数"是衡量公民幸福感实现程度的量化指标体系，它的出现体现了现代公民生活质量的提高，体现了党和政府执政理念的转变，也体现了中国人权事业的巨大历史进步。

1. 公民幸福权首先是通过"幸福指数"来表现和测量。所谓公民幸福权，是指公民享有对自己生活状况评价的一种美好的心理体验和主观感受的权利认同。幸福，是人的一种快乐的主观感受，是一种快乐的心理状态。获得幸福是每个公民的基本权利。这种基本权利如同事物的质首先要通过属性来表现的道理一样，公民幸福权首先要通过"幸福指数"来表现和测量的。古往今来，虽然人们的身份不同、地位不同、命运不同、拥有的财富不同，但是，对美好幸福生活的追求却是共同的。人们追求幸福的权利是平等自由的。但幸福是什么？幸福在哪里？幸福如何来测量？千百年来，人类都在不断地思考和探寻它的答案。

早在两千四百多年前，古希腊哲学家柏拉图就已经开始使用一种方法来计算幸福①。柏拉图的幸福公式是：幸福＝蜜泉＋清凉剂。柏拉图认为单纯的情感生活不能获得幸福。因此，善的生活应该是一种混合生活，是一种理性与感性、快乐与智慧混合的生活。是"蜜泉"加"清凉剂"的生活。柏拉图用这种独特的方法计算出，"王者的生活比独裁者的生活快乐729倍"②。尽管柏拉图没有使用"幸福指数"一词，但它却是古代希腊人素朴直观测量幸福程度的开端。

现代意义上的幸福指数研究是从20世纪50年代中期开始的。20世纪70年代，南亚不丹王国的国王提出了GNH（Gross National Happiness 国民幸福总值）的概念，开始了对幸福指数的研究，并成为第一个采用GNH代替GDP的国家。一些发达国家对"幸福指数"的研究，也取得了相当大的进展，开始试图用数字指标来衡量人们的幸福程度，并创设了不同模式的"幸福指数"。越来越多的国家，包括联合国，开始采用GNH（国民幸福总值）来统计和评测经济价值。

当代美国著名经济学家萨缪尔森也曾经提出过一个"幸福公式"：幸福＝效用/欲望。第一，因为收入的不断增加提高了人们的欲望，当收入到达一定的临界点后，随着欲望攀升，人们的幸福感会下降；第二，即使是机会平等的市场经济也必然带来结果的不平等，攀比的欲望上升，也导致幸福感下降；第三，如果是由于权力的干扰导致机会不平等，会引发民众的积怨。萨缪尔森的幸福公式深刻揭示了现代公民幸福与欲望的正反比关系，是对当代公民幸福内在规定因素的准确判断。

以人为本的科学发展观彰显了执政党对公民幸福指数的认同和关注。在我国，随着全面建设小康社会的推进和"以人为本"科学发展观理念的提出，党和国家领导人高度关注人民生活的满意度，高度关注人民生活幸福指数的提高。2006年4月22日，胡锦涛主席在美国耶鲁大学的演讲中精辟指出："今天，我们坚持以人为本，就是要坚持发展为了人民、发展依靠人民、发展成果由人民共享，关注人的价值、权益和自由，关注人的生活质量、发展潜能和幸福指数，最终是为了实现人的全面发展。"③ 正是在科学发展的理念指导下，国内的社会各种调查机构连续几年进行了公众幸福满意度的调查。2004年，芝加哥大学教授、中欧国际工商学院行为科学研究中心主任

---

① 《幸福指数可矫正政府单纯追求经济增长行为？》，《四川日报》2006年11月13日。
② 韩希江、张子扬：《邢占军：走在测量幸福的路上》，《大众日报》2006年10月27日。
③ 《胡锦涛主席在美国耶鲁大学的演讲》，《人民日报》2006年4月23日。

奚恺元与《瞭望东方周刊》合作，对中国北京、上海、杭州、武汉、西安、成都六大城市进行了首次幸福指数测试。测试采取随机访问的方式进行，意图了解每个城市当前、未来和预期下一代的幸福度。

获得幸福既是每个公民的基本权利，更是责任政府的责任和义务。因此，公民的幸福指数，更应当成为评价责任政府治国理政的一个重要指标。责任政府应当建立一系列的制度和机制，履行对人民幸福生活的承诺和责任。责任政府之所以对人民的幸福生活负有不可推卸的责任，是因为人们产生并实现其需求和欲望以达到幸福生活所必需的某些基本条件，只能由政府来提供。责任政府正是通过创造、提供或取消这些条件直接或间接地决定和影响人们的幸福①。正因如此，2010年十一届全国人大三次会议通过的《政府工作报告》就明确指出："我们所做的一切都是要让人民生活得更加幸福、更有尊严，让社会更加公正、更加和谐。"

2. 幸福指数的构成要素。幸福指数测量的是人的幸福感实现程度，是反映人们主观生活质量的核心指标。对于幸福指数要素的界定，国内外学者是不近相同的，不丹王国旺楚克国王提出的"国民幸福总值"的概念，包括四个要素：政府善治、经济增长、文化发展和环境保护。美国著名心理学家赛利格曼也提出了一个幸福的公式：总幸福指数等于先天的遗传素质加后天的环境，再加你能主动控制的心理力量。在我国，来自零点调查与指标数据网《2005年中国居民生活质量指数研究报告》的调查结果显示，家庭和睦、身体健康、经济无忧是城乡居民幸福生活的三大指标。还有的专家认为幸福感大致可以从三个方面来加以把握。依次是满意感、快乐感、价值感。幸福感可以理解为满意感、快乐感和价值感的有机统一。人是幸福的主体，从人权的角度来看，作为测量人们幸福感的幸福指数的构成要素应该是主客观的内在统一，它的构成要素应该包括如下三个：一是客观要素，即提高生活质量实现幸福感的客观物质基础。幸福指数是反映民众主观幸福感变化的一种指数，它指的是民众对自身客观生存和发展状况的一种心理体验；客观生存状况不仅仅是财富的增加，还包括良好的生态环境、稳定安全的社会环境、舒适的居住环境、满意的工作、和睦的家庭、和谐的人际关系、健康的身体等方面。这些条件对实现幸福生活影响幸福感至关重要，因为幸福感更多的是来自对这些方面的心理感受，是"客观"现实在心理体验上的一种折射，也是幸福最容易测量的指数。二是主观要素，即人们体验幸福的心理感受或

---

① 俞可平：《政府对人民幸福有不可推卸责任》，《人民日报》2011年2月22日。

者称主观生活质量。它是人们内心对人生、对生活、对现实和未来满意、满足的一种情感体验。它和人们的安全感、希望、生活压力、荣誉、价值、精神快乐、健康心理等精神因素密切相关。很多时候,并不是物质生活条件满足了,就一定幸福。经济学家、心理学家们从对国外发达国家的发展历程的研究已经证实,当人均 GDP 达到一定水平后,财富将不再是人们感到幸福的绝对要素。主观感受很多国家都很重视,特别是发达国家,生活水平很高,但人的孤独感、失落感却与日俱增,自杀人数增加,心理疾病增多,主观生活质量差是一个重要原因。"幸福"这个东西看起来很没有标准、难以衡量,但是缺少了带有精神层面的"幸福感"这个维度,再硬气的生活质量也欠缺了说服力。三是主体人格要素,即主体人格通过充分发挥自身潜能而达到目标价值的完美的体验。幸福的主体是人,人的需要总是由低级向高级发展的。当人们的追求不再局限于金钱、财富时,便开始转向更高层次的精神需求。幸福感的较高表现是价值感,它是在客观生活满意感与主观生活快乐感同时具备的基础上,增加了个人发展的因素,包括职业成就、教育程度、成长进步、目标价值等,从而使个人潜能得到发挥。通过充分发挥自身潜能而达到目标价值的完美的体验是真正意义上的幸福感。

幸福指数的构成三要素,具体体现了幸福指数在客观条件、人文精神和终极价值追求方面的统一,是一种具有普适性并能在社会发展进程中加以实现的有效方式。它把自古代以来思想家们关于人类幸福的形而上学思考变成了在社会发展进程中可以实际操作化并可以具体测量成效的方法体系,这正是幸福指数最深刻、最丰厚的科学发展理论内涵之所在。

3. 公民幸福权的表现特征。幸福指数测量的是人们幸福感的实现程度。幸福感是由人们所具备的客观条件以及人们的需求价值等因素共同作用而产生的个体对自身存在与发展状况的一种积极的心理体验。由此公民幸福权表现如下几个方面特征:特征之一,从公民幸福权的主观体验形式上讲,"幸福感是一种心理体验。这种体验并不是某种转瞬即逝的情绪状态,而是基于主体自觉或不自觉地自我反省而获得的某种切实的、比较稳定的正向心理感受"①。"幸福感是人们对自身存在与发展状况所持的一种心理体验,但这种体验绝不是抽象的,而是一种具体的体验,它通过一组极具针对性的指标来加以评价的。这种体验又受到人格、动机、价值等因素的影响,因而不同个体的幸福感具有很大的差异。但如果采用一定的抽样技术取样,对特定群

---

① 《光明日报》2005 年 12 月 6 日。

体的幸福指数加以考察,我们就会发现群体层面上的带有倾向性的趋势。从这个意义上说,幸福感的构成、变化以及引起这些变化的主体条件和环境因素都有客观规律可循。"特征之二,从公民幸福权的内涵状态来讲,"幸福感是人们所体验到的一种积极的存在与发展状态。幸福感是一种个体的心理体验,但幸福指数反映的则是一种社会事实,或者说社会现象,是一般人或特定的社会群体在特定时期主观生活质量的变化程度"。正因为幸福指数是由社会现实中许多科学、具体的统计指标组成,所以我们可以把幸福指数统计看作是对社会存在和发展状态的综合考量。它不仅可以衡量群众主观生活质量,更能鲜活地反映一个地区、一个城市发展的成就与不足,因而可作为体现和谐社会精神的完整的指标体系的重要组成。特征之三,从公民幸福权的人格境界来讲,幸福权的充分实现是完美人格的境界升华。马斯洛著名的需求层次理论表明,人的需要总是由低级向高级发展的。当人们的追求不再局限于金钱、财富时,便开始转向更高层次的精神需求,人格在这个过程中不断完美,人生的境界也不断得到升华。幸福与美学有极大的相似处,它是主观建之于客观,是因参照系数不同而各异的个体感觉。美国经济学家萨缪尔森提出一个"幸福方程式",其表达:幸福＝效用/欲望。在他们看来,幸福还包含通过充分发挥自身潜能而达到完美的体验。人们能否体验到幸福,取决于那些与人们的自我实现需要密切相关的一些基本需要的满足情况。所以,幸福感又在很大程度上体现为价值感,它在更深层次上体现出人们对人生价值的追求[①],体现出对完美人格境界的升华。

二、公民幸福权的实践基础

"幸福"是人们内心对人生、对生活、对现实和未来满意、满足的一种情感体验。但这种个人内心的情感体验,如果上升到一个地方、一个民族、一个国家的"高度"的时候,就不能不打上鲜明的时代烙印。公民幸福权并不是空穴来风,也不是主观臆造,而是有着深厚的实践基础。

1. 公民幸福权与小康社会实践。小康社会,已经成为中国人的一个时代目标和民族理想,它为提高人民的生活水平、生活质量和对幸福的追求提供强大的物质基础。胡锦涛总书记在中共十七大报告中谈到实现全面建设小康社会奋斗目标的新要求时指出:"我们必须适应国内外形势的新变化,顺

---

① 《从幸福指数看幸福——与成都市社科院陈伯君、陈家泽谈"幸福指数"》,《四川日报》2006年11月13日。

应各族人民过上更好生活的新期待,把握经济社会发展趋势和规律,坚持中国特色社会主义经济建设、政治建设、文化建设、社会建设的基本目标和基本政策构成的基本纲领,在十六大确立的全面建设小康社会目标的基础上对我国发展提出新的更高要求。"① 这就是增强发展协调性,努力实现经济又好又快发展;扩大社会主义民主,更好保障人民权益和社会公平正义;加强文化建设,明显提高全民族文明素质;加快发展社会事业,全面改善人民生活;建设生态文明,基本形成节约能源资源和保护生态环境的产业结构、增长模式、消费模式。这些新要求的最终目的就是顺应各族人民过上更好生活的新期待,体现中国共产党对人民幸福安康的深切关注,折射着民生亮点,站在新的历史起点上眺望,一幅百姓美好生活的新图景清晰显现。"努力使全体人民学有所教、劳有所得、病有所医、老有所养、住有所居,推动建设和谐社会。"② 它诠释了小康社会的终极目的应该是人的幸福,其他的因素则是人们衡量幸福不可缺少的指标。它标志着小康不仅成了老百姓对于未来生活的幸福向往,也成为地方政府的努力方向。

幸福权的提出,对于全面建设小康社会具有重要的实践价值。幸福权的实现程度是衡量一个社会进步发展的重要指标。衡量一个社会的进步与发展,最为根本的标准是这个社会是否能够很好地满足民众的生存需求。全面建设小康社会,首位的是经济又好又快的发展。经济发展了,物质财富才能增加。没有物质财富的积累和民众可支配收入的提高,就谈不上民众的幸福感。根据专家学者对国内某省城市居民的抽样调查研究发现,居民人均收入与幸福感之间呈现一种正向关系,即城市居民幸福感随着人均收入的增长而提高。大力发展经济,不断积累社会财富,是实现现代化的基础和社会各项事业发展的前提,也是提高人民群众生活质量的必要条件,因为没有物质财富的支撑,幸福就会变成空中楼阁。注重经济社会的均衡发展、全面发展和可持续发展,注重提高群众的生活水平和生活质量。这是全面建设小康社会的目标,也是满足人民对幸福追求的必然要求。

2. 公民幸福权与和谐社会实践。和谐的社会环境、生存环境、文化氛围和人际关系是人民幸福的重要元素。党的十六届六中全会通过的《中共中央关于构建社会主义和谐社会若干重大问题的决定》开宗明义指出:"社会

---

① 《解放军报》2007年10月16日。
② 胡锦涛:《高举中国特色社会主义伟大旗帜为夺取全面建设小康社会新胜利而奋斗》,《人民日报》2007年10月24日。

和谐是中国特色社会主义的本质属性,是国家富强、民族振兴、人民幸福的重要保证。"人民幸福则是构建社会主义和谐社会的根本出发点与落脚点。幸福学的研究发现,尽管每个人追求的东西看上去不同,但终极目的都是追求幸福。人们在收入水平非常低的时候,财富的增长的确能够带来幸福感的提高;但当财富积累达到一定程度后,财富对幸福感的影响就越来越小,而决定幸福的其他因素变得越来越重要,特别是人们的精神需求凸显,寻找精神家园成了迫切需要,因为精神有了安顿才能实现和谐。构建社会主义和谐社会,关系到最广大人民的根本利益,和谐社会建设应当以人民群众满意不满意、幸福不幸福为最高标准。从这个角度来讲,关注人民幸福彰显了一种与和谐社会这一重大决策相适应的新的执政理念。倡导国民幸福的执政理念体现了和谐社会的奋斗目标,社会的和谐与人民幸福的实现是紧密联系在一起的。

构建社会主义和谐社会的目标为我们展现的是一幅幸福美好的社会图景:全体人民各尽其能、各得其所而又和谐相处。"各尽其能"可以理解为人们潜能的充分发挥;"各得其所"可以理解为人们基本生存需要的充分满足。根据我国文化传统,也可将"和谐相处"理解为人们的一种基本需求,这意味着在我们所要构建的和谐社会里,人们的基本生存需要可以得到很好的满足,人们可以通过自身潜能的充分发挥而使个人得到全面的发展。依据体验论幸福感的观点,作为体现主观生活质量的幸福感,其基本内容恰恰是人们对自身所具备的生存与发展条件的一种积极的体验。从这个角度上讲,幸福的内在含义与构建社会主义和谐社会的目标又有着高度的一致性,提高人们的幸福感、提升人们的主观生活质量,也就成了构建社会主义和谐社会的题中应有之义。①

3. 公民幸福权与科学发展实践。科学发展观的核心是以人为本,强调经济社会发展目标与人的发展目标的统一,从一味地追逐单向度的经济发展指标(特别是GDP指标),到开始关注人文社会环境指标,强调社会大多数个体的内在体验和感受对于实现人的全面发展目标的重要意义。

科学发展坚持以人为本。全心全意为人民服务是党的根本宗旨,党的一切奋斗和工作都是为了造福人民。要始终把实现好、维护好、发展好最广大人民的根本利益作为党和国家一切工作的出发点和落脚点,尊重人民主体地位,发挥人民首创精神,保障人民各项权益,走共同富裕道路,促进人的全

---

① 《光明日报》2005年12月6日。

面发展,做到发展为了人民、发展依靠人民、发展成果由人民共享。

科学发展观的核心是要解决"发展依靠谁、发展为了谁"这一根本问题,因此"以人为本"是科学发展观的本质和核心。坚持以人为本,就是要以实现人的全面发展为目标,从人民群众的根本利益出发谋发展、促发展,不断满足人民群众日益增长的物质文化需求,切实保障人民群众的经济、政治、文化的终极目标幸福的权益,让发展的成果惠及全体人民。从某种意义上讲,科学发展观是党的宗旨观在发展问题上的具体体现,为人民谋幸福是发展的根本动力和唯一目标,是人民幸福的根本保证。

三、实现公民幸福权的有效途径

追求和获得幸福是每个公民的权利。维护和保障公民的幸福权利是中国共产党在人权事业上的新追求。它不仅体现在为人民谋幸福的执政理念上,还必须建立健全维护人民幸福权利的法律和制度,同时还要建立科学完整的测量人民幸福指数的体系。

1. 切实夯实为人民谋幸福的执政理念是维护公民幸福权的理论先导。执政理念即执政的宗旨,为人民谋幸福的执政理念是中国共产党的宗旨的具体体现,它是维护人民幸福权利的理论先导。关注人民幸福的执政理念体现了党的根本宗旨。"我们党自诞生之日起就勇敢担当起带领中国人民创造幸福生活、实现中华民族伟大复兴的历史使命。"① 将全心全意为人民服务概括为党的根本宗旨。这一根本宗旨最通俗的说法就是"为人民谋幸福"。为了实现这个目标,以毛泽东为代表的中国共产党人领导中国人民经过二十八年的浴血奋战,推翻了压在中国人民头上的"三座大山",建立了新中国。中国人民翻身做了主人,确立了走上幸福生活的基本社会制度基础。邓小平为核心的党的第二代领导集体为了提高中国人民的幸福生活水平,领导了改革开放,实现了经济上的迅猛发展,使国家的综合国力和国民财富迅速积累,为中国人民奠定了走上幸福生活的物质基础。在新的历史时期,以胡锦涛为总书记的党中央对这一宗旨进行了丰富与发展,提出新时期党员特别是党员领导干部要"情为民所系,权为民所用,利为民所谋",提出了要"立党为公、执政为民",要高度重视解决人民群众最关心、最直接、最现实的利益问题,无不体现了党的根本宗旨观,将"为人民谋幸福"的宗旨观赋予

---

① 胡锦涛:《高举中国特色社会主义伟大旗帜为夺取全面建设小康社会新胜利而奋斗》,载《人民日报》2007年10月24日。

了新的时代含义。尽管在探索和发展的道路上我们有过失误,但为人民谋幸福,不断提高国民幸福水平始终是中国共产党人的不懈追求。胡锦涛多次指出,国家富裕,人民幸福,是中国发展的目标。以人为本、科学发展,表明党中央把"为民谋福"已经提到"治国大道"的高度。作为"治国大道"的纲领性文件,党的十七大政治报告从优先发展教育,建设人力资源强国;实施扩大就业的发展战略,促进以创业带动就业;深化收入分配制度改革,增加城乡居民收入;加快建立覆盖城乡居民的社会保障体系,保障人民基本生活;建立基本医疗卫生制度,提高全民健康水平;完善社会管理,维护社会安定团结六个方面提出了改善民生的奋斗目标。在这个与时俱进的马克思主义光辉文献中,处处体现着中国共产党对人民幸福安康的深切关注,大政方针中折射民生的亮点。站在新的历史起点上眺望,一幅百姓美好生活的新图景清晰可见。

2. 切实形成责任政府和法律制度是维护公民幸福权的根本主导。任何一国的人权都要通过本国的具体立法加以确认和保障。中国特色社会主义人权法律规章制度保障更是如此。幸福权作为人权的最高表现形式之一,法治既是幸福权的充分体现,又是幸福权的有力保障。保障人民幸福权在社会生活中的真正实现,是党、政府和人民努力追求的目标。代表着中国最广大人民根本利益的中国共产党,一贯重视人民权利的享有和法律保障。中国共产党第十七次代表大会在十五大提出的依法治国基本方略的基础上进一步鲜明指出:"坚持依法治国基本方略,树立社会主义法治理念,实现国家各项工作法治化,保障公民合法权益;坚持社会主义政治制度的特点和优势,推进社会主义民主政治制度化、规范化、程序化,为党和国家长治久安提供政治和法律制度保障。"① 在法治的基本含义中核心内容是民主和人权。享有充分的人权特别是幸福权,是人类长期以来追求的理想和奋斗目标,而尊重和保障人权特别是幸福权则是依法治国的基本价值取向。新中国成立以来,我国制定了一系列社会主义保障人权的法律和法规。特别是十一届三中全会以来,在邓小平法治思想的指导下,我国加大了立法的步伐,制定了众多的法律法规,其中大部分都涉及到了中国公民的人权保障问题,形成了中国特色的多层次的人权保障法律体系。特别是《宪法》,它不仅是国家的根本大法,也是人民权利的根本保证书。它从公民的政治权利和自由、公民的人身权利

---

① 胡锦涛:《高举中国特色社会主义伟大旗帜为夺取全面建设小康社会新胜利而奋斗》,《人民日报》2007年10月24日。

和自由、公民的社会经济权利、公民的文化教育权利四个方面,为我国人权的实现,奠定了坚实的法律制度基础。

公民幸福权只有固化为一种自觉自愿的司法实践,才能从法律制度和司法实践上,根本保障公民幸福权的真正实现。解决人们的幸福问题,自然离不开党和人民政府,"人民政府就是为了人民幸福的"。在当前的中国,解决人们的幸福问题,执政党和政府依然是主导,"政府应该有更大的作为"①。一个能满足人们生存需求的社会,能为人们提供发展空间的社会,能让人们安居乐业的社会,才是一个和谐、幸福的社会。而要让大多数人感到幸福,就要密切关注各项重大政策对人们整体幸福感的影响,密切关注城乡居民幸福感的差异和走势,密切关注社会不同利益群体幸福感的状况,充分考虑发展的速度、改革的力度和人们幸福度的协调与统一。政府既要重视经济、社会各项事业的发展,为老百姓的幸福提供物质基础,还要在民主政治和文化方面多做努力,兼顾到人民精神文化的需求。

再次,幸福指数是社会政策调整的重要参数。在我国,决策者所追求的是广大人民群众的根本利益,人民群众的切身感受是我们制定和调整各项政策的根本依据。特别是在社会变革和社会转型时期,变革与转型的效果最终体现在民众的主观选择和判断上,而民众幸福指数的走势是这类主观判断和选择的重要预测变量。国家有关宏观决策研究机构和统计调研部门,可以通过对幸福指数的追踪研究,把握不同社会群体幸福指数的走势和变化规律,将幸福指数作为改革目标实现程度的重要"指示器"、了解民众情绪波动和变化的"晴雨表"、检测社会良性运转的"预警器"。还可以通过深入研究影响不同社会群体幸福指数变动的因素,有针对性地提出提高全社会主观生活质量的对策与建议。人民的幸福感是社会运行状况和个人生活状态的"晴雨表",作为最重要的非经济因素,它是社会发展和个人发展的"风向标"。因此,幸福指数可以勾勒社会心理氛围的风貌,揭示人们需求结构的态势,透视社会运行机制的效能,反映社会整合程度的状况,从而为最急迫社会问题的解决提供导向和动力。而幸福指数关怀的发展政策意义就表现在:为了提高人民的生活质量,增加幸福感,发展规划和发展政策的制定者在确立工作目标时,应更优先地了解社会中哪些条件或因素与人民的生活满意程度之间的关系最为紧密,以便通过制定、完善相关措施和机制来减少、消除导致人民不满意或满意度较低的方面,从而促进人民幸福感受程度的不断提高。通

---

① 《人民日报》(海外版) 2006 年 9 月 18 日。

过检测幸福指数,可以对已经实施的宏观决策从民众体验的角度加以检验与调整;通过追踪幸福指数的变化,可以对将要出台的宏观决策可能带来的一些社会心理效应进行预测;通过对幸福指数的横向考察,可以把握不同社会群体幸福指数的走势和变化规律,并通过有效的政策干预,促进社会和谐发展。

3. 切实建立科学完整的测量体系是维护人民幸福权的必要手段。科学测量人民的幸福指数是维护和保障人民幸福权利的重要部分,是对人民幸福权实现程度的一种量化指标,因此必须有科学的指标体系和完整的测量系统。作为人对周围世界的一种主观感受,幸福感原本很难量化。到现在为止,世界上还没有一种通用的统计"幸福感"的科学方法,我国也还是处在探讨阶段。因此,在编制幸福指数时要考虑它的科学完整性。首先,切实建立完整科学的幸福测量指标体系。只有建立完整科学的幸福测量指标体系,才能增加幸福测量的科学性、有效性和可信性。目前的幸福感测量研究状况却并不令人鼓舞。幸福指数的测量基本上都是由各社会团体进行的,测量的标准不一,项目不一,指标测量缺乏完整科学的体系,测量出来的幸福指数缺乏可信度。研究者们从各自固守的研究传统出发对幸福感进行界定和测量,使得这一研究领域长期处于一种分化的状态,"幸福感"这个术语被随心所欲地解释,大量的研究成果不具有可比性,一些重要的结论基本无法得到验证;由于没有较为深入而系统的测量理论做支撑,许多幸福感量表编制研究给人们一种"无根感"。幸福感测量的指标有待于整合、幸福感测量的研究方法论有待于创新。在这种情况下,政府应该成为测量幸福指数的主体,加强深入而系统的测量理论研究,建立科学、完整、权威的幸福指数测量体系,增加它的科学性、有效性和可信性,把测量人民幸福指数落到实处。其次,不宜将幸福指数作为考察政绩的唯一指标。将幸福指数作为政绩指标,缺乏科学依据,因为幸福指数变化,往往要受到一些宏观的、长期的因素的影响,非一届一级政府、某个领导者个人或某项政策所能左右。将幸福指数作为政绩指标,还可能导致各种形式的"幸福指数崇拜",使该指标流于形式,远离百姓的幸福,偏离和谐社会建设的目标。有这样的实例:某地推出的"幸福指数"不断上升,可老百姓却感到困惑,为什么没有感到自己的幸福在增加?统计出的"幸福指数"与百姓心中的幸福感形成反差的背后,恐怕依然是急功近利的政绩观。再次,避免将"幸福指数"形式化、简单化。目前,幸福测量本身还不完全成熟,应该主要采取探索的方式,尤其需要从中更多地知道到底有些什么因素影响了市民的主观幸福感,并随之不断完善施政的指标体系。目前，幸福感测量研究存在指标不统一、研究方法有待创新、文化差异性日益突出等问题，所以从中国的文化背景和当前的经济社会发展程度出发，编制一套适合当今中国居民的幸福感量表即幸福指数，是最为迫切的问题。从这个意义上讲，在没有十分的把握之前，幸福指数的排名不仅是没有必要的，甚至可能是有害的。对于幸福的理解，实际上涉及到了哲学、心理学等多个学科或价值观研究等领域，因此，绝非一份调查问卷和一个心理量表就能准确反映的。如果将幸福指数作为一项发展指标的话，不能单一维度、单一层面、单一时段地看待，尤其是不能将其当作评价发展进步的唯一标准。

13. 提升公民幸福指数与执政党的历史责任

胡锦涛总书记最近在"七一"重要讲话中号召全党:"坚定不移沿着中国特色社会主义道路奋勇前进,更加的奋发有为地带领全国各民族人民创造自己的幸福生活和中华民族的美好未来!"① 胡锦涛总书记在党的十七大报告中明确指出:"我们党自诞生之日起就勇敢的担当起带领中国人民创造幸福生活、实现中华民族伟大复兴的历史使命。"② 为广大人民群众谋幸福,既是中国共产党执政为民的历史使命,也是贯穿于建党 90 周年的一条历史主线。人类发展历史表明,当人的生存需要满足以后,社会发展的根本目的就是人的幸福生活最大化。中国在总体进入了全面建设小康社会以后,随着物质财富的不断增加和人民生活水平的不断提高,人们的精神需求凸显,实现物质生活和精神生活相统一的幸福已经成为人们最大的追求。公民幸福指数的日益彰显,是共产党执政为民历史责任的生动体现。

一、公民幸福指数彰显共产党的执政责任

1. 公民幸福指数首先是通过"幸福指数"来表现和测量的。幸福,是人的一种快乐的主观感受,是一种快乐的心理状态。获得幸福是每个公民的基本权利。公民幸福程度的高低首先是通过"幸福指数"来表现和测量。古往今来,虽然人们的身份不同、地位不同、命运不同、拥有的财富不同,但是,对幸福的生活的追求却是共同的。但幸福是什么?幸福在哪里?幸福如何测量?千百年来,人类都在不断地思考和寻求它的答案。早在 2400 多年前,古希腊哲学家柏拉图就已经开始使用一种方法来计算幸福。柏拉图的幸

---

① 胡锦涛:《在庆祝中国共产党成立 90 周年大会上的讲话》,《人民日报》2011 年 7 月 2 日。
② 胡锦涛:《高举中国特色社会主义伟大旗帜,为夺取全面建设小康社会新胜利而奋斗》,《人民日报》2007 年 11 月 24 日。

福公式是：幸福＝蜜泉＋清凉剂。现代意义上的幸福指数研究是从 20 世纪 50 年代中期开始的。20 世纪 70 年代，南亚不丹王国的国王提出了 GNH（Gross National Happiness 国民幸福总值）的概念，开始了对"幸福指数"的研究，也取得了相当大的进展，开始试图用数字指标来衡量人们的幸福程度，并创设了不同模式的"幸福指数"。越来越多的国家，包括联合国，开始采用 GNH 来统计和评测经济价值。

当代美国著名的经济学家萨缪尔森提出过一个"幸福公式"：幸福＝效用/欲望。第一，因为收入的增加提高了人们的欲望，当收入达到一定的临界点后，随着欲望攀升，人们的幸福感会下降；第二，即使是机会平等的市场经济也必然带来结果的不平等，攀比的欲望上升，也导致幸福感下降；第三，如果由于权力的干扰导致机会的不平等，就会引起民众的积怨。萨缪尔森的幸福公式一定程度上揭示了现代公民幸福与欲望的正反比关系，是对当代公民幸福内在规定因素的准确判断。

2. 以人为本的科学发展观提升了公民幸福指数的境界。在我国，随着全面建设小康社会的推进和"以人为本"科学发展观的落实，党和国家领导人高度关注人民生活的满意度，高度关注人民生活幸福指数的提高。2006 年 4 月 22 日，胡锦涛主席在美国耶鲁大学的演讲中指出："今天，我们坚持以人为本，就是要坚持发展为了人民、发展依靠人民、发展成果由人民共享，关注人的价值、权益和自由，关注人的生活质量、发展潜能和幸福指数，最终是为了实现人的全面发展。"[①] 正是在科学发展理念的指导下，目前关注我国国民幸福指数被提上议事日程，并逐渐成为衡量各级政府政绩重要指标。国内各种社会调查机构也连续几年进行了公民幸福满意度的调查。芝加哥大学教授、中欧国际工商学院行为科学研究中心主任溪恺元与《瞭望东方周刊》合作，对北京、上海、杭州、武汉、西安、成都 6 大城市进行了首次幸福指数测试。测试采取随机访问的方式进行，意图在于了解每个城市当前、未来和预期的下一代的幸福度。

3. 提升公民幸福指数更应当成为评价执政责任的重要指标。提升公民幸福指数，更应当成为评价执政党和责任政府治国理政的一个重要指标。共产党执政和责任政府应当建立一系列的制度和机制，履行对带领人民创造幸福生活的承诺。执政党和责任政府之所以对人民幸福生活负有不可推卸的责任，是因为产生并实现其需求和欲望以达到幸福生活所必需的某些基本条件

---

① 胡锦涛：《在美国耶鲁大学的演讲》，《人民日报》2006 年 4 月 23 日。

只能由执政党和责任政府来提供。正因为如此,温家宝总理明确指出:"我们所做的一切都是要让人民生活得更加幸福、更有尊严,让社会更加公正、更加和谐。"①这是共产党执政为民历史责任的郑重承诺。

二、切实解决好改善民生问题是提升公民幸福指数的抓手

1. 切实夯实为人民谋幸福的执政理念是提升国民幸福指数的理论先导。保障和改善民生即民生问题事关执政理念即执政的宗旨问题,为人民谋幸福的执政理念是中国共产党的宗旨的具体体现。解决民生问题的根本目的就在于老百姓的幸福安康,而老百姓的幸福安康需要通过提升幸福指数来实现。从 GDP 到 GNH 的根本转变,标志着我们党切实把解决民生问题、不断为人民谋幸福的执政理念实实在在地落实到提升国民幸福指数上,这是一个根本性的战略转变。党的十七届五中全会和"十二五"规划建设释放出淡化 GDP 指标的信号,也使得 GNH 这一概念引入引起广泛的关注。胡锦涛总书记在"七一"重要讲话中强调指出:"要高度重视并切实做好新形势下群众工作,坚持问政于民、问需于民、问计于民,真诚倾听群众呼声,真实反映群众愿望,真情关心群众的疾苦,依法保障人民群众经济、政治、文化、社会等各项权益。"② 正是我们党自诞生之日起就勇敢的担当起带领中国人民创造幸福生活、实现中华民族伟大复兴的历史使命,才能自觉地将全心全意为人民服务确立为党的根本宗旨。这一根本宗旨最通俗的说法就是"为人民谋幸福"。为了实现这个根本的宗旨和奋斗目标,以毛泽东为核心的第一代中央领导集体领导中国人民夺取了新民主主义革命的伟大胜利,确立了走上幸福生活的社会制度基础。以邓小平为核心的第二代中央领导集体为了提高中国人民的幸福生活水平,领导了改革开放,实现了经济上的迅猛发展,为中国人民奠定了走上幸福生活的物质基础。以江泽民为核心的第三代中央领导集体带领人民坚持改革开放,成功地把中国特色社会主义伟大事业推向 21 世纪。以胡锦涛为总书记的党中央提出党员领导干部要"情为民所系,权为民所用、利为民所谋",各级党政机关和干部要坚持工作重心下移,经常深入实际、深入基层、深入群众,做到知民情、解民忧、暖民心。要高度重视解决人民群众最关心、最直接、最现实的利益问题,赋予"为人民谋幸

---

① 温家宝:《政府工作报告》,《人民日报》2010 年 3 月 16 日。
② 胡锦涛:《高举中国特色社会主义伟大旗帜,为夺取全面建设小康社会新胜利而奋斗》,《人民日报》2007 年 11 月 24 日。

福"的宗旨观以新的时代内涵。尽管我们在探索的道路上有过失误,但是坚持为人民谋幸福,不断提高广大人民的幸福生活始终是中国共产党人不懈的追求。胡锦涛同志多次指出,国家富裕、人民幸福,是中国发展的目标。以人为本、科学发展,表明党中央把"为人民谋幸福"提高到"治国大道"的高度。党的十七大报告从优先发展教育,建设人力资源强国;实施扩大就业的发展战略,促进以创业带动就业;深化收入分配制度改革,增加城乡居民收入;加快建立覆盖城乡居民的社会保障体系,保障人民的基本生活;建立基本医疗卫生制度,提高全民健康水平;完善社会管理,维护社会安定团结六个方面提出了改善民生的奋斗目标。在"七一"重要讲话中,更处处体现着中国共产党对人民幸福安康的深切关注,大政方针中处处折射关切民生问题的亮点。

2. 切实形成责任政府和法制制度是提升公民幸福指数的根本保障。任何一国的人权都要通过本国的具体立法加以确认和保障。中国特色社会主义人权法律规章制度保障更是如此。提升公民幸福指数作为民生工程的重要内容,是党、政府和人民共同面对的最直接、最现实的权利。代表中国最广大人民利益的中国共产党,一贯重视人民权利的享有和法律保障。在十五大提出的依法治国的基本方略的基础上,党的十七大报告进一步鲜明指出:"坚持依法治国基本方略,树立社会主义法治理念,实现国家各项工作法治化,保障公民合法权益;坚持社会主义政治制度的特点和优势,推进社会主义民主政治制度化、规范化、程序化,为党和国家长治久安提供政治和法律保障。"① 法治的核心内容是民主和人权。享有充分的人权特别是幸福权,是人类长期以来追求的理想和奋斗的目标,而尊重和保障人权特别是幸福权则是依法治国的基本价值取向。新中国成立以来,我国制定了一系列保障人权的法律和法规。特别是十一届三中全会以来,在邓小平法治思想的指导下,我国加快了立法的步伐,制定了众多的法律法规,其中大部分都涉及中国公民的人权保障问题,形成了中国特色的多层次的人权保障法律体系。特别是《宪法》,它不仅是国家的根本大法,也是人民权利的根本保证书。它从公民的政治权利和自由、公民的人身权利和自由、公民的社会经济权利、公民的文化教育权利四个方面,为我国人权的实现,奠定了坚实的法律制度基础。公民幸福权只有固化为一种自觉自愿的司法实践,才能从法律制度和司法实

---

① 胡锦涛:《高举中国特色社会主义伟大旗帜,为夺取全面建设小康社会新胜利而奋斗》,《人民日报》2007年11月24日。

践上，根本保障公民幸福权的真正实现。解决人们的幸福问题，自然离不开党和人民政府，人民政府就是为人民谋幸福的。在当代中国，解决人们的幸福问题，执政党和政府依然是主导，政府应该有更大的作为。一个能满足人民生存需要的社会，能为人们提供发展空间的社会，能让人们安居乐业的社会，才是一个和谐、幸福的社会。而要让大多数人感到幸福，就要密切关注各项重大政策对人们整体幸福感的影响，密切关注城乡居民幸福感的差异和走势，密切关注社会不同利益群体幸福感的状况，充分考虑发展的速度、改革的力度和人们幸福度的协调和统一。政府既要重视经济、社会各项事业的发展，为老百姓的幸福提供物质基础；还要在民主政治和文化发展方面多努力，兼顾到满足人民精神文化的需求。

3. 切实建立科学完整的测量体系是提升人民幸福指数的必要手段。首先，只有建立完整科学的幸福测量指标体系，才能增强幸福测量的科学性、有效性和可信性。目前的幸福指数的测量基本上都是由各个社会团体进行的，测量的标准不一，项目不一，指标测量缺乏完整科学的体系，测量出来的幸福指数缺乏可信度。研究者们从各自固守的研究传统出发对幸福感进行界定和测量，"幸福感"这个术语被随心所欲地解释，大量的研究成果不具有可比性，一些重要的结论基本无法得到验证；由于没有较为深入而系统的测量理论作支撑，许多幸福感测量表编制研究给人们一种"无根感"。幸福测量的指标有待于整合，幸福感测量的方法有待于创新。在这种情况下，政府应该成为测量幸福指数的主体，加强深入而系统的测量理论研究，建立科学、完整、权威的幸福指数测量体系，增强其科学性、有效性和可信性，把测量人民的幸福指数落到实处。其次，不宜将幸福指数作为考察政绩的唯一指标。因为幸福指数变化，往往要受到一些宏观的、长期的因素的影响，非一届一级政府、某个领导者个人或某项政策所能左右。将幸福指数作为唯一的政绩指标，还可能导致各种形式的"幸福指数崇拜"，使指标流于形式，远离百姓的幸福，偏离和谐社会建设的目标。有这样的实例：某地推出的"幸福指数"不断上升，可老百姓却没有感到自己的幸福在增加。统计出的"幸福指数"与百姓心中的幸福感形成反差的背后，恐怕依然是急功近利的政绩观。再次，避免将"幸福指数"形式化、简单化。目前，幸福感测量研究存在指标不统一、研究方法有待创新、文化差异性日益突出等问题。所以，从中国的文化背景和当前的经济发展程度出发，编制一套适合当今中国居民的幸福感量表即幸福指数，是最为迫切的问题。种种形式主义的幸福指数的排名不仅没有必要，甚至可能是有害的。对于幸福的理解，实际上涉及哲学、心理学等多个学科领域,绝非一份调查问卷和一个心理量表就能准确反映的。如果将幸福指数作为一项发展指标的话,不能单一维度、单一层面、单一时段地看待,尤其是不能将其当作评价人的全面发展和社会全面进步的唯一标准。

14. 人权视域中的人的尊严

十一届全国人大三次会议通过的《政府工作报告》指出："我们所做的一切都是要让人民生活得更加幸福、更有尊严，让社会更加公正、更加和谐。""尊严"一词，写进了《政府工作报告》，从个性化表述提升为政府承诺，是"国家尊重和保障人权"宪法条款的深化，生动体现了科学发展观以人为本的人文关怀。本文系统论述了人权视野中尊严的科学内涵、基本特点、本质要求和实现途径。

一、人的尊严的科学内涵

所谓人权，就是与特定历史条件相联系的人之为人的基本尊严和自由度。"尊严"是公民基本权利的核心本质规定。维护和捍卫公民尊严，就是维护和捍卫公民的权利和自由，失去自由和权利的人不可能不失去尊严。让人民生活的更加幸福和更有尊严，是对公民权利的维护和提升，生动体现了科学发展观以人为本的人文关怀。就这个意义而言，尊严是一个公民基本权利的政治法律范畴。人权的三种基本形态，内在决定了尊严的三层科学内涵。

1.应然人权的人性尊严。尊严首先是一个应然人权的人性化概念，其基本内涵在于维护公民的人性尊严。马克思明确把"自由平等的生产者的联合体"称为19世纪伟大经济运动所引向的"人道目标"[1]。恩格斯更明确地指出："真正的自由和平等，即共产主义。"[2] 也正是在这一意义上，马克思曾明确指出，共产党领导的无产阶级革命，"只能求助人权"[3]，并且在其起

---

[1]《马克思恩格斯选集》第2卷，人民出版社1995年版，第454页。
[2]《马克思恩格斯选集》第2卷，人民出版社1995年版，第14页。
[3]《马克思恩格斯选集》第2卷，人民出版社1995年版，第576页。

草的第一个国际临时章程引言中指出:"一个人有责任不仅为自己本人,而且为每一个履行自己的义务的人要求人权和公民权。"① 人之为人的基本尊严和自由度,是应然人权人性尊严的集中表现。由于人有三种基本形态:即人作为类存在的人"类";人作为社会存在的不同社会群体;人作为现实个体存在的单个个人。人首先是在和动物相区别的意义上,作为人这个"类"而存在的。在人与动物相区别的层次上,人的本质表现为劳动。作为人这个"类"而存在,任何人作为"人"类的一员,不论其社会地位、身份、职业、民族、国籍和肤色多么不同,但他们之间都具有同等的作为"人"的价值,都具有平等的权利,都应享有平等的尊严。当今世界上大量存在的种族歧视、信仰歧视、民族歧视和性别歧视等,实际上就是侵犯了人"类"意义上的人应该享有的基本尊严和自由度。然而,西方世界的人权观却片面夸大抽象人"类"意义上的人权普遍性,极力否认现实具体人的人权特殊性。因此,我们又必须把人看作现实社会的人。"人的本质不是单个人所固有的抽象物,在其现实性上,它是一切社会关系的总和。"② 这既是马克思的至理名言,又是马克思主义人的本质理论的基本原则。人最现实的存在是他的社会存在,人在社会关系中从事各种劳动、承担各种社会角色与职能,受特定的社会关系制约和规定。我们还必须进一步把人看作是有鲜活个性的个人,每个人都与他人不同,都具有自身的独特性、唯一性、不可重复性和不可取代性,这是每个人得以存在的根据。所以马克思说得好:"人是全部人类活动和全部人类关系的本质、基础。"正因公民尊严首先是一个应然人权的人性概念。所以,卢梭明确强调,每一个正直德性的人都应该维护自己的尊严。罗素也说过,尊严,迄今为止一直是人之为人所必备的一种德性。凡是在权利不平等的地方,它都不可能在服从于其他人统治的那些人的身上找到。苏霍姆林斯基也说过,没有尊严,就没有道德的纯洁性和丰富的个性精神。对自身的尊重、荣誉感、自豪感、自尊心——这是一块磨炼细腻的感情的砺石。

2. 法定人权的法理尊严。尊严又是一个法定人权的法理概念,其基本内涵在于每个公民在宪法和法律规定的范围内,都享有宪法和法律赋予的自由和权利,无论是什么人,在法律面前都享有平等。一个人的生活是否有尊严,其根本标志是公民权是否得到落实,而只有一个民主法治的社会,才可

---

① 《马克思恩格斯全集》第 2 卷,人民出版社 1972 年版,第 16 页。
② 《马克思恩格斯选集》第 2 卷,人民出版社 1995 年版,第 60 页。

能真正落实每个人的公民权。著名的德国法学家拉德布鲁赫看到了法与人权的博弈问题，于是他写了一篇文章，叫作"法律的不法与超法律的法"。法官们从他的思想里获得启示，最后得出来的结论是："凡是展示人类的共同理性、以维护人权为特征的法才叫法，背离了人类的共同理性以剥夺和践踏人权、侵犯人的尊严的法不叫法。"这深刻地揭示出了人权的法理本质规定性，以人为本的人权法理本质规定就是对它的超越和升华，从而赋予了中国特色社会主义人权法理本质的时代新内涵。以人为本的人权法理规定性，最主要表现为法律法规对人权的确认和保障。一是国家根本大法的基本人权规定。宪法历来被称为人权保障书，人权的实现和保障离不开宪法和宪政制度。列宁明确指出："宪法就是一张写着人民权利的纸。"1982年修改的现行《宪法》遵循着党的十一届三中全会所确定了的马克思主义正确路线，贯彻了发展社会主义民主，健全社会主义法制的精神，在公民的基本权利和自由方面，系统地做了切合我国实际的规定，体现了真实性、广泛性。现行宪法所规定的公民的权利和自由内容主要有十八个方面。二是"国家尊重和保障人权"写入宪法，尊重和保障人权由党和政府的意志上升为人民和国家的意志，由党和政府执政行政的政治理念和价值上升为国家建设和发展的政治理念和价值，由党和政府文件的政策性规定上升为国家根本大法的一项原则。三是各个部门法对人权的确认和保障。"公民在行政法上的主要权利有自由权、平等参加国家管理权、了解权、隐私权、请求权、建议权、举报权、控告权、批评权、申诉权等。"[①] 近年来新出台的《物权法》、《就业法》、《劳动合同法》等等，都从不同的法律法规角度对公民的合法权利做出详细规定。特别是今年新出台的《中华人民共和国侵权责任法》以及《选举法》修正案，该修正案明确规定实行城乡按相同人口比例选举人大代表，此举意味着中国选举制度将进一步完善，城乡人口选举有望实现同票同权。这一修改直接意味着农村人口在选举上及政治权利的实现上向平等原则迈出了一大步，是促成宪法规定的平等原则的充分实现。其本质都是法定人权尊严的法理规定。同时，还具体实施了《国家人权行动计划纲要》。这些都是法定人权尊严的具体表现。

3. 实有人权的现实尊严。尊严还是一个实有人权的现实概念，其基本内涵在于当下公民尊严的现实关怀和提升，它集中体现了改革开放后公民政治生活的盼望和提升。新中国经过六十多年的建设和发展，特别是改革开放

---

① 罗豪才主编：《行政法学》，中国政法大学出版社1996年版，第21—22页。

以来，中国经济社会发展日新月异，2010年我国GDP总量跃居世界第二（世界银行版本数据）。相应地，中国老百姓绝大多数也基本告别了"温饱"时代，向小康社会迈进。在这个基础之上，人们期盼着生活得"更有尊严"，即对高品质的精神层面的生活有了更高的追求。仓廪实而知礼节。衣食无忧后，人们开始追求更高的生活目标。执政党发展并顺应大势，赋予"以人为本"新的内涵，更加重视人的全面发展，更加重视人的内心和精神感受，也就是公民"尊严"意识的新提升。现在社会上，轻视劳动、知识、人才的现象仍屡见不鲜，使很多人才被浪费，很多先进技术得不到发挥利用，影响着企业自主创新能力的提高，影响着企业效率效益的提高。"用工荒"、技术人才缺乏，是很多企业目前面临的现实。希望全社会对提高普通劳动者地位、加强企业人才培养做出安排，在全社会形成尊重劳动、尊重知识、尊重人才的良好氛围，期望更多像王洪军一样的一线职工成为全国人大代表，成为科技创新的楷模，走上国家科技奖励大会的领奖台，让广大普通劳动者扬眉吐气。加快经济发展方式转变，调整优化经济结构，是国家当前的头等大事，也是全体劳动者的时代使命。我们希望政府在鼓励促进企业自主创新的同时，也能有更切实的措施唱响"工人伟大、劳动光荣"主旋律，激励更多许振超、窦铁城这样的"金牌工人"，提升"中国创造"的技术水平，提高产品的国际竞争力。我们希望在关注GDP增长的同时，更要关心GDP的公平分享。作为中国经济社会发展的中坚力量，广大的普通劳动者用努力拼搏和勤奋劳动创造了GDP的高速增长，但他们劳动所得的收入所占份额明显偏低，没有更多地分享到GDP增长的成果。加之某些行业、部门之间的收入差距甚大，收入分配存在明显不公。希望调整职工劳动收入分配机制，加大职工劳动收入分配比重，让"按劳分配"得以真正体现，让广大普通劳动者的劳动收入得以实在增长。然而，现实生活中，由于社会分配不公和两极分化的拉大，民生问题日益成为老百姓关注的热门话题。而对民生的关注点亦从以往的"生存"转变为"尊严"，从而将民生的内涵提升到更高的层次。公民尊严的产生和彰显，还来源于政府权力的节制和政府服务的归位。温家宝在此次政府工作报告中提出，政府尚需改进的部分，含有"政府职能转变不到位"和"对于微观经济干预过多"等问题。当政府权力被运用保障公民权利，当权力运行更加透明，当公民的权利丰满坚实、公共服务健全均等之时，一个更有尊严、更加公正、更加和谐的社会也将随之来临。

二、人的尊严的基本特点

1. 尊严的自尊性与尊他性的有机统一。尊严是自尊性与尊他性的有机统一。公民的尊严需要可分自尊、他尊两种基本类型，二者辩证统一缺一不可。一方面，自尊的人能赢得他人的尊重。赢得他人尊重的前提是自重、自爱。如果一个人连自己都不尊重，就既谈不上尊重他人，更不会得到他人的尊重。另一方面，尊重他人是获得自尊的重要前提。自尊的人懂得尊重他人，因为他知道要想赢得他人的尊重，首先要尊重他人。不尊重他人的人不可能赢得他人的尊重。只有关注他人的自尊，使他人享受自尊的快乐，我们才可能赢得他人对自己的尊重。因此，公民尊严包括自我尊重、自我评价以及尊重别人；自我实现需要是最高等级的需要，满足这种需要就要求完成与自己能力相称的工作，最充分地发挥自己的潜在能力，成为所期望的人物。光有自尊性，而无尊他性，是妄自尊大的表现；光有尊他性，而无自尊性，是自暴自弃的表现。

2. 尊严的自律性与他律性的有机统一。尊严是自律性与他律性的有机统一。德国著名哲学家康德认为，自律指不受外界的约束，不为情感所支配，根据自己的良心，为追求道德本身的目的而制定的伦理原则。他律指依据外界事物或感情冲动，为追求道德之外的目的而制定的伦理原则。只有遵循自律的行为才是道德行为，遵循他律的行为即使是合法的，也不能视作道德行为。对于康德的这一阐述，我们不难理解在现今社会自律就是指自我约束，自觉的遵守党纪国法和社会公德。自己对自己制定的准则。他律是指社会法律、制度、纪律和社会舆论等方面的约束，外在的准则来约束自己。自律是自身的固有意识决定的，他律是外在的影响、约束决定的。社会主义市场经济既是以相应的道德意识、道德习惯和价值观念即自律为内省的，又是与之相反的功利性和他律性即法律法规为保障的。社会主义市场经济条件下的公民尊严是自律性与他律性的有机统一。公民尊严的自律性，主要是内心世界的道德规范性。只有把高尚的人格尊严视为目的才是自律。自律性确实是超功利道德的本性，所以自律同行为的超功利性是一致的。公民自尊的他律性，主要是国家法律法规的强制性，表现为法律规范的自觉遵守。市场经济有一种本性：要求规则化。因为若无市场规则，就不能为市场的正常发展创造稳定、协调有序的内部环境。这些规则包括：用诚实（不弄虚作假）、平等（不搞市场垄断）等原则来约束个体行为。以德治国为建立信用体系提供了前提条件，对诚信的发展起到推动作用。坚持依法治国和以德治国的辩证统一，从而为公民尊严的自律性与他律性统一，提供了可靠的制度设置。

3. 尊严的多样性与主导性的有机统一。尊严是多样性与主导性的有机统一。从公民尊严的主体多样性看，既有最广大的社会主义劳动者的尊严，又有社会主义建设者的尊严，还有最广泛的社会主义爱国者和联盟者的尊严。从公民尊严的内容多样性看，既有最基本的物质层面尊严，又有更高的精神层面尊严，还有整个的民族尊严和国家尊严。公民尊严与国家命运息息相关。公民应当自觉维护国家领土和主权完整，维护社会稳定，万众一心搞建设，一心一意谋发展。只有国家强大了，人民才能不受别人欺凌，再不会发生"华人与狗不得入内"的羞辱。无论尊严有何等的丰富多样性，最终都将统一于并实践于现实生活中的每一个个体公民人的基本尊严和自由度上，都共同升华于中华民族的伟大尊严和伟大的社会主义祖国的伟大尊严。这是中国公民尊严主导性的本质特征。新中国经过六十年的建设、发展，特别是改革开放三十多年来，中国公民大体解决了温饱问题，达到小康甚至已经过上富裕生活的人越来越多。在爱国主义与社会主义相统一的基础之上，人们期盼着生活得"更有尊严"，即对高品质的精神层面和政治层面的生活有了更高的追求。极其深刻地反映了中国公民尊严的多样性与主导性的有机统一。

4. 尊严的个体性与群体性的有机统一。尊严的个体性与群体性的有机统一，就是强调社会不同利益主体间的公平正义，不断实现人与人之间的和谐发展。既要重点关注贫困群体的基本需求、合法权益和独立人格；也要尊重精英群体的能力和贡献，为他们进一步创业提供良好的人际环境。公民尊严的个体性与群体性的有机统一所蕴含的社会公平正义原则，在当前特别要求尊重贫困群体的基本需求、合法权益和独立人格。由此，它要求公正公平合理地解决社会上存在的贫困群体和精英群体之间的贫富差距问题，更要尊重他们的人权，增强他们的发展能力，为他们提供平等竞争的机会和条件。在社会主义市场经济发展过程中，如果大多数人在社会转型中丧失利益且得不到有效帮助，改革不仅难以继续下去，而且不利于社会和谐。一个社会和谐不和谐，很大程度上取决于贫困群体的生存发展状态，取决于精英群体对待贫困群体的态度。公民尊严的个体性与群体性的有机统一所蕴含的社会公平正义原则，也要求尊重社会精英群体的独创个性、创新能力和业绩贡献。这里的精英群体，主要指靠能力、业绩而在经济社会中具有重要地位的群体。社会精英群体是社会进步的重要力量，是社会发展的火车头，对社会发展起着重要作用。一个社会是否具有活力，很大程度上取决于如何对待社会精英人才的创新能力与贡献。只有上述两方面的和谐统一，我们社会才能真正和谐稳定，才能真正和谐发展，才能真正"尊重和保障人权，依法保证全体社会成员平等参与、平等发展的权利"。

三、人的尊严的本质要求

1. 共产党执政为民的本质要求。共产党执政为民的本质，就是让人民当家作主。而人民当家作主的本质，就是为了让人民生活的更加幸福、更有尊严。1949年毛泽东宣告"中国人民从此站起来了"，最重要的意义在于向世界宣示了中国的国家尊严和民族尊严；邓小平改革开放，就是为了让中国人民富起来；而国务院总理温家宝2010年在《政府工作报告》中首次将"尊严"指向民生，"要让人民生活得更加幸福，更有尊严"，则是让已经"站起来了"和"富起来了"的中国人民怎样更体面、更有尊严生活着的破题之举。首先，科学执政就是要在规律层面上自觉地尊重和保障人权。坚持科学执政要求我们党充分尊重治国理政的客观规律，更加自觉地将尊重和保障人权作为执政兴国的一项基本准则，研究探索尊重和保障人权的内在规律，改进完善尊重和保障人权的制度方法，形成尊重和保障人权的良性运行机制，不断提高党在执政过程中尊重和保障人权的自觉性、主动性和有效性。其次，民主执政就是要在本质层面上自觉地尊重和保障人权。民主执政，就是坚持为人民执政、靠人民执政，以民主的制度、民主的形式、民主的手段支持和保证人民当家作主。当前，要以促进经济发展、保障公民权益、反对腐败行为、提高政府公信力和执行力、增进社会和谐为重点，加强对权力运行的制约和监督，积极推进政治体制改革。我国宪法规定，国家的一切权力属于人民，人民是国家和社会的主人，是一切公共权力的总源泉。中国共产党作为整个国家的领导核心，行使着重要的公共权力，其领导地位和执政能力来源于而且只能来源于人民的授予。人民之所以是国家一切权力的所有者和总源泉，是因为每一个基于人的本质和尊严所拥有的自由、平等权利即人权的自身内在本质规定，不是任何外在力量的主观强加。人权原则决定着人民不能受任何非自愿的外在权力的统治和支配，只能接受自己集体意志或经过其集体意志授权的统治和支配。人权是一切公共权力的基础和目的，也是党的执政权力的基础和目的。坚持民主执政，最基本的就是坚持人民民主，牢记权为民所授，确保权为民所用，情为民所系，利为民所谋，切实尊重和保障人权。第三，依法执政就是要在规范层面上自觉地尊重和保障人权。依法执政是法治国家对执政党的基本要求，也是党实行依法治国的基本方略，尊重和保障人权的基本方略。依法执政的关键是提高党执政的法律意识和法制观念，实质是坚持宪法和法律至上，依照宪法和法律来规范、完善党的领导方式、领导体制和领导活动。执政党必须符合宪法和法律的规范，而不能随心所欲，以言代法，以权压法，更不能因人易法。不然，就会动摇人民民主宪政的基石，破坏国家和社会的正常秩序，侵犯人民的合法权益，最终损害党自身的执政基础。因此，坚持依法执政，就是要始终把依法执政作为党治国理政的一个基本方式，将党执政活动纳入法治轨道，不断推进各项治国理政活动的法律化、制度化，确保党严格依法行使执政权力和接受监督，在执政活动中依法尊重和保障人权。

2. 以人为本科学发展观的本质要求。科学发展观以人为本的根本出发点和归宿点，最终就是为了让人民生活的更加幸福、更有尊严。国家的发展最终目的是为了满足人民群众日益增长的物质文化需求，除此之外，没有其他；整个社会的全面发展必须以每个人的发展为前提。马克思主义认为，人既是手段，又是目的。人总是按照人的尺度来评判历史进步的；社会历史是人的依赖走向物的依赖再走向自由个性的历史，这样的社会历史就是不断解放人的历史，也不断表现着对人的人文关怀和人的终极关怀。马克思主义关于人的解放与人的全面发展的思想实质主要在于：一是把人当作社会历史主体，确立人在世界历史中的主体地位，达到自由生存、自主活动；二是把人作为社会发展的根本目的，使人在创造世界历史中确立自己的主体价值，使每个人的潜能、能力的发展成为目的本身；三是致力于人类社会发展和个人发展的和谐一致，使人类社会朝着有利于个人和个人朝着有利于人类社会的方向健康发展。这就是社会的全面进步与人的全面发展的完美统一。

3. 社会主义民主政治的本质要求。社会主义民主政治的本质，就是依法保障全体社会成员平等参与和平等发展的权利。实质也就是让人民生活的更加幸福、更有尊严。而公民权利的保障、公民尊严的产生，依赖于各政府机关、审判机关、检察机关依法行使权力，裁定公民之间、公民与政府之间的权利纠纷。法治施行的关键，是确保《宪法》中诸种公民权利的真正落实。在《宪法》所载明的公民诸种权利中，保障公民的财产权、人身自由权和教育、医疗等社会福利权，对于解决中国当下的发展方式、收入分配差距拉大、政府职能转变等问题来说，无疑是至关重要的。《宪法》规定："国家保护公民的合法的收入、储蓄、房屋和其他合法财产的所有权。"但在实践中，地方政府受经济利益驱动，经常伤害这一至关重要的公民权利。也正是基于保护公民财产权利的考虑，现行《土地管理法》和《城市房屋拆迁管理条例》正在修改中。除了财产权利之外,公民的人身自由也不受侵犯。《宪法》规定:"任何公民,非经人民检察院批准或者人民法院决定,并由公安机关执行,不受逮捕。"2003年,大学生孙志刚之死导致《收容遣送条例》被废除,体现了保障人的自由权利这一人类文明的高贵理念。而此次《选举法》的修改,虽然对于进城农民工和异地居住的公民选举权之落实有待时日,但已经在很大意义上体现了公民法律权利均等化的原则和方向。这些正在修改或者已经修改中的法律,表明中国法治现代化的进程进一步加快。

四、维护人的尊严的实现途径

1. 大力推进物质文明建设,为让人民生活的更加幸福更有尊严提供坚实的物质基础。作为上层建筑的人权尊严首先是建立在一定的物质文明基础之上的,总是同一定的物质文明建设水平相联系。社会主义物质文明建设是促进社会主义人权事业全面发展的物质基础和物质前提。只有自觉坚持以人为本的科学发展观,通过促进社会主义物质文明建设的全面协调发展,才能真正不断地提高广大人民生存权和发展权的质量水平,让"全体社会成员"共享改革发展的成果。一是紧紧抓住科学发展观的第一要务。全面落实科学发展观,就要"转变发展观念、创新发展模式、提高发展质量,切实把经济社会发展转入以人为本、全面协调可持续发展的轨道"。用全面协调的社会主义物质文明建设成果,促进广大人民生存权和发展权的不断发展。二是促进城乡区域协调发展。促进城乡区域的协调发展,不断提高广大农民和城镇居民生存权和发展权的质量水平,不断提高少数民族的平等权利和特有权利的发展水平,加快城乡区域经济社会发展,促进各民族共同繁荣进步。三是完善社会保障体系和促进就业。我国社会主义初级阶段的基本国情,决定了完善社会保障体系和促进就业,在提高广大人民生存权和发展权的质量水平方面有着极其重要的特殊意义。完善社会保障体系和促进就业发展,不断提高人民享受经济、社会和文化权利的水平,大力发展各项社会事业,健全劳动保护、社会保障和社会福利制度,扩大就业机会,"依法保证全体社会成员平等参与、平等发展的权利"。尤其要加强对残疾人、妇女、未成年人、老年人合法权益的保护,尊重和维护他们的特有权益,在全社会形成尊重、关爱的和谐氛围。

2. 大力推进政治文明建设,为让人民生活的更加幸福更有尊严提供坚强的制度保障。人权尊严既是政治文明的新理念,又是政治文明的新内容。政治文明越发达,人权事业越进步。只有自觉坚持以人为本的科学发展观,通过不断地促进政治文明建设的全面协调发展，才能不断提高全体社会成员平等参与、平等发展的权利的水平，让"全体社会成员"共享改革发展的成果。一是民主执政。民主执政就是要在本质层面上自觉地尊重和保障人权。我国宪法规定，国家的一切权力属于人民，人民是国家和社会的主人，是一切公共权力的总源泉。中国共产党作为整个国家的领导核心，行使着重要的公共权力，其领导地位和执政能力来源于而且只能来源于人民的授予。人民之所以是国家一切权力的所有者和总源泉，是因为每一个基于人的本质和尊严所拥有的自由、平等权利即人权的自身内在本质规定，不是任何外在力量的主观强加。尊重和保障人权是人民民主的国家性质的体现，是党的执政地位的基础和执政权力的本原。坚持民主执政，最基本的就是坚持人民民主，牢记权为民所授，确保"权为民所用，情为民所系，利为民所谋"，切实尊重和保障人权。二是依法行政。依法行政就是国家行政权力在法规层面上尊重和保障人权。随着改革的深入和发展，公众对国家政治和社会生活的参与意识、对权利和利益的保护要求、对自身能力的发挥和自身价值的追求，已呈现出越来越积极的发展趋势和发展期望。人们思想活动的独立性、选择性、多变性、差异性明显增强，对民主政治建设提出了更高的要求。依法行政和政务公开，就成了推进民主政治建设，促进人权事业发展的一项重要内容。加大依法行政力度，"推进政务公开，发展基层民主，保证人民群众依法行使选举权、知情权、参与权、监督权"。三是人权的司法保障。在当代中国，尊重和保障人权已经不再局限在观念的层面上，而是提升到宪法和法律所保障的制度层面上，许多传统上被伦理、道德、人性所关注的一般人权，相继成为宪法和法律所保障的重要内容。在法治国家，人权实践上完全是通过法院得到保障和实施的；法官的任务就是解释宪法和成文法赋予公民的权利，以便确定他人诉讼请求是否有效，法官和法院是为宪法和法律确认的权利服务的。法院应当严格遵循罪刑相适应、平等适用刑法的原则，明确量刑根据与量刑基准，采用合理的量刑方法，实现公正量刑，从而依法保障被告人的合法权益和人格尊严权。

3. 大力推进精神文明建设，为让人民生活的更加幸福更有尊严提供先进的文化支撑。尊重和保障人权既是精神文明建设的重要内容，又是精神文明建设的重要目标。只有通过促进精神文明建设的全面协调发展，才能不断提高广大人民享受先进文化教育权利的水平，让全体社会成员共享改革发展的文化成果。一是高举人权的理论旗帜。人权理论旗帜的核心内容，就是坚持以社会主义核心价值体系引领社会思潮。社会主义核心价值体系，是我国各族人民团结奋斗的共同基础,是占支配地位的国家主流意识形态,它应当也完全具备引领社会思潮的统摄和导向功能。在我国,马克思主义指导思想,中国特色社会主义共同理想,以爱国主义为核心的民族精神和以改革创新为核心的时代精神,社会主义荣辱观,代表着最广大人民的根本利益和整个社会的历史走向,具有任何其他价值体系都不可替代的先导性和影响力,因而必然成为我们党引领社会思潮的伟大旗帜,必然成为中国社会主义人权事业全面发展的旗帜。二是加大人权的智力支持力度。面对构建社会主义和谐社会与共建和谐世界的新实践,我国的教育科学文化事业从总体看,与我国社会经济科技发展的要求还很不适应。因此,优先发展教育,加快人才培养步伐,提高国民素质,是实现我国现代化建设的必由之路。这就要求我们要切实把教育摆上优先发展的战略位置,坚持科教兴国战略和可持续发展战略,进一步普及义务教育,加大职业教育,提高高等教育质量和全社会的教育水平,使人人都有受教育的机会和享受先进文化教育的权利。加大政府对文化事业的投入,发展新闻出版、广播影视和文化艺术事业,创造更多更好适应人民群众需求的精神文化产品。兴起社会主义文化建设新高潮,不断提高国家文化软实力,不断提高广大人民享受先进文化生活和先进教育权利的水平,让全体社会成员共享改革发展的文化新成果。

4. 大力推进生态文明建设,为让人民生活的更加幸福更有尊严提供优美的环境氛围。"建设生态文明,基本形成节约能源资源和保护生态环境的产业结构、增长方式、消费模式","使生态文明观念在全社会牢固确立"①。这是我们党科学发展、和谐发展理念的一次升华,也为我们深刻理解环境友好型社会的生态文明权益奠定了坚实的理论基础。生态文明权益既是资源节约权和社会权的文明权益升华,又是与社会主义物质文明、政治文明、精神文明密不可分的整体社会文明形态。生态文明权益是一种动态平衡的环境友好社会权,它的实质是高级文明形态的人与自然协调发展权,是人与自然、经济与生态环境的协调发展权,是人文景观与自然景观和谐相处的和谐发展权。它是既满足当代人的需要,又不对后代人满足其需要构成危害的和谐发展权,是一种既着眼于现在,更加着眼于未来的协调发展权。实现人与自然环境的友好相处,既是一场关系到人与自然和谐相处的"社会革命",又是一场公民社会权的"深刻变革"。这种深刻变革,就由过去资源环境的改造

---

① 胡锦涛:《高举中国特色社会主义伟大旗帜为夺取全面建设小康社会新胜利而奋斗》,《人民日报》2007年11月24日。

者和征服者,转变为现在和谐相处的友好者、维护者和尊重者。这一深刻变革的公民社会权利本质,就是公民社会权的科学发展的能动自觉。一是努力建设资源节约型社会。建设资源节约型社会是党的十六届五中全会的重大战略决策和长远战略方针。人均资源相对减少是我国突出的基本国情。如我国人均土地面积仅相当于世界平均的33%,人均耕地面积仅相当于世界平均水平的43%。我国人均水资源量,仅为世界平均水平的27%。我国不仅存在人均占有资源相对减少的问题,更为突出的是,我国的资源利用率还非常低下。我国综合能源利用效率仅为33%,是世界上单位能耗最高的国家之一。我国的资源浪费相当严重,如工业万元产值用水量是国外先进水平消耗量的十倍。国内资源供需矛盾加剧,资源对外依存度升高。二是努力建设环境友好型社会。建设环境友好型社会,就是要以环境承载力为基础,以遵循自然规律为准则,以绿色科技为动力,倡导环境文化和生态文明,构建经济社会环境协调发展的社会体系。环境友好型社会既是一种环境伦理观念,也是经济社会发展和环境保护的实践指南,还是现代公民享受绿色生态环境的权利和价值选择。只有努力建设环境友好型社会,促进生态文明建设的全面协调发展,才能不断满足广大人民享受绿色生态环境权利的需要。

15. 中国特色的权力制约机制创新

一、中国特色的权力制约机制创新原则

中国特色的权力制约机制创新原则,是由中国特色的基本政治制度和基本政治体制决定的,具体表现为"四个并举",即人民监督与专门机关监督并举,执政党内部监督与参政党、无党派外部监督并举,法律监督与道德约束并举,舆论监督与非政府部门监督并举。

1. 人民监督与专门机构监督并举

人民监督,就是让广大的人民群众参与对公共权力的制约,使领导干部始终在人民群众的监督下履行自己的职权。群众的广泛性,使民主制约具有无时不在的特点,对领导干部权力具有很强的约束力。党的十七大报告指出:"人民当家作主是社会主义民主政治的本质和核心。要健全民主制度,丰富民主形式,拓宽民主渠道,依法实行民主选举、民主决策、民主管理、民主监督,保障人民的知情权、参与权、表达权、监督权。"① 在我国,人民享有宪法和法律赋予的民主权利,为充分发挥人民群众的监督制约作用提供了法律保障。在强调人民监督的同时,还必须充分发挥专门机构的监督作用。专门机构的监督,是指包括党的各级纪律检查委员会、行政监察机关以及检察机关的监督。邓小平曾指出,对各级干部的职权制约,"最重要的是要有专门的机构进行铁面无私的监督检查"②。专门机构的监督既要明确分工、各负其责,又要相互配合、协同作战。党的纪律检查委员会、行政监察和检察机关在各自职权范围内实施监督,做到三管齐下,是完善我国行政监

---

① 胡锦涛:《高举中国特色社会主义伟大旗帜,为夺取全面建设小康社会新胜利而奋斗》,人民出版社2007年版。
② 《邓小平文选》第2卷,人民出版社1994年版。

督体系,加大监督力度的必然要求。

2. 执政党内部监督与参政党、无党派外部监督并举

执政党内部监督是党为了加强自身建设,通过评价、揭露、纠偏等方式,依照党章和党纪,在组织内部开展的监察、督促的活动。"党内监督的实质是党从人民利益出发,按照从严治党的要求,进行自我约束和自我完善。而其核心问题,则是对权力予以有效制约,即通过揭露、评价、控制、约束等特有的监督形式和功能,对党内的各种权力形成有效的制约力量,保证权力能够按正确的目标和正确的方式去规范地运用。"① 对此,党的十七届四中全会强调:"在坚决惩治腐败的同时加大教育、监督、改革、制度创新力度……健全权力运行制约和监督机制,推进反腐倡廉制度创新。"②

在多党合作中,中国共产党与民主党派实行互相监督。由于中国共产党处于执政地位,更加需要自觉接受民主党派的监督。在多党合作中发挥民主党派的民主监督作用,也是中国共产党领导的多党合作和政治协商制度的必然要求。1956年,中国共产党提出了与民主党派"长期合作、互相监督"的方针。毛泽东指出,各党派互相监督,就是各党派互相提意见,互相开展批评。③ 邓小平进一步指出:一个党,一个国家,最怕鸦雀无声。在中国,谁有资格犯大错误?就是中国共产党。因此,我们要特别提高警惕。所谓监督来自三个方面:第一,是党的监督。第二,是群众监督。第三,是民主党派和党外人士的监督。④ 民主党派由各界知识分子和有一定影响的代表性人士组成,其监督一般具有较广泛的代表性。民主党派的民主监督具有层次高、范围广泛、形式灵活的特点,与共产党的党内监督相辅相成,具有不可替代的重要作用。

3. 法律监督与道德约束并举

权力制约的法制化、制度化是推进我国政治体制改革、加强社会主义法制建设的必然要求。邓小平指出,反对腐败,加强廉政建设"还要靠法制,搞法制靠得住些"。权力制约的法制化,就是依法治权,依照法律规定对权力进行制约,保证权力行使的法律化、制度化、规范化;深入开展法制教育,增强领导干部的法律意识、法制观念和依法办事的能力;完善法律、法

---

① 宋莲英:《浅谈加强党内监督的重要性和对策》,中央党校出版社2005年版,第125页。
② 《中共中央关于加强和改进新形势下党的建设若干重大问题的决定》,《人民日报》2009年9月19日。
③ 《毛泽东著作选读》下册,人民出版社1986年版,第790页。
④ 《邓小平文选》第3卷,人民出版社1993年版,第252页。

规，建立健全依法行使权力的制约机制。领导干部更应维护法律的尊严，自觉地在法律范围内活动，坚持法律面前人人平等，任何领导机关和领导干部都不具有超越法律的特权。"徒善不足以为政，徒法不能以自行。"这是中国古代儒家"德法兼用"、"德主刑辅"思想的简明概括。有权力就可能产生腐败，凌驾于社会之上的国家是人类最后一个"祸害"，国家并非道德的化身，并不具有道德上的正义。因此，国家权力的运行不仅离不开法律的制约，而且在法律难以干预或者干预不力的地方，道德就成为一种不可或缺的补充力量和辅助力量。社会道德一旦凝聚为公众舆论，或形成为风俗习惯，就具有强大的社会制约力，可以直接或间接地制约国家权力。像中国古代的"清议"、现代传媒的"曝光"，都是强有力的有组织的社会道德强制力。

4. 舆论监督与非政府部门监督并举

舆论监督是新闻媒体运用舆论的独特力量，帮助公众了解政府事务、社会事务和一切涉及公共利益的事务，并促使其沿着法制和社会生活公共准则的方向运作的一种社会行为。舆论监督的根本目的在于保证权力的正确行使，保证最广大人民的根本利益，保证权力在阳光下运行。就舆论监督的本质而言，关键要做到两点：一是把握舆论监督的基点。舆论监督取决于信息的对称和公民的知情，最大限度地拓宽与公民交流的渠道，是开展舆论监督的基础。党和政府的重大决策、重要精神，涉及广大人民群众最关心、最直接、最现实利益的政策措施，都应通过各种媒体及时公布，既接受群众监督，又最大范围地争取群众的理解和支持。二是突出舆论监督的要点。舆论监督的要点在于各级组织和领导干部能够依据正确的舆论导向推动和改进各项工作。舆论监督虽然能够揭露违法犯罪行为，批评不良社会现象，促进问题的解决，但其毕竟只有舆论的影响力，而无执法意义上的强制性。充分发挥舆论监督的效能，关键在于建立相应的回应机制。非政府组织，是现代社会结构分化的产物，是社会政治制度与其他非政治制度不断趋向分离过程中所衍生的社会自治组织系统的重要组成部分。伴随经济体制改革和政治体制改革的推进，中国社会改革"小政府、大社会"目标模式的确立，非政府组织发挥着相当重要的作用。非政府组织不仅具有公益性，而且具有组织性、体制化的特征，在权力的监督方面相对于公民而言，具有知情范围广、反映渠道多、反应迅速的优势。在权力制约和监督方面，非政府组织同样可以发挥独特的作用。

二、中国特色的权力制约机制创新内涵

1. "以人为本"的权力制约

从权力的根源看,一切公权力都来源于人民,即"主权在民","人民当家作主"。从权力的归宿看,一切公权力所要实现的是社会群体的共同利益,即权为民所用,情为民所系,利为民所谋。因此,无论从权力的来源还是目的上看,公共性是权力的本质特征。但权力的扩张性,又会使权力出现异化的倾向,即不断扩张自己的范围和界限,由此侵蚀公民的权利。因此,只有坚持"以人为本"的权力制约和监督,才能真正做到权为民所授,权为民所用。人民民主的本质和核心是人民当家作主,只有发展人民民主,人民群众才能有效监督政府,从而跳出中国几千年来治乱循环的"周期律"。发展人民民主,关键是加快推进党内民主和基层民主。党内民主是党的生命,基层民主是人民群众对干部实行监督的最有效、最广泛的途径。这就要求不断探索符合实际的民主形式,拓宽民主渠道,把人民群众的知情权、参与权、监督权落到实处。

2. "四轮联动"的整体制约

如果把权力比为"一架马车"的话,人民民主、事务公开、权力划分和制度保障就是车之四轮,只有坚持"四轮联动",协调共进,才能实现对权力的有效制约和监督,确保这架马车在正确的轨道上前进。科学发展观所讲的"发展",不仅包括经济的发展,同时包括社会、文化、政治和生态方面的发展。"发展是经济、社会、文化和政治的全面进程,其目的是在全体人民和所有个人积极、自由和有意义的参与发展及其带来的利益的公平分配的基础上,不断改善全体人民和所有个人的福利。"① 政治发展包括民主政治的建设、政治效率的提高和政治运作成本的降低、政治的清明和腐败的减少,所有这些均依赖于有效的权力制约机制的构建。

3. 全面协调的可持续制约

科学发展观的基本要求是全面协调可持续,而经济建设、政治建设、文化建设、社会建设四者之间是相互促进、相互制约的。经过30多年的改革开放,伴随着社会主义市场经济的建立,我国的社会阶层结构发生了重大变化,各阶层的利益趋向多元。社会各阶层都在寻找利益表达和诉求的渠道以及政治上的参与,以维护自身的利益,从而要求积极拓宽公民的政治参与渠

---

① 《人权知识百题问答》,《人民日报》2005年5月25日。

道。为减少腐败现象和降低政治运行的成本，必须在注重政治参与制度建设的基础上，加强权力的制约和监督，将权力的监督纳入制度化、法治化的轨道。当今世界，各种思潮和文化相互激荡，伴随着经济的发展和利益的分化，公民独立思考和政治参与的自主意识不断增强，对权利的主张、对政治廉洁和制止腐败的要求也越来越高，加强对政治权力的制约和监督成为政治文明建设的必然要求。同时，政治制度的完善、政治行为的程序化、政治意识的现代化，这一切都与政治权力的有序和有效运行息息相关，而政治文明程度的普遍提高，对于社会各个阶层利益的表达和价值的实现是至关重要的。同样，政治文明程度的普遍提高，有利于增进公民的政治认同感和社会的凝聚力，从而保证社会的稳定和有序。

三、中国特色的权力制约机制创新路径

中国特色的权力制约机制创新路径，即权力制约机制创新的方法，可以从多方面加以把握。

一是确定权力的使用界限，把权力的行使范围和程序纳入法制化、程序化的轨道。只有明晰权力的界限，确定权力行使的范围，最大限度地保障公民权利不受侵犯，真正做到国家机关按照法定权限和程序行使权力、履行职责。这种以权利制约权力的机制构想是建立在近代以来国家与社会区分和"人民主权"学说基础上的。以权利制约权力的机制集中表现在三个方面：以法律的形式明晰权力和权利的领域与界限，维护公民权利的至上性和不可侵犯性；加强公民意见表达和决策参与的渠道建设；科学把握社会分层，并在不同利益的基础上将公民有序组织起来，以形成强大的公民社会。

二是坚持决策权、执行权和监督权既各自独立又相互制约的运行机制。按照决策职能、执行职能、监督职能的不同，科学合理地配置权力，并且将这种权力的划分和配置从操作层面上升到制度层面，使三种权力在不同的职能部门相对独立行使且相互制约，才能真正做到决策科学、执行高效和监督有力，切实把防治腐败的要求落实到权力结构和运行机制的各个环节。这种权力配置，有利于从根本上改变在传统体制下决策、执行、监督的权力集中在同一部门手中，无法监督自身的矛盾。显然，以权力制约权力的机制，其着眼点在于国家权力的合理划分，这种划分既包括国家权力的横向划分（即立法权、行政权、司法权的分立），也包括纵向划分（即中央和地方的职权划分），并且形成权力之间的相互制约。合理分权只是以权力制约权力的前

提，有效的权力制约还必须建立制度化、程序化的监督和制约体制，将分立的权力之间的制约关系纳入到具有刚性力量的体制之中。"有没有权力运行的分割制衡制度设计、有没有权力执行的一套客观制度建构、有没有围绕权力执行纠纷建立的裁决机制、有没有对人对事对决策对效用分别设计的制度规章，既是划分传统政治与现代政治的分界线，又是判断权力是否受到有效制约与监督的基本标准。"①

三是建立各种公开办事制度，提高权力运行的透明度和公开性。让权力在阳光下运行，才能保证人民赋予的权力始终被用来为人民谋利益。政务公开，就是要保障群众的知情权、参与权、表达权和监督权②，真正赋予人民以监督主体的地位，最大限度地增加人民的政治认同感，提高政府的公信力。为此，要健全信息公开制度，抓紧制订贯彻政府信息公开条例的具体办法；凡涉及群众利益和公共政策的事项，都要及时向群众公开，不断拓展政务公开的领域和内容；采取多种形式完善政务公开的体制，大力推进电子政务建设，完善网上审批、服务办理、信息发布、沟通交流等功能。

四是加强对重要领域和关键环节的权力行使的监督。第一，加强对干部人事权行使的监督。坚持和完善干部选拔任用前征求同级纪委意见的制度，坚持和完善强化预防、及时发现、严肃纠正的干部监督工作机制。发挥干部监督工作联席会议作用，加强对干部选拔任用全过程的监督，严肃查处干部使用上的违法违纪问题。第二，加强对司法权行使的监督。完善纪委和党委政法委、组织部等部门同司法机关党组织和党员干部在监督工作中的协作配合机制，重视人大检查机关对司法机关的监督，强化公安、检察、审判机关在刑事诉讼中的分工负责、互相配合和互相制约；强化司法机关内部监督和外部监督，坚决防止和纠正执法不严、司法不公的问题，维护社会公平正义。第三，加强对行政审批权和行政执法权行使的监督。认真实施《中华人民共和国行政许可法》、《中华人民共和国行政处罚法》等法律法规，推行行政审批电子监察系统，实行接办分离和程序公开，保证行政权力依法、公正、透明运行。第四，加强对财政资金和金融的监管。强化对国有金融企业产权和上市金融企业股权交易的监督，规范上市金融企业股权激励制度；建立健全金融监管协调机制；健全金融企业内控机制，提升监事会和内审、稽

---

① 温家宝：《认真贯彻党的十七大精神，大力推进廉政建设和反腐败工作》，《求是》2008年第8期。

② 刘小兵：《依法治国与党的领导》，《理论前沿》2000年第20期。

核、合规、监察等监督机构的专业性和独立性,加强案件防控工作。第五,加强对国有资产的监管。充分发挥国有资产监督管理机构、政府职能部门和外派监事会的作用,加强对企业国有产权和上市公司国有股权交易、重大投资决策等事项的监管;加强对企业重组、改制、破产和国有资本运营各个环节的监管;加大对国(境)外国有资产监管力度;开展对国有企业重大决策、重大项目安排、大额度资金运作事项及重要人事任免等实行集体决策情况的监督检查。

五是推行行政问责制度。加快实行以行政首长为重点的行政问责和绩效管理制度,把不作为、乱作为的权力操作作为问责的重点,同时建立健全引咎辞职、罢免、经济责任审计等惩罚制度,切实做到权责明确。合理分清部门之间的职责权限,在此基础上落实工作责任和考核要求。要把行政不作为、乱作为和严重损害群众利益等行为作为问责重点,对给国家利益、公共利益和公民合法权益造成严重损害的,依法追究责任。国务院有关部门要加强调查研究,认真总结地方的试点经验,抓紧制订对行政首长进行问责、行政过错责任追究和绩效评估等相关制度。

六是建立健全权力制约和监督的法律法规。为保证行政问责制和监督合理有效地实施,必须制定严格的法律法规,规定权力的范围,严格权力的运行程序,并且依照法律实现对权利的保障和对权力的制约。法律制约具有权威性、强制性、连续性、稳定性的特点。相对于以权力制约权力和以权利制约权力,以法律制约权力更为有效。这就要求切实落实《中国共产党党内监督条例(试行)》,以及《中华人民共和国各级人民代表大会常务委员会监督法》、《中华人民共和国政府信息公开条例》、《关于进一步加强和改进舆论监督工作的意见》等法律法规。

综上所述,党内监督、法律监督、群众监督、舆论监督、专门机构监督等,共同构成了中国特色的权力制约和监督体系,是中国特色的权力制约机制创新的集合体。在这一监督体系中,党的监督是根本,法律监督与专门机构监督是关键,群众监督是基础,舆论监督是保障。为此,必须把加强和改进党内监督、支持和保证人大监督、政府专门机构监督、支持和保证司法监督、政协民主监督、群众监督、舆论监督、发挥国家预防腐败机构的职能作用结合起来,形成强大的监督合力,以保证权力运行的公正、公开和公平,切实把防治腐败的要求落实到权力结构和运行机制的各个环节,最大限度地减少权力"寻租"的机会。

16. 科学发展观与人权事业的全面发展

2008年是我国改革开放30周年,也是《世界人权宣言》发表60周年。改革开放30年,是改革开放和全面建设小康社会取得重大进展的30年,也是中国人权事业根本改善和全面进步的30年。伴随着"尊重和保障人权"的条款写入党的主题报告、写入宪法、写入国民经济和社会发展目标、写入党章而带来的中国人权事业的全面发展,不断推动着中国化的马克思主义人权理论创新和人权实践创新。以人为本的科学发展观,提升了中国人权事业全面发展的新境界,深化了中国人权事业全面发展的新内涵,指明了中国人权事业全面发展的新思路。

一、科学发展观提升了中国人权事业全面发展的新境界

科学发展观提升了中国人权事业全面发展的新境界,突出表现为当代中国人权建设进入了用以人为本科学发展观统领"人权事业全面发展"的理论创新和实践创新的崭新阶段。

科学发展观的人权新历程。自党的十五大报告明确提出"尊重和保障人权"后,十六大报告又重申了这一主张,并将"人民的政治、经济和文化权益得到切实尊重和保障"、"促进人的全面发展"[1]等内容纳入全面建设小康社会的新目标。2003年9月,党的十六届三中全会明确提出"坚持以人为本,树立全面、协调、可持续的发展观,促进经济社会和人的全面发展","建设社会主义民主政治,保证广大人民依法享有广泛的权利和自由"[2]。根据中国共产党的修宪建议,2004年3月,十届全国人大二次会议通过的宪

---

[1] 《十六大报告辅导读本》,人民出版社2002年版,第29页。
[2] 《中共中央关于完善社会主义市场经济体制若干问题的决定》,人民出版社2003年版,第26页。

16. 科学发展观与人权事业的全面发展

法修正案第一次把"国家尊重和保障人权"的条款正式载入国家的根本大法，开创了用根本大法"尊重和保障人权"的新阶段。2004 年 9 月，党的十六届四中全会从构建社会主义和谐社会的高度，明确提出共产党执政就是要"尊重和保障人权，保证人民依法享有广泛的权利和自由"①。2005 年 10 月，党的十六届五中全会通过的《中共中央关于制定国民经济和社会发展第十一个五年规划的建议》明确要求"尊重和保障人权，促进人权事业全面发展"②。2005 年 11 月 21 日，美国总统布什访华时，胡锦涛发表重要讲话指出，从中国的国情出发，根据中国人民的意愿，不断建设中国特色的民主政治，不断提高中国人民享受人权的水平。2006 年 3 月，十届全国人大四次会议通过的《政府工作报告》强调："坚持以人为本，搞好'五个统筹'，更加注重城乡、区域协调发展，更加注重社会事业建设，更加注重社会公平和社会稳定，让全体人民共享改革发展成果"，"坚持把解决涉及群众利益问题放在突出位置"，"切实维护劳动者的合法权益"。2006 年 4 月 22 日，胡锦涛在耶鲁大学的演讲中指出："保障人民的生存权和发展权仍是中国的首要任务。我们将大力推动经济社会发展，依法保障人民享有自由、民主和人权，实现社会公平和正义，使 13 亿中国人民过上幸福生活。"2006 年 10 月，党的十六届六中全会强调指出："健全民主制度，丰富民主形式，实现社会主义民主政治制度化、规范化、程序化，保障人民享有广泛的民主权利。"党的十七大报告从新的历史起点出发，强调要坚定不移地发展社会主义民主政治，"尊重和保障人权，依法保证全体社会成员平等参与、平等发展的权利"。③ 党的十七大首次把"尊重保障人权"写入党章，十七大报告第一次强调要保证"全体社会成员"平等参与、平等发展的权利。上述历程反映了我国社会的发展进步和我们党对人权认识的不断深化。

科学发展观的人权新内容。科学发展观的人权内容十分丰富，概括起来包括如下十五个方面：一是坚持以人为本，依法保证全体社会成员平等参与、平等发展的权利；二是坚持经济建设、政治建设、文化建设和社会建设的全面协调和可持续发展，促进人权事业的全面发展；三是人权发展是人类政治文明的重要标志；四是尊重和保障人权是社会主义民主政治的本质要

---

① 《中共中央关于加强执政党能力建设的决定》，人民出版社 2004 年版，第 17 页。
② 《中共中央关于制定国民经济和社会发展第十一个五年规划的建议辅导读本》，人民出版社 2005 年版，第 32 页。
③ 胡锦涛：《高举中国特色社会主义伟大旗帜，为夺取全面建设小康社会新胜利而奋斗》，《人民日报》2007 年 11 月 24 日。

求；五是人权的彻底实现是未来共产主义社会的崇高目标；六是全面建设小康社会和构建和谐社会，不断提高人民群众享受经济文化权益的水平；七是"国家尊重和保障人权"，用宪法和法律维护和保障全体社会成员的合法权利；八是从中国的国情出发，不断提高中国人民享受人权的水平；九是把生存权和发展权作为首要的基本人权；十是坚持人权的普遍性和特殊性统一；十一是各国人民有权选择符合自己国情的人权发展道路和人权发展模式；十二是切实尊重和保护特殊群体的特殊权益；十三是维护国家主权尊严和领土完整；十四是维护世界文明的多样性，共建和谐世界；十五是坚持国际人权的合作与对话，促进国际人权事业的健康发展。科学发展观尊重和保障人权的新思想、新观点，是对马克思主义人权理论的继承和发展，是中国化的马克思主义人权理论的最新理论成果。

科学发展观的人权新境界。科学发展观的人权创新表明：尊重和保障人权是我们党的一项基本政治主张，是国家的一项重要宪法原则。尊重和保障人权是国家的意志，人民的意志，必须始终不渝地为之奋斗；尊重和保障人权，同全面建设小康社会、推进中国特色社会主义事业的宏伟目标，同立党为公、执政为民的本质要求，同构建社会主义和谐社会、共建和谐世界的重大战略决策，共同构成了相互联系的有机统一整体。在这个有机统一整体中，必须自觉坚持用科学发展观统领经济社会发展的全局，推进社会主义物质文明建设、政治文明建设、精神文明建设和生态文明建设的全面协调发展，"尊重和保障人权，促进人权事业全面发展"；用科学发展观统领中国社会主义人权事业的全面发展，既是社会主义经济建设、政治建设、文化建设和社会建设全面协调发展的内在要求，也是经济社会发展的重要目标，它从人权发展的视角赋予经济社会发展以崭新的科学内涵。这标志着当代中国人权事业进入了用科学发展观统领"人权事业全面发展"的崭新阶段。

二、科学发展观深化了人权事业全面发展的新内涵

以人为本是科学发展观的核心和实质，全面、协调、可持续发展以及"统筹兼顾"的根本方法论，都是根据以人为本的发展理念而提出的，都是以人为本的内在要求。实现又好又快的科学发展，就是要把当代中国的发展纳入以人为本的发展轨道，这就深化了中国社会主义人权事业全面发展的新内涵。

尊重和保障人权的内在人本规定。科学发展观强调"以人为本"。所谓以人为本，就是要以促进人的全面发展为目标，从人民群众的根本利益出发谋发展、促发展，不断满足人民群众日益增长的物质文化需要，切实保障人

民群众的经济、政治和文化权益,让发展的成果惠及全体人民。人权是人依其自然属性和社会属性所应当享有的权利,其核心是与特定历史条件相联系的人之为人的基本尊严和自由度。尊重和保障人权就是使"全体社会成员"的人性、人格、能力、价值和精神依法获得全面的、充分的、自由的发展。以人为本中的"人",既指"全体社会成员",又着重强调广大人民群众。以人为本的"本",就是要以"全体社会成员"的权利为本,特别强调以广大人民群众的权利为本。因为人权这一概念与人这一概念具有内在直接的相关性。从逻辑上看,高举"人"的旗帜,必然注重人权;从历史上看,凡在思想历史与社会历史上强调人的价值,就必然强调人权。尊重和保障人权,包括公民的政治、经济、文化权利,不断提高人们的思想道德素质、科学文化素质和健康素质;创造人们平等参与和平发展的权利,就是要建设有利于充分发挥聪明才智的社会环境,妥善处理人民群众根本利益和具体利益、长远利益和眼前利益的关系,使广大工人、农民、知识分子和其他群众越来越充分地享受到经济和社会发展的成果。

尊重和保障人权的内在人本要求。尊重和保障人权的内在人本要求,就是在更加自觉的层面上坚持以人权中的人为主体,以人权中的人为前提,以人权中的人为动力,以人权中的人为目的。这就意味着"以人为本"实际上就是"以人的权利为本"。因为权利和义务是不可分割的,任何人都是权利与义务的统一体。现代人权是个体权利和集体权利的辩证统一。人类人权的历史先后经历了三代人权的演变,第一代、第二代人权仅限于个体权利,而第三代人权则发展为集体人权。作为当代第四代人权重要内容的和谐权和生态文明权,是融人类权利与生态文明有机统一的人权。而科学发展观的内在人本要求的真实含义是:其一,充分肯定人权中的人在经济社会发展中的主体地位和主体作用。既要强调人在经济社会发展中的主体地位,又要强调人在经济社会发展中的主体作用。其二,经济社会发展必须坚持尊重人、解放人和提升人。尊重人,就是尊重人的社会价值和个体价值,尊重人的独立人格、不同需求、能力差异,尊重人的创造和权利。解放人,就是不断冲破一切束缚人的聪明才智充分发挥的制度、体制、机制、观念。提升人,就是不断提升人的精神境界,提升人的精神素养和精神世界。其三,在研究和解决经济社会发展问题时,既要坚持并运用历史的尺度,又要坚持并运用人的尺度,实现马克思"内外尺度的统一",真正着眼于依靠广大人民群众、一切为了广大人民群众。

尊重和保障人权的现实人本关怀。胡锦涛在耶鲁大学的演讲中指出:"今天,我们坚持以人为本,就是要坚持发展为了人民、发展依靠人民、发展成果由人民共享,关注人的价值、权益和自由,关注人的生活质量、发展潜能和幸福指数,最终是为了实现人的全面发展。"人权不是天赋的,而是社会历史条件的产物。人的价值和意义不是与生俱来的,而是由人的有目的的活动创造的。人只有在劳动和创造中才能实现自身价值,最大限度地创造价值。坚持以人为本的价值取向,就是要在肯定与重视人的价值和意义的同时,想方设法为人创造更大的价值提供条件。科学发展观的落脚点在人,归根到底是为了人的全面发展。尊重和保障人权的现实人本关怀,要求我们必须关注民生问题,切实把最广大、最直接、最现实的人民群众利益维护好、发展好、实现好,特别是关心、关爱弱势群体的各种合法权益。尊重和保障人权的现实人本关怀,要求我们必须树立科学的人才观,尊重劳动、尊重知识、尊重人才、尊重创造,不惟学历、不惟职称、不惟资历、不惟身份,把品德、知识、能力和业绩作为衡量人才的标准,为人的全面发展创造良好的政策环境、工作环境和生活环境,形成鼓励人们干事业、支持人们干成事业的社会氛围,最大限度地释放人的潜能,使人们创业有机会,干事有舞台,发展有空间,激励人们为发展中国特色社会主义而奋斗。

三、科学发展观指明了人权事业全面发展的新思路

科学发展观具有重要的世界观和方法论意义,用科学发展观统领中国社会主义人权事业的全面发展,指明了中国社会主义人权事业全面发展的崭新思路。

推进物质文明建设的全面协调发展,不断提高广大人民生存权和发展权的质量水平。作为上层建筑的人权首先是建立在一定的物质文明基础之上的,总是同一定的物质文明建设水平相联系的。社会主义物质文明建设是促进社会主义人权事业全面发展的物质基础。只有自觉坚持以人为本的科学发展观,通过促进社会主义物质文明建设的全面协调发展,才能不断地提高广大人民生存权和发展权的质量水平,让"全体社会成员"共享改革发展的成果。首先,紧紧抓住科学发展的第一要务。全面落实科学发展观,就要"转变发展观念、创新发展模式、提高发展质量,切实把经济社会发展转入以人为本、全面协调可持续发展的轨道"。即用全面协调的社会主义物质文明建设成果,促进广大人民生存权和发展权的不断发展。其次,促进城乡区域协调发展。促进城乡区域的协调发展,不断提高广大农民和城镇居民生存权和发展权的质量水平,不断提高少数民族的平等权利和特有权利的发展水平,加快城乡区域经济社会发展,促进各民族共同繁荣进步。再次,完善社会保障体系和促进就业。我国社会主义初级阶段的基本国情,决定了完善社会保

障体系和促进就业,在提高广大人民生存权和发展权的质量水平方面有着极其重要的意义。要完善社会保障体系和促进就业发展,不断提高人民享受经济、社会和文化权利的水平,大力发展各项社会事业,健全劳动保护、社会保障和社会福利制度,扩大就业机会,"依法保证全体社会成员平等参与、平等发展的权利"。尤其要加强对残疾人、妇女、未成年人、老年人合法权益的保护,尊重和维护他们的特有权益,在全社会形成尊重、关爱的和谐氛围。

　　推进政治文明建设的全面协调发展,不断提高全体社会成员平等参与、平等发展的权利的水平。人权既是政治文明的核心理念,又是政治文明的重要内容。政治文明越发达,人权事业越进步。只有自觉坚持以人为本的科学发展观,通过不断地促进政治文明建设的全面协调发展,才能不断提高全体社会成员平等参与、平等发展的权利的水平,让"全体社会成员"共享改革发展的成果。首先,民主执政。民主执政就是要在本质层面上自觉地尊重和保障人权。我国宪法规定,国家的一切权力属于人民,人民是国家和社会的主人,是一切公共权力的总源泉。中国共产党作为整个国家的领导核心,行使着重要的公共权力,其领导地位和执政能力来源于而且只能来源于人民。尊重和保障人权是人民民主的国家性质的体现,是党的执政地位的基础和执政权力的本原。坚持民主执政,最基本的就是坚持人民民主,牢记权为民所授,确保"权为民所用,情为民所系,利为民所谋",切实尊重和保障人权。其次,依法行政。依法行政就是国家行政权力在法规层面上尊重和保障人权。随着改革的深入和发展,公众对国家政治和社会生活的参与意识、对权利和利益的保护要求、对自身能力的发挥和自身价值的追求,已呈现出越来越积极的发展趋势和发展期望。人们思想活动的独立性、选择性、多变性、差异性明显增强,对民主政治建设提出了更高的要求。依法行政和政务公开,成为推进民主政治建设、促进人权事业发展的一项重要内容。要加大依法行政力度,"推进政务公开,发展基层民主,保证人民群众依法行使选举权、知情权、参与权、监督权"。再次,人权的司法保障。在当代中国,尊重和保障人权已经不再局限在观念的层面上,而是提升到宪法和法律所保障的制度层面上,许多传统上被伦理、道德、人性所关注的一般人权,相继成为宪法和法律所保障的重要内容。在法治国家,人权在实践上是通过法院得到保障和实施的;法官的任务就是解释宪法和成文法赋予公民的权利,以便确定他人诉讼请求是否有效,法官和法院是为宪法和法律确认的权利服务的。法院应当严格遵循罪刑相适应、平等适用刑法的原则,明确量刑根据与量刑基准,采用合理的量刑方法,实现公正量刑,从而依法保障被告人的合法权益和人格尊严权。

　　推进精神文明建设的全面协调发展，不断提高广大人民享受先进文化教育权利的水平。尊重和保障人权既是精神文明建设的重要内容，又是精神文明建设的重要目标。社会主义精神文明建设的全面协调发展，为人权建设提供强大的精神动力和智力支持。只有自觉坚持以人为本的科学发展观，通过促进精神文明建设的全面协调发展，才能不断提高广大人民享受先进文化教育权利的水平，让全体社会成员共享改革发展的文化成果。首先，高举人权的理论旗帜。人权理论旗帜的核心内容，就是坚持以社会主义核心价值体系引领社会思潮。社会主义核心价值体系，是我国各族人民团结奋斗的共同基础，是占支配地位的国家主流意识形态，它应当也完全具备引领社会思潮的统摄和导向功能。在我国，马克思主义指导思想，中国特色社会主义共同理想，以爱国主义为核心的民族精神和以改革创新为核心的时代精神，社会主义荣辱观，代表着最广大人民的根本利益和整个社会的历史走向，具有任何其他价值体系都不可替代的先导性和影响力，因而必然成为我们党引领社会思潮的伟大旗帜，必然成为中国社会主义人权事业全面发展的旗帜。其次，加大人权的智力支持力度。面对构建社会主义和谐社会与共建和谐世界的新实践，我国的教育科学文化事业从总体看，与我国社会经济科技发展的要求还很不适应。因此，优先发展教育，加快人才培养步伐，提高国民素质，是实现我国现代化建设的必由之路。这就要求我们要切实把教育摆上优先发展的战略位置，坚持科教兴国战略和可持续发展战略，进一步普及义务教育，加大职业教育，提高高等教育质量和全社会的教育水平，使人人都有受教育的机会和享受先进文化教育的权利。要加大政府对文化事业的投入，发展新闻出版、广播影视和文化艺术事业，创造更多更好的适应人民群众需求的精神文化产品。要兴起社会主义文化建设新高潮，不断提高国家文化软实力，提高广大人民享受先进文化生活和先进教育权利的水平，让全体社会成员共享改革发展的文化新成果。

　　推进生态文明建设的全面协调发展，不断满足广大人民享受绿色生态环境权利的需要。党的十七大报告第一次将"生态文明"写入党的主题报告，明确指出："建设生态文明，基本形成节约能源资源和保护生态环境的产业结构、增长方式、消费模式"，"使生态文明观念在全社会牢固确立。"① 这

---

① 胡锦涛:《高举中国特色社会主义伟大旗帜，为夺取全面建设小康社会新胜利而奋斗》，《人民日报》2007年11月24日。

16. 科学发展观与人权事业的全面发展

是我们党科学发展、和谐发展理念的一次升华，也为我们深刻理解环境友好型社会的生态文明权益奠定了理论基础。生态文明权益既是资源节约权和社会权的文明权益升华，又是与社会主义物质文明、政治文明、精神文明密不可分的整体社会文明形态。生态文明权益是一种动态平衡的环境友好社会权，它的实质是高级文明形态的人与自然协调发展权，是人与自然、经济与生态环境的协调发展权，是人文景观与自然景观和谐相处的和谐发展权。它是既满足当代人的需要，又不对后代人满足其需要构成危害的和谐发展权，是一种既着眼于现在，更加着眼于未来的协调发展权。实现人与自然环境的友好相处，既是一场关系到人与自然和谐相处的"社会革命"，又是一场公民社会权的"深刻变革"。这种深刻变革，由过去资源环境的改造者和征服者，转变为现在和谐相处的友好者、维护者和尊重者。首先，努力建设资源节约型社会。建设资源节约型社会是党的十六届五中全会的重大战略决策和长远战略方针。人均资源拥有量低是我国突出的基本国情。如我国人均土地面积仅相当于世界平均的33％，人均耕地面积仅相当于世界平均水平的43％。我国人均水资源量，仅为世界平均水平的27％。我国不仅存在人均占有资源偏低的问题，而且资源的利用率低下。我国综合能源利用效率仅为33％，是世界上单位能耗最高的国家之一。我国的资源浪费严重，国内资源供需矛盾加剧，资源对外依存度不断升高。因此，加快建设资源节约型社会，事关现代化建设进程和国家安全，事关人民群众的福祉和根本利益，事关中华民族的生存和长远发展。只有努力建设资源节约型社会，促进生态文明建设的全面协调发展，才能不断满足广大人民享受绿色生态环境权利的需要。其次，努力建设环境友好型社会。党的十六届五中全会第一次把建设环境友好型社会确定为国民经济与社会发展中长期规划的一项战略任务，这是紧密结合我国国情，借鉴国际先进的发展理念，按照落实科学发展观、全面建设小康社会和构建和谐社会的要求所作出的一项重大决策。环境友好型社会是靠人与自然和谐发展来促进人与人、人与社会的和谐。建设环境友好型社会，就是要以环境承载力为基础，以遵循自然规律为准则，以绿色科技为动力，倡导环境文化和生态文明，构建经济社会环境协调发展的社会体系。环境友好型社会既是一种环境伦理观念，也是经济社会发展和环境保护的实践指南，还是现代公民享受绿色生态环境的权利和价值选择。只有努力建设环境友好型社会，促进生态文明建设的全面协调发展，才能不断满足广大人民享受绿色生态文明权的需要。

17. 科学发展观视野中的善治理念

一、善治理念是对统治理念的辩证否定

科学发展观视野下的善治理念，首先是对统治理念的辩证否定，彰显了马克思主义批判继承的科学态度。

1. 善治理念的由来和实质

善治理念直接产生于现代公民社会的公共事务管理实践。善治（Good Governance）是指通过政府与公民及政治国家与非国家或非政府所属的民间组织和民间关系对公共生活的合作管理和伙伴关系，以求达到公共利益的最大化的社会化治理过程。"善治思想第一次是被诸如世界银行（the World Bank）、国际货币基金组织（the Inter national Monetary Fund）之类的国际金融组织直接应用于社会化治理过程中的。"[①] 善治根源于传统国家的统治和善政概念。善政（Good Government）概念从国家及其政府产生之时起便已成为人们期待的理想的政治管理模式。善政的内容，无论在中国还是在外国，在古代还是在现代，主要由以下几个基本要素构成：严明的法度、清廉的官员、很高的行政效率、良好的行政服务等[②]。

善治理念超越传统善政理念有其深刻的现实根源。首先，随着经济市场化的深入发展，现代公民社会的政府行为已在社会的许多领域失去干预的能力和效力，为国家或政府之外的民间组织与政府进行合作和共同治理创造了条件。其次，经济全球化和世界多极化的发展使得跨国公司和跨国组织日益影响到民族国家的主权及其政府权力，需要一种结构更加合理、范围更加广

---

① Knack, Steve and Mark Kugler, Constructing and Index of Objective Indicaors of Good Governance, World Bank, 2002。

② 俞可平：《论政府创新的若干基本问题》，《文史哲》2005 年第 4 期。

泛的新的权力模式。再次，随着政治民主化得到越来越广泛的认同，政府权力和国家职能不可避免地面临着向公民社会的转移和替代，呼唤一种更加关注民生，更能体现民意，更加尊重人权的新的治理方式。最后，公民社会在这个时期也日益壮大，其非官方性、自愿性及在政治、管理和财政上的独立性都决定了它将在整个社会管理中扮演重要角色。由此，善治理念便应运而生了。

善治理念的实质是国家公共权力与公民基本权利的和谐互动，其向度是国家公共权力向公民社会的个人基本权利转移，即还权于民，权为民所用。这是建立在政府与公民相互合作基础之上的一种新的社会互动式的公共治理方式。善治的基本要素包括：合法性，指社会秩序和权威被自觉认可和服从的性质和状态；法治性，即法律是公共政治管理的最高准则，法律面前人人平等；透明性，指政治信息的公开性；责任性，指管理者应当对其行为负责，对社会和他人负责；回应性，即公共管理人员和管理机构必须对公民的要求做出及时负责的反应；有效性，主要指公共行政事务管理的效率高和效果佳；参与性，这里的参与首先是指公民的政治参与，此外还包括公民对其他社会生活的参与；稳定性，主要指社会的政局稳定，生活的有序，居民的安全，公民的团结，公共政策的连贯性等；廉洁性，主要是指政府官员奉公守法，清明廉洁，不以权谋私；公正性，指不同的性别、阶层、种族、文化程度、宗教和政治信仰的社会公民，在政治权利、经济权利和文化权利上都享受同等的公正与平等的人格尊严。贯穿于十个基本要素的逻辑主线和轴心则是以人为本的善治理念的本质规定，这是科学发展观视野下的善治理念的根本出发点和落脚点。

2. 善治理念对统治理念的辩证否定

分析传统国家的善政可知，善政只是揭示了臣民对于君主统治者善良的治理期待，但没有深入探究达到这种理想状态的路径和方法。这是因为，善政实质上是统治阶级下的统治善政，无法摆脱单纯依靠政治统治的局限性。统治（Government）是指经济上最强大的、占优势地位的阶级，为维护和强化既定的政治关系与社会秩序，通过国家权力对全社会所进行的一种强力支配与控制。统治的核心问题是权威与服从的关系问题，代表统治阶级行使政治统治的机构拥有至高无上的权威，而被统治阶级及全体社会成员则必须服从这种权威。现代民主国家下的善政虽然是政府统治的最佳状态，但它所关注的仅仅是政府本身，无法从源头上解决达到这种政府善政的基础何在的问题，忽视了社会中更广泛、更基础的决定性群体——社会公民，忽视了这一群体对理想社会状态的达成所具有的决定性作用。

善治则是从社会管理的主体和基础出发，是对统治的辩证否定。统治的主体是政府，公民只能被动地服从，政府的权力凌驾于公民之上。而善治则强调政府与公民社会的互动合作，人民是国家的主人，一切权力属于人民，国家公共权力与公民基本权利和谐互动。它不仅看到政府权威对社会秩序和公共事务的作用，更注意到公民社会自身所起的决定作用，管理社会的主体更多地移向公民社会，主张打破传统统治模式，分散政府公共管理的权力，以公民社会的自我管理为基础，进一步加强公民社会与政府的合作。善治理念在原有的善政基础上，更加深入地探究了达到理想社会管理状态的方法和途径，摆脱了统治框架下的善政局限性，特别提出主权在民和公民至上的民主和法治是通向善治最根本的途径和基石，只有健全的法律体制才能有效限制政府的公共权力和保障公民的基本权利，以及保证公民充分运用他们参与政治的自由平等权利。而公民只有在具有这种足够的政治权力参与选举、决策、管理和监督的情况下，即在充分的民主政治条件下，才能促使政府实现它的所谓善政和与公民一道形成公共权威与公共程序，即善治。这样，善治就与民主和法治有机地结合起来，从根本上保证了善治理想实现的可能性。由于统治单纯依靠政府的力量，忽视法治与民主政治对社会公共管理的基础性作用，无法达到人们理想的社会管理状态。这是善治理念对统治理念自我否定、自我更新、自我发展的根本点。

二、善治理念是对治理理念的超越和升华

科学发展观视野下的善治理念，不仅是对统治理念的自我否定、自我更新、自我发展，而且是对治理理念的超越与升华，从而彰显了马克思主义的革命批判本质。

1. 治理理念的科学内涵

"所谓治理（Governance）是指在一个既定的范围内运用权威维持秩序，满足公众的需要。治理的目的是在各种不同的制度关系中运用权力去引导、控制和规范公民的各种活动，以最大限度地增进公共利益。"① 治理是一种公共管理活动和公共管理过程。治理理念兴起的直接原因是市场的失效和政府效力的不足。无论是单纯依靠市场还是单纯依靠国家的计划和行政命令都无法达到资源配置的最优化，更无法实现整个社会利益的最大化。因此，治

---

① 俞可平：《权力政治与公益政治》，社会科学文献出版社2003年版，第133页。

理理念作为可以弥补国家和市场在资源配置中出现的不足的手段而被越来越多的人所接受和认可。

2. 治理理念与统治理念的区别

治理作为一种政治管理过程，与统治一样都希望能够维护正常的社会秩序，但它们之间又存在明显的区别。

首先，治理与统治的权威来源不同。统治的权威来源于政府统治的主体，即国家的公共机构。政府拥有绝对的权威，对国家事务进行统一规划和管理，公民对于政府下达的命令只能无条件地服从。而治理的权威来源则可以是公共机构、私人机构或公共机构与私人机构的合作。政府不再将权力集中在自己手中，而是分散到公民社会，根据市场原则，由公民社会对自己进行管理或与政府进行合作管理。

其次，治理与统治在管理过程中权力运行的向度不同。政府统治的权力运行向度是单一的自上而下，借助于政府权威，通过统一制定政策，下达行政命令对公共事务进行管理，是一种强制实施，而非认同基础上的自愿服从。而治理则是一个上下互动的管理过程，依靠合作网络的权威，通过在合作网络中的互动，确立认同和共同目标，对公共事务进行管理。

最后，治理与统治的管理范围不同。政府统治的范围是以领土为界的民族国家，它与国家主权密切相关，是在一个主权国家范围内政府行使的管理公共事务的最高权力。治理涉及的对象的范围则要广泛得多。治理的对象可以是一个公司，一个社区，一个国际间区域组织，还可以延伸到整个全球。它不再局限于国家的领土范围内，民族国家的疆界变得模糊不清。跨国公司的出现便需要一种全球治理。

3. 善治理念对治理理念的超越与升华

通过以上对善治与统治及治理与统治关系的分析，可以看出，传统的统治理念已经不能适应现代公民社会的发展需求，必须寻求一种更加合理的社会管理方式来实现整个社会的和谐发展。善治理念对治理理念的超越与升华具有历史的必然性。这种超越与升华主要表现在以下三方面：

首先，表现在其所起的作用上。治理理念是在某一特定范围内如何运用官方的或民间的公共管理组织的权威来维持秩序，满足公众的需要。治理所研究的是组成社会的各个子系统，更多地以本系统的利益为出发点，通过与相关系统的合作，协调求得本系统的利益最大化，希望由此达到社会总体利益的最大化。但在这一过程中，它们的活动在总体上对整个社会会造成什么样的后果往往放在考虑的次要地位。而善治的着眼点则是整个社会，它所追求的是整个社会公共利益的最大化。它所进行的公共管理活动可以在某个特定领域进行，但不局限于某个特定领域，而是从全局出发，寻求整体利益的最优化。

其次，表现在参与的主体上。治理更侧重于组织与组织之间的协调，是一种合作和伙伴关系。拥有主动权的是各个不同层面上的组织的权力中心。善治则更加侧重于公民本身。是政府与公民社会的协调互动，更加强调通过每个公民代表自己或通过组织参与和监督整个社会的管理来求得公共利益的最大化。

最后，体现在所涉及的层面上。"治理是为了弥补国家的不足和市场的失效而产生的，但它同时存在着这两方面的局限性"[1]，它不能代替国家行使政治暴力，同时不能代替市场自发地对资源进行合理配置。它是在市场原则下，实施更具体的管理的过程，而没有深入涉及国家的制度层面。善治则从根本上对制度进行优化，主张通过建立健全民主法治制度从根本上树立和保障公民政治参与的权利，使政治制度更加完善，从而达到整个社会的和谐和利益最大化。

综上所述，科学发展观视野下的善治理念突破了传统统治理念的束缚，超越了治理理念的局限性，在国家公共权力与公民基本权利和谐互动的内在本质上，彰显了以人为本的根本理念，遵循了一条以人为本和全面的、协调的、可持续发展的治理主线。从这个角度上看，贯彻落实科学发展观的根本目的是要实现经济社会和人的全面发展，同善治所要达到的使公共利益最大化的目标具有异曲同工之妙。

三、科学发展观视野的善治理念

科学发展观视野下的善治理念，不仅赋予善治理念以崭新的时代内涵，而且实现这种被赋予新内涵的善治目标的途径和方法也被赋予了崭新的内容。

1. 以人为本的新内涵

人是社会的主体，是全部人类活动和社会关系的主体，社会发展实际上就是人的发展。因此，善治所主张的通过政府与公民、政治国家与非国家或非政府所属的民间组织和民间关系，对公共生活的合作管理和建立伙伴关

---

[1] Daniel Kaufann, Rethinking Governance, Empirical Les sons Challenge Orthodoxy, World Bank，2003.

系，以达到公共利益的最大化，实际上就是以人的利益为根本出发点，通过人，依靠人，最终实现人的利益的最大化。这与科学发展观中的以人为本的本质是相同的。以人为本，就是一切以人民群众的需要为根本出发点，促进人的全面发展，实现人民群众的根本利益。以人为本作为科学发展观的本质和核心内容，集中表现为：一是关注人的价值。把关注和提高人的价值作为一切政策措施和制度安排的价值源泉。一切从人的特点和实际发展阶段出发，研究社会中人们之间社会关系的规律，并按照这个规律制定科学的制度和规范，由此促进人的利益的最大化。二是尊重人的权益。尊重和保障公民的政治权利、经济权利和文化权利，其中，尊重和保障公民在政治上的知情权、自由平等的参与权、选择权和监督权是以人为本的重要内容。三是提升人的境界。重视人的需要，关爱人的精神家园，及时帮助人民解决生产生活中遇到的困难，提高人民的物质生活水平；不断满足人民日益增长的精神文化需求，提高人民的认知、实践和创新能力，实现人的价值。四是依靠人的力量。人民群众是历史的创造者，是推进改革开放和社会主义现代化建设的根本力量。只有相信并依靠群众，始终站在最广大人民的立场上，最广泛地动员和组织人民群众依法参与管理国家和管理社会事务，才能最大限度地维护和实现人民群众的根本利益。2006年4月22日，胡锦涛在耶鲁大学的演讲中精辟地指出："今天，我们坚持以人为本，就是要坚持发展为了人民、发展依靠人民、发展成果由人民共享，关注人的价值、权益和自由，关注人的生活质量、发展潜能和幸福指数，最终是为了实现人的全面发展。"

2. 和谐互动的新内涵

善治是政府与公民对公共生活的合作管理，是二者间的一种新型关系。这是政治权力日益从政治国家返回公民社会的一个过程，是国家公共权力与公民基本权利的和谐互动。国家的公共权力是有国家强制保障的公共团体及其负责人以维护公共利益为目标，在其职务上拥有的权力；而公民的基本权利是没有强制力保障，普通公民个人所拥有的权利。国家的公权力与公民的私权利之间存在着对立统一的关系。首先，国家的公权力来源于公民的私权利，"任何国家权力无不是民众的权力（权利）让渡与公众认可作为前提的"①。其次，国家的公权力是公民私权利的保障和后盾，国家强制力是人民权利的保障。再次，国家的公权力与公民的私权利都是法律的主要内容，没有法律对权利的规定及保障，权利便无从说起，法律的主要内容也无非是

---

① 卓泽渊：《法治国家论》，中国方正出版社2001年版，第38页。

授予权力、规范权力和限制权力。显然法律同权力与权利无论在内容还是形式上都是统一的。

国家公共权力与公民基本权利的和谐互动是在实施依法治国方略,推进法治的进程中得以实现的。为了实现公权力与私权利合理的配置,国家在制定法律时要始终坚持把公民权利放在首位。国家利益、公共利益的实现不能以牺牲个体利益为前提,必须通过合理的法律制度,限制权力行使的范围,用制度保障公民权利,并对国家权力进行抑制和监督。而在具体实施过程中,只有坚持这样一条原则,即对于国家的公共权力来说,法律有明确授权的必须依照法律执行,法律没有授权的不得执行;而对于公民的基本权利来说,凡是法律没有明文禁止的都是公民应当享有的权利。这样才能真正做到保持国家公共权力与公民基本权利的平衡与和谐。

3. 协调发展的新内涵

善治所要实现的公共利益最大化,是社会的各个领域内部及相互间利益的协调及最大化。党的十六届三中全会提出的"统筹城乡发展、统筹区域发展、统筹经济社会发展、统筹人与自然和谐发展、统筹国内发展和对外开放",充分体现了善治的内容。这是一种全面、协调、均衡、可持续的科学发展观,更是以人的全面发展为目标的科学发展观。"五个统筹"是以经济、政治、文化和人的全面发展为内容,力求实现社会主义物质文明建设、政治文明建设、精神文明建设和社会建设的整体推进。经济是社会发展的基础,政治是社会发展的保证,而文化是社会发展的先导,三者相互渗透、相辅相成。"五个统筹"揭示了协调发展的道路,即坚持经济、社会、自然的协调统一。经济发展是人类社会发展的基础,但经济的增长并不等同于发展。如果单纯追求经济的增长,忽视政治、文化的协调发展,甚至以自然资源的滥用和生态环境的破坏为代价,人类必然会自食恶果。"五个统筹"的一个重要目标是解决城乡之间、地区之间发展不平衡问题,形成资源相互配合、相互影响,速度与效益兼顾的社会形态。要处理好城乡间的关系,就要充分发挥城市对农村的带动作用和农村对城市的促进作用,从根本上消除城乡二元结构。我国的东部地区由于地缘优势和国家政策的支持先于中西部地区快速发展了起来,地区间的协调发展是要通过发挥先进地区对落后地区的带动和辐射作用,最终实现各地区共同发展,共同富裕。

4. 公平正义的新内涵

民主法治是实现善治的前提条件和根本保障。这是善治关于公平正义的内涵。党的十六届六中全会明确指出,社会公平正义是社会和谐的基本条件，制度是社会公平正义的根本保证，必须加紧建设对保障社会公平正义具有重大作用的制度和机制，保障人民在政治、经济、文化、社会等方面的权利，引导公民依法行使权利、履行义务。科学的程序为善治的实现起着重要的保障作用。只有健全民主法治，公平正义的社会才是真正和谐的社会。因此，民主法治成为和谐社会的六大特征之首。

民主与法治是一个事物的两个方面，二者密不可分。社会主义民主需要社会主义法治的保障，而社会主义法治的内涵即是社会主义民主。随着经济的发展和社会的进步，我国不断进行法律改革和司法改革，立法更加民主化、科学化，明确规定了各权力主体行使权力和职能的范围及运作程序，对权力的权限进行合理限制。在确定权力主体的权力的同时，明确其可以依法追究的责任。司法主要是通过对公权力进行审查来纠正违法的权力行为并对造成的损害给予补救。我国的司法高度重视公正和效率，并正朝着更加民主、维护人权、公开透明和服务社会的方向前进。

民主法治只有在科学、公开和法治化的程序下运行才能真正实现。程序设置要坚持公开化、合法化，并对程序进行监督。对于公共事务的决策，无论在内容还是程序上都要求具有合法性。程序从设置、执行到结果都需要监督，而对程序设置的监督，也必须遵循一定的监督程序。

5. 高效廉洁的新内涵

善治的基本要素之一即为廉洁。反腐斗争必须坚持标本兼治，综合治理，既要狠抓治标，坚决查处违法违纪行为，严厉惩处腐败分子，更要加大治本力度，从源头上预防和治理腐败。为此要从四个方面加以努力：加强思想政治教育特别是廉政教育，增强党员干部拒腐防变的能力；健全法治，保证党风廉政和反腐败斗争的有序开展；强化监督，建立健全权力制约机制；深化改革，减少和消除滋生腐败的条件。这是我们党在新形式下对反腐倡廉规律认识的进一步深化，是党提高执政能力的重大举措。

高效廉洁的实质是制度性的建设过程。科学完善的制度是和谐社会的重要标志，加强制度建设是构建和谐社会的根本保证。要通过加强党的执政能力建设，强化党内民主与监督；加强国家审计监督的功能和效率；建立规范的公务员制度，实施"阳光工程"；提高司法部门的相对独立性。通过反腐制度的创新，有助于增强政府工作的透明度，增强政府官员的责任感，提高政府效率，强化法治观念，提升公民参与意识，这是实现善治的必经之路。

6. 和谐惠民的新内涵

善治的根本目标是实现整个社会的协调发展和公共利益的最大化，促进人的全面发展和社会的全面进步。人类所追求的理想的社会形态是和谐美好的社会。和谐社会是在国家权力和公民权利的互动下所形成的一种"和谐",它把公民的地位上升到了新的高度,把公民的需要放在首要地位,肯定公民构建和谐社会的根本决定性作用。这种国家与公民和谐互动的社会模式可以理解为:一个充分尊重人权的社会,这是和谐社会的基石;一个公民社会,这种社会的自治能够有效抵御国家公共权力边界的过度扩张;一个法治社会,只有健全有序的法治才能充分保障公民权利。只有这样,才能真正催生公民意识,完善公民社会,达成真正和谐。

党的十六届四中全会指出,要适应我国社会的深刻变化,把和谐社会建设摆在重要位置。而和谐社会只有通过善治这种治理模式才能得以真正实现。我国在总结实践经验和教训的基础上,从国情出发,贯彻落实科学发展观,构建和谐社会,这是对善治理念的生动运用。但是,在具体的实施过程中,在国家和社会各个层面上依然存在着许多问题和缺陷,这就有待于国家和公民社会的共同努力,以期最终实现理想的善治状态。

总之,科学发展观视野下的善治理念,新就新在从方法论的高度,科学地规定了善治为了广大人民群众利益、善治依靠广大人民群众力量、善治的成果惠及全体人民,它不仅包含了善治"为了谁"的人民利益价值内涵,而且规定了善治"依靠谁"的实践利益价值主体,不仅强调党要坚持为最广泛的人民群众根本利益谋善治,而且强调党要关注最广泛民生、尊重最广泛民意、集中最广泛民智,最广泛、最充分地调动一切积极因素,实现整个中华民族的大团结,实现全面建设小康社会的宏伟目标,实现中华民族的伟大复兴。这是科学发展观视野下的善治理念之真谛。

18. 和谐社会的休闲权

关注和提高人民的幸福指数，尊重和保障人权，这是构建社会主义和谐社会，坚持以人为本科学发展观的核心内容和本质要求。在提高人们生命质量、生活质量、发展潜能和幸福指数的过程中，休闲作为其重要内容正在发挥着越来越大的作用。随着休闲时代的到来，休闲作为基本权利日益引起人们的高度重视，反映了人们的内在需求。当今中国社会日益兴起的休闲权，被赋予了和谐社会以人为本的新内涵，人民群众休闲权的兴起不仅是和谐社会的重要标志，而且日益彰显其和谐社会的时代价值。

一、和谐社会休闲权的基本内涵和法理依据

"休闲权"成为人权中的一项基本生活权利，它既是现代社会文明进步的产物和标志，而且是和谐社会的重要标志和时代价值。休闲从贵族阶层、有闲阶层的特权，到1948年《世界人权宣言》规定的"所有人都拥有休闲的权利"，这期间经历了漫长的曲折历史发展阶段。当今中国社会日益兴起的休闲权，被赋予了和谐社会以人为本的新内涵，人民群众休闲权的兴起不仅是和谐社会的重要标志，而且日益彰显其和谐社会的时代价值。

1. "休闲权"的基本内涵

休闲的源头与人类文明史一样久远。英语中"leisure"的起源与古希腊中表示休闲的词语"schole"或拉丁语中"licere"有关。"schole"表示宁静、和平、休闲、自由时间等意义，其中的"闲"与"自由"指的不仅仅是时间的概念，更是指必须从劳动中解放出来的无拘无束的状态。中文的"休"字是由"人"与"木"所组合，其意象为人倚着树木或人坐在树下休闲。因此，"休"有休息、休憩、休养等暂停劳动的意思。"闲"字在中文的繁体字也被写作"閒"，即由"门"与"月"组合而成，其意象为家中一轮明月，或独处静思，或与家人相聚。所以，"闲"有安闲、闲适、闲逸等

意思。

人类对休闲的认识既有历史文化的传承,更有与时俱进的发展变化。公元前3世纪,被西方休闲学家奉为"休闲学之父"的亚里士多德阐述了快乐、幸福、休闲、美德和安宁生活等休闲问题。亚里士多德认为休闲就是一种深思的状态,认为休闲是一种不需要考虑生存问题的心无羁绊的状态,亦即古希腊哲学家所推崇的沉思、从容、宁静和忘我。因此,是对意识、精神、个性的开发。他把休闲誉为"一切事物环绕的中心"。他说:"人唯独在休闲时才有幸福可言,恰当地利用闲暇是一生做自由人的基础。"

马克思眼中的"休闲",一是指"用于娱乐和休息的余暇时间";二是指"发展智力,在精神上掌握自由的时间"。"休闲"就是"非劳动时间","不被生产劳动所吸收的时间"。① 在马克思看来,休闲是人的生命活动的组成部分,是社会文明的重要标志,是人类全面发展自我的必要条件,是现代人走向自由之境界的"物质"保障,是人类生存状态的追求目标。人类想要获得自由,首先必须赢得休闲时间。"我们的目的是要建立社会主义制度,这种制度将给所有的人提供健康而有益的工作,给所有的人提供充裕的物质生活和闲暇时间,给所有的人提供真正的充分的自由。"②

传承人类对休闲认识的优秀成果,把握当今中国的休闲趋势。我们认为,和谐社会以人为本的休闲权,首先是一种和谐人的和谐生活方式。和谐社会休闲的最终目的是为了提高人的生活品质,包括身心和精神上的愉悦,休闲的表现形式和方法是"自己喜欢的方式"或自由、自觉的生存方式和生存状态。同时,和谐休闲又是一种和谐社会的权利,和谐社会的休闲权是人依其和谐社会的自然属性和社会属性所应当享有的休闲权利,其核心是与社会主义和谐社会特定历史条件相联系的人之为人的休闲生活方式和休闲自由度,追求精神上的愉悦与充实,力求达到提高生活质量的目的,本质在于人的自由生命权、幸福权的自由体验。因此,和谐社会人的休闲权同人的生命权、幸福权等权利,不仅一起构成和谐社会人权的重要内容,而且成为当今中国人权发展的一种崭新趋势。不仅是和谐社会的重要标志,而且日益彰显其和谐社会的时代价值。

2. 休闲权的国际法理依据

休闲作为一种权利,不仅是当今广大发展中国家的新趋势,而且有着深

---

① 《马克思恩格斯全集》第26卷,人民出版社1975年版,第28页。
② 马克思:《政治经济学批判》(1857—1858年手稿),人民出版社1972年版,第2页。

刻的国际法理依据。早在1948年联合国《世界人权宣言》第24条"闲暇权"中就有了明确规定:"人人享有休息和闲暇的权利。"除24条之外,体现休闲思想和休闲权利的条款还很多,例如第27条"文化生活权"第一款:"人人有权自由参加社会的文化生活,享受艺术并分享科学进步及其产生的福利。"联合国于1966年12月还通过了《经济、社会和文化权利国际公约》,第7条款要求各国保证任何人"有休息、消遣、合理的工作时间和有薪休息日的权利"。《世界人权宣言》中的休闲权条款促进了世界休闲运动的发展,并催生出《休闲宪章》。1998年10月30日,世界休闲组织联合拉丁美洲休闲与娱乐协会、圣保罗服务组织在巴西圣保罗召开了第五届世界休闲大会,重申了《世界人权宣言》和《休闲宪章》,通过了《圣保罗宣言》,其休闲权的条款是:所有人都拥有通过公平和稳定的经济、政治和社会政策获得休闲的权利;所有人都有在休闲中举行及分享我们的多样性活动的机会和需要;所有的政府和机构都应该保护及创造文化的、技术的、自然的和建设等方面的自由环境,使人们从中获得举行和分享休闲的时间、空间、设施和表达的机会;集体与个人的努力应该被允许用来保持休闲的自由和完整性;所有政府应当制定和实施向所有人提供休闲的法律和政策;所有的公私部门都应当考虑由全球化带来的地方性、全国性、国际性后果所引起的、威胁休闲多样化计划和休闲质量的因素;所有的公私部门,都应该考虑威胁个人滥用和误用休闲的因素,例如由地方性、全国性和国际性势力所导致的异常行为和犯罪行为;所有公私部门都应该确保那些向学校和社区系统提供休闲教育课程(或项目)以及培训相关志愿者和专业人力资源的项目的政策得到贯彻实施;致力于实施一项持续的、一致的研究计划,使我们对全球化影响休闲的后果有更深入的理解;致力于传播全球化某些影响深远的因素给休闲带来的代价与好处的信息。

2000年7月在第六届世界休闲大会上,根据人们劳动时间和休闲时间的重新组合和分配,世界休闲组织再次修改了《休闲宪章》。这是对《世界人权宣言》闲暇权的具体展开。主要条款是:所有的人都拥有进行与他们同胞的社会规范与价值相一致的休闲活动的基本人权;所有的政府都有承认和保护公民这一权利的义务;为提高生活质量所提供的闲暇与健康、教育等一样重要,政府应当确保公民得到最高质量的休闲与娱乐的机会;个人是自己最好的休闲与娱乐资源,因此政府应当确保提供获得这些休闲技术与知识的途径,使人们最优化他们的休闲体验;个人可以利用休闲机会来实现自我,发展私人关系,增进社会团结,发展社团与文化特性,促进国际间的了解与合作，提高生命质量；政府应该通过保护国家的自然、社会和文化环境的质量，确保未来实现休闲体验的可能性；政府应该确保训练专业人员来帮助个人获得休闲技术，发现和发展他们的才能，扩大他们休闲与娱乐机会的范围；公民必须拥有获得所有形式的关于休闲性质和机会的休闲信息，利用它们来提高知识并影响本地和全国政策的制定；教育机构必须尽最大努力传播休闲的本质与重要性以及如何将这些知识溶入个人的生活方式中。国际休闲权条款的具体规定，为各国休闲权的维护和保障提供了坚实的国际法理基础。

二、休闲权是当今人类社会发展的历史必然

人类社会发展的最基本道理就是人们在丰衣足食、安居乐业之后，更多的追求便是向往富有意义的精神生活，每个人都想在充分的闲暇时间中享受文化、科学、艺术、社交等一切有价值的活动，并在休闲中享受自由和创造的快乐。从心理学的角度看，当人的基本需要得到满足之后，便会自然而然地转向高层次的需求，诸如归属、情感、尊严、尊敬、赏识、荣誉等。过去，休闲只是贵族阶层、有闲阶层的特权；今天休闲作为人权中重要组成部分它属于所有的人。这是不以人的意志为转移的历史必然趋势。

1. 休闲权时代的到来是当今信息社会发展的新趋势

当今的休闲权时代是当代信息社会的必然产物。科技信息的飞速发展自动地产生了当代闲暇与休闲权时代的到来。社会越是科技信息化、智能化，休闲作为解决现代社会问题的手段就越重要。现代信息社会的特点是：信息技术飞速发达、智能化水平不断提高、人的寿命延长、劳动时间缩短、自由时间增加、失业增加和提前退休等等，现代信息社会的特点不同于以前的工业社会，在信息社会，随着社会整体结构的变化，每个人会有更多的闲暇时间。将来休闲时间不再取决于人们的选择，而是作为基本权利被赋予人们，而且休闲作为提高生活质量的核心因素其作用也越来越大。日本休闲开发中心宣布人类社会已经到了休闲时代。雷比指出："到目前为止美国经历了三次大革命。第一次是18世纪美国独立的政治革命；第二次是20世纪前后的大批量生产革命；第三次是20世纪50年代以后的休闲革命。"① 而休闲革命则是从最根本上改变人类价值体系及生活方式的契机。

---

① ［韩］孙海制植著，朴松爱、李仲广译：《休闲学》东北财经大学出版社2002年版，第72页。

18. 和谐社会的休闲权

信息社会的到来，生产力的巨大发展，使休闲的地位得到提高。从经济的角度看，经济生活的提高会导致恩格尔系数的下降和个人可支配收入的增加，与休闲相关的支出也会相应增加。因而文化费用、旅游费用等非日常生活费用的比重就会提高。在韩国，教育娱乐费用占城市家庭总支出的比重从1980年的1.85%增加到1990年的4.7%和1995年的5.3%以及2000年5.3%，保持继续增长的趋势。以美国1990年为例，全美国消费者在娱乐性商品和服务方面总共花掉了2800亿美元，占全部消费开支的7%。尽管2800亿美元已经是很可观的一笔钱了，但这只是全部休闲消费的一小部分。实际上大部分的休闲支出被归到了其他类别中。如果把其他类别开支中休闲因素的开支加起来，用于休闲的花销会轻松地超过10000亿美元，大约占全部消费支出的三分之一。在这种靠消费驱动的经济模式中，休闲已成为美国第一位的经济活动。从自由时间的角度来看，信息社会使劳动生产率获得了空前的发展水平，社会必要劳动时间不断缩短，闲暇时间相应增加。20世纪90年代，人们已经可以有41%的时间享受各种消遣。托夫勒预言，进入"第三次浪潮"社会后，人们每周工作时间将缩短到25小时。目前，北欧一些国家已实行每周35小时或37小时，预计21世纪初将缩短到30小时。到21世纪中叶，人类每周占有的闲暇时间还将进一步增多。工作时间趋于逐渐缩短，闲暇时间趋于逐渐增多，将对人类生活产生深刻影响。从技术的角度来看，科学技术的日益发达，先进运载工具、通讯工具等运算工具的变革，使交通手段变得越来越快捷化和舒适化，通讯的发达，电视等媒体数量的增加和各种娱乐设施的出现都深刻影响着休闲，它使人们可以在更多的领域去选择休闲的生活方式。随着信息时代的来临，未来社会将会以史无前例的发展速度向前迈进。2015年前后，世界将进入"休闲时代"，休闲将成为人类生活的重要组成部分。据美国权威人士预测，休闲、娱乐活动、旅游业将掀起下一个经济大潮，并席卷世界各地。随着新技术和社会劳动生产率的提高，人的一生将有50%的时间通过休闲时间来度过。

2. 休闲权的兴起更是我国构建和谐社会的必然趋势

休闲现象在我国计划经济年代非常稀少，一是因为闲暇时间总量较少，二是闲暇服务供给短缺，三是满足生理需要仍是人们生活中的头等大事。20世纪90年代末期，当中国人民告别了贫困、解决了温饱、开始向全面建设小康社会迈进之后，休闲作为提高人们生活质量的重要因素开始得到越来越多人的关注。由于人民生活水平的不断提高，物质的极大丰富、闲暇时间总量的大幅度增加，休闲需求变得极为旺盛，人们开始注重休闲消费，参与休闲和旅游的人急剧增多，每年以20%的速度增长，黄金周的旅游大军成为中国休闲的一道亮丽的风景，各地休闲项目的开发也一浪高过一浪。休闲浪潮的到来预示中国进入了一个新的发展阶段。特别是休闲权的兴起更是我国构建和谐社会的必然趋势。

当今中国休闲权的兴起有两个基本标志，一是有闲暇时间，二是有闲暇资金。改革开放以来，我国居民的可自由支配收入与闲暇时间基本上实现了同步增长。首先，从闲暇资金看，在消费领域完成了从满足人们的生存需求向追求精神生活需求的转变。20世纪80年代是人们满足生存需求的时期，这个时期人们的主要任务是解决温饱问题。20世纪90年代末期至21世纪的头20年，是人们基本解决物质需求后的精神生活需求时期，这个时期人们解决了温饱，告别了贫困，开始了全面建设小康社会的新时期。从北京市2001年的统计来看，已经达到了人均收入3000美元，这是属于小康之上的社会了，东部发达的沿海城市可能早就达到了这个程度，上海、广州可能还会高出这个收入状况，中国一些城市和地区已经提前几年进入小康生活了。对物质欲望追求满足之后，人们将进入对自我实现欲望的追求，随着物质财富的不断提高，人们开始转向文化精神的消费与追求，更多的时间和钱财用于休闲，费用的投向也将发生明显地变化，闲暇的多少已经成为衡量生活水平和生活质量的尺度。其次，在闲暇时间方面，自1995年起国家实行五天工作制，1999年10月又实施"春节、五一、十一"三个长假日——我国已有法定假日114天。"根据国家统计局的数据，从总水平上看，我国居民1984年至1993年每年拥有闲暇数量为1392小时，1994年为1896小时，1995年为2472小时，1996至1998年为2616小时，1999至2001年为2688小时。"① 这意味着我们的三分之一时间是在闲暇中度过，实现了西方国家花了近100年的时间才达到的闲暇水平。这一国家行为表明我国已融入整个国际休闲文化的背景中，新的休闲观念促使我国休闲文化、休闲产业的不断发展。休假、出门旅游和户外活动等休闲生活已经成为中国老百姓生活中不可缺少的一部分，已经完全融入到生活方式之中。社会的法定假期、公共休闲政策、法规和制度也正在逐步健全，休闲正成为现代人的基本生活权利，这种权利是神圣不可侵犯的。

3. 休闲权日益成为人的自由全面发展的新需要

休闲的一般意义是指两个方面：一是消除体力的疲劳，获得生理上的和

---

① 李仲广、卢昌崇：《基础休闲学》，社会科学文献出版社2004年版，第72页。

谐；二是获得精神上的慰藉，营造心灵的空间。休闲的最大特点，是它的人文性、文化性、社会性、创造性，它对提高人的生活质量和生命质量，对人的全面发展有其十分重要的意义，因而休闲权就成为人们追求幸福之天赋人权的重要组成部分。

从消除体力疲劳的角度来看，只有人们充分的休息，才能以更充沛的精力和旺盛的体力去从事工作与创造。列宁曾说："不会休息就不会工作。"现代人的生活处境是：工作节奏快、竞争剧烈、内心压力和脑力劳动强度加大，精神上的困倦远远胜过体力上的疲劳，人们迫切需要具有调节精神作用的休闲活动。休闲作为人类生活的必要形式，无论它的内在价值、还是它的外在形式，都能使人在寓玩赏之中受到教益、受到陶冶、精神得到调节。休闲是一种对健康具有积极作用的活动，人们通过主动参与，使身体活动本身与人的心情相互协调，产生愉悦心情，而愉悦的心情又反过来巩固身体的健康，健康的身体使人更愿意也更有能力去创造休闲和享受休闲，也使人们对休闲体验更全面、更健全。这种相互的作用可以缓解人们的心理疲劳和精神压力，达到心身和谐统一。调节人的心理正是休闲的价值所在。从文化角度看，休闲是指人在完成社会必要劳动时间后，为不断满足人的多方面需要而处于的一种文化创造、文化欣赏、文化建构的生命状态和行为方式。休闲的价值不在于实用，而在于文化。它使你在精神的自由中历经审美的、道德的、创造的、超越的生活方式。它是有意义的、非功利性的，它给我们一种文化的底蕴，支撑我们的精神。因而，它被誉为"是一种文化基础"、"是一种精神状态，是灵魂存在的条件"。它是一种对社会发展的进程具有校正、平衡、弥补功能的文化精神力量。它包括情感、理智、意志、生理、价值、文化及所有组成行动感知领域的一切，也包括价值观、语言、思维方式、角色定位、世界观、艺术、组织等等。休闲作为一种特殊的文化形态，它正以渗透、融合、感染、凝聚、净化等多种方式影响人的社会生活和社会进步。因为它的意义不仅在于恢复体力，更重要的在于闲暇生活结出的美丽硕果——在于精神的调整与升华，在于人的广泛需要得到全面、完整、自由的发展。

从审美的角度看，休闲和审美之间有内在的必然联系。从根本上说，所谓休闲，就是人的自在生命及其自由体验状态，自在、自由、自得是其最基本的特征。休闲的这种基本特征也正是审美活动最本质的规定性，可以说审美是休闲的最高层次和最主要方式。从审美的角度看休闲，其最大的特点就是可以自由地愉悦人的身心。建立于审美境界之上的休闲情趣，或是休息、娱乐，或是学习、交往，它们都有一个共同的特点，即获得一种愉悦的心理体验，产生美好感。在理想休闲状态即生存的美好的审美境界中，生存没有附加、没有负赘；她不为贫所累，不为利所缚，能感到奋斗后的愉悦，能尽情地享受大自然赐给人间一切最美好的东西。她通过欣赏艺术、从事科学研究、享受大自然，不仅锻炼了体魄，激发创新的灵感，更重要的是丰富了人的感情世界，坚定了人追求真善美的信念，表达和体现人的高尚与美好的气质，人的生命质量得到空前的提高。

三、维护和保障公民休闲权的时代价值

从史前时代到今天，人类一直在渴望休闲。在中国人民告别了贫困、解决了温饱、开始迈入小康社会的今天，休闲已经走入了千家万户，成为人们提高生活质量和生命质量的重要途径。如何维护和保障广大人民群众的休闲权利，对于实现人的全面发展，构建社会主义和谐社会具有十分重大的时代价值。

1. "休闲"观念的深刻变革是维护和保障公民休闲权的前提

从上个世纪 90 年代中期，休闲开始走入中国许多人的家庭，并随着社会的进步发展，出现强劲的势头，休闲理论开始日益深入人心。然而，我们不能不看到，尽管近几年我国的休闲经济发展很快，但与休闲意识较发达国家相比还是趋于落后、休闲需求指向趋同、休闲供给单一、休闲产业发展滞后，特别是人们对于如何保障自己休闲的权利意识淡薄，由于各种因素，主动工作、被动休闲相当普遍，许多人的休假不能兑现，甚至连正常的双休日也无法保证，还有许多人自己主动放弃休假的权利，这和发达国家相比休闲权的意识差距很大。出现休闲意识落后的主要原因是许多人对"休闲"理解有观念上的偏差。在国人传统的观念中，人们崇尚刻苦耐劳，虽然偶尔也有休息，但那只是为了更好地工作，既没有把"休假"作为自己的权利来追求，更没有把"休闲"作为一件"正事"来看待。休闲观念上的偏差必然导致休闲意识的淡薄，而休闲意识的淡薄也必然导致对休闲权利的漠视。

一切变革始于观念的更新。要维护和保障公民的休闲权利，首要的根本问题是要自觉确立休闲权观念。切实要让人们深刻认识到休闲是全面发展自我的一个最好的生存状态。休闲，它可以提高我们的生活质量和生命质量，使我们的人生更充实、更精彩，是我们生活和生命中不可缺少的组成部分，它既是社会政治、经济、文化条件的时代产物，又是人自然属性和社会属性应当享有的神圣权利，是任何人不能侵犯和剥夺的。其次，要澄清一些错误

观念认识。休闲主要是通过各种形式发展自我,是社会赋予所有人的权利,不单是特权阶层、有钱阶层所拥有的特权;休闲不是"饱暖思淫欲"、"玩物丧志",更不是腐败、堕落的源头;要改变休闲就是消费、休闲不创造产值、休闲就是资产阶级生活方式、休闲就是富人一种炫耀式的挥霍性的错误认识等等。事实上,思淫欲的现象固然有,但它不是一个主流,更不是必然,它不能代表人类休闲的发展方向。

在我们面对闲暇时间日益增多的条件下,休闲需求越来越旺盛,如何引导好人们从事、享受有价值的休闲生活,改变人们的观念,增强人们的休闲意识和维权意识,对人们进行休闲教育是一个重要的途径。与发达国家、地区相比,我们在休闲教育方面差距是巨大的。20世纪50年代以来,休闲学或休闲研究在发达国家已先后走进高等教育的殿堂,休闲教育渐次普及,即使在东亚和东南亚地区,休闲教育也比较发达,港澳台地区几乎所有的高校都开设了休闲研究专业,而在中国内地,正规的休闲教育还几近空白。好在目前这种状况已经有所改变,中山大学地理科学与规划学院设立了旅游与休闲学系,东北财经大学旅游与酒店管理学院成立了休闲研究所,山东大学威海分校也成立了休闲研究所,休闲教育开始走进中国内地大学的课堂。这将是一个美好的开端,将对我们休闲观念的转变起到巨大的推动作用。它不仅将"休闲"这个早已深藏在我们中间的精灵重新发掘,并推崇到一定高度,而且更加促使我们思考幸福生活与和谐社会的意义。休闲势必将对人民的生活方式和观念起到颠覆性的作用。人们休闲的权利将会引起人们的高度重视,中国人民休闲的春天已经到来。

2. 维护和保障公民休闲权是构建社会主义和谐社会的重要内容

和谐社会的成功构建,是一项复杂的系统工程,需要整个社会系统的自主契合与全方位协同。马克思认为,休闲是人类生存的真正目标,现代化进程实际上可以看作是人类社会不断休闲化的过程。休闲在构建和谐社会中的地位是至关重要,在这当中,公民休闲权利的维护和保障是构建社会主义和谐社会的重要内容。

从人与社会和谐的维度看,首先,休闲权利是"民主法治"的必然要求。从民主政治的角度讲,广大人民群众需要有充分的闲暇时间从事民主政治素质的培养和参政议政的活动。从法制的角度来讲,我国的各项法律,对公民休闲的权利都有具体规定,如劳动者享有带薪休假的权利,企业和社会应该保证劳动者合法的休息和休养权利,但由于没有相应的体制和监管保证,宪法和法律规定在一些单位如同一纸空文,如何保障公民的休闲权利,就成为促进民主法制的必然要求。其次,公民的休闲权彰显和谐社会的"公平正义"。休闲权是民主社会中公民的基本人权之一,也是公民的根本利益所在,是神圣不可侵犯的;因为没有休闲,公民连起码的教育也无法接受,连起码的政治素质也难以培养,连起码的道德品质也不能获得。没有最广大人民群众充分而健康的休闲,就不可能有真正的正义和公平的存在。一个公平正义的社会,一定是一个全体公民共享休闲的社会,就是一个"民闲社会"。① 反之,没有实现全民共享休闲的社会,不能说是一个公平正义的社会。再次,公民的休闲权充分体现和谐社会的安定有序。符合和谐社会要求的社会建制,不能缺少休闲建制,因为休闲建制就是和谐的社会建制。休闲建制有个人、家庭、社区、集体和社会五个层面,哪一个层面的休闲都与社会的安定团结有着重要关系。处理好这些关系,有利于个人的身心健康,也是家庭社会安定的基础,从社会细胞的健康发展的角度促进整个社会的和谐秩序;有利于弘扬平等博爱的道德传统,和睦邻里朋友关系,促进社区团结友爱,造就充满创造活力的集体和健康向上的个人。保障每个公民的合法的休闲权利,在宏观上科学安排工作和休闲的时间,让更多的人拥有工作,更多的人享有休闲,努力建构"共有工作、共同富裕、共享休闲"的社会体制。这样,我们的社会就是一个安定有序的社会,一个和谐的社会。

从人与人和谐的维度看,首先,公民的休闲权能增进和谐社会的"诚信友爱"。没有闲暇时间,人们便难以学习礼仪,培养道德;没有浩然之气,难有平等博爱的大善德。休闲的实质就是使人"成为人"的过程;健康发展的休闲,便必然具有提升人的道德和人格境界的功能。公民的各种美德就在这种情境之中得以培养和展现出来。没有崇高的公民道德,便不可能有真正的和谐社会,而没有全民共有的闲暇时间和休闲活动,也便没有全面的公民道德的教育和培养。这是因为,闲暇时间是培养社会公德和家庭美德的必要空间,休闲活动是培养公民诚信友爱之不可或缺的重要途径。其次,健康的休闲权能激发创造活力。马克思指出:"增加自由时间,即增加使个人得到充分发展的时间,而个人的充分发展又作为最大的生产力反作用于劳动生产力。"② 休闲,就是充分发挥自己一切爱好、兴趣、才能和力量的时间和活动,自由的思想、理论和技术创造便有了必要的保障。科学史和文化史都表明,休闲与创造紧密相关,从人性根基上看,人人都有巨大的创造潜力,只

---

① 陈鲁直:《民闲论》,中国经济出版社2004年版,第56页。
② 《马克思恩格斯全集》第46卷,人民出版社1980年版,第225页。

是因为大多数人一辈子疲于奔命而难有时间和心情来想象、沉思和创造。发展休闲，使全体人民共有轻松的工作，共享休闲的时光和心情，在闲适的身心状态下，迸发创造的灵感和思想的火花。可见，充分而健康的休闲，是使和谐社会充满创造活力的必要条件。

从人与自然和谐的维度看，公民休闲权的维护和保障充分体现和谐社会的"天人和谐关系"，这是和谐社会在人与自然关系方面的要求和体现。休闲是人的内在生命的和谐、身心的和谐以及与大自然的和谐，和谐以及享受和提升这种和谐才是休闲的真谛。休闲主体与作为休闲之环境和对象的大自然之间，处于"采菊东篱下，悠然见南山"的和谐交融之境，这向来是休闲者追求的理想境界之一。这样，发展休闲，势必要求通过循环经济来发展清洁生产，通过更新生活观念过一种简朴的绿色生活，确保生态环境的完整性、丰富性和协调性。有学者曾经论证，休闲是环境哲学的中心观念，生态休闲即可持续的休闲才是真正休闲。这表明，公民休闲权的发展是符合生态规律的，必然导致人与自然的和谐相处，而这恰恰是和谐社会的重要特征。

3. 维护和保障公民休闲权是人的自由全面发展的必然要求

休闲权是以人为本的休闲本质规定。以人为本的实质就是以人民的利益为本，也就是以人民的权益为本。权益不仅包括劳动就业权益，而且包括人们的休闲权益，人们休闲权的维护和保障，实际上是在更高的境界上的人性的自我完善、自我愉悦、自我幸福。这是以人为本的人的全面发展与社会的全面进步的重要标志，也是每个个体公民内在幸福感的重要标志；公民个体作为社会劳动者在劳动过程中的幸福感是这个问题的一个方面，现在看来，一个更加重要、更能体现以人为本的方面，就是每个公民个体在休闲活动中的幸福感，而这个幸福感之于人的生命的最高境界可能是劳动的休闲化，也就是实现人们在劳动中的身心统一和超越性体验。显然这就是发展休闲的终极目的，也是以人为本的休闲本质规定。

就休闲权的人性而言，休闲就是人的自然属性、社会属性和意识属性相互作用的和谐状态及其层次的提升过程和境界，"休闲就是人的自然属性的和谐，人的社会属性的和谐，人的意识属性的和谐，以及这些和谐之境界不断提升的状态。总之，休闲是人性之自然、人性之必然，是人性之整体的、和谐的和充分展开的存在状态和境界，是人性系统演化的趋势和目标"①。

---

① 吴文新：《试论休闲的人性意蕴和境界》，《自然辩证研究》2004年第1期。

休闲是人的内在生命的和谐、身心的和谐以及与大自然的和谐；和谐以及享受和提升这种和谐才是休闲的真谛。休闲终将回归到它的人性本质上来，成为不受任何外在功利条件约束的真正人性内在的权利——也可以说就是"天赋人权"。

就休闲权的主体而言，休闲是最广大劳动人民的休闲，正如胡锦涛同志反复强调的"我们坚持以人为本，就是要坚持发展为了人民、发展依靠人民、发展成果由人民共享，关注人的价值、权益和自由，关注人的生活质量、发展潜能和幸福指数，最终是为了实现人的全面发展"。[①] 没有最广大人民群众充分而健康的休闲，就不可能是社会主义的最广大劳动人民的休闲权，那只能是极少数的特权阶层、有钱阶层、有闲阶层的吃喝玩乐的特权。因此，休闲权也是中国社会主义社会公民的基本人权之一，也是广大人民群众的根本利益所在。这既是以人为本的休闲权的最本质规定，又是以人为本的休闲权的价值目标。

---

① 《人民日报》2006 年 4 月 23 日。

19. 和谐社会的人权运行机制

十届全国人大二次会议第一次把"国家尊重和保障人权"的条款写进宪法，上升到国家意志的高度，党的十六届四中全会第一次将"构建社会主义和谐社会"作为执政党的五大能力建设之一，反映了我们党对"三大规律"认识的深化，表明我们党和国家对构建和谐社会和尊重、保障人权的理论与实践趋向成熟。和谐社会的人权良性运行机制，既是以人为本的科学发展观的内在本质规定，也是建设社会主义政治文明的必然要求。

一、和谐社会的人权激励机制

国家尊重和保障人权，保证人民依法享有广泛的人权和自由，是构建和谐社会的最本质要求。随着现代法治文明与公民权利意识的发展，现代社会文明催生着一种崭新形态的国家公共权力与公民基本权利互动的和谐社会。这种和谐社会的最基本特征，在于"国家尊重和保障人权"。如果公民最基本的人权得不到有效保障，公民权利与国家权力分离，人民就不是真正意义上的国家主人，国家权力就不是人民的权力。搞封建专权或者极少数人个人特权的社会根本无和谐可言。因此，和谐社会的本质要求就是"国家尊重和保障人权"，人民依法享有广泛的人权和自由。

突出人本精神，确立人权原则和法治原则，是我们党执政兴国，构建社会主义和谐社会的基本准则。党的十六大报告指出："共产党执政就是领导和支持人民掌握管理国家的权力，实行民主选举、民主决策、民主管理和民主监督。"党的十六届三中全会强调：坚持以人为本，树立全面、协调、可持续的发展观，促进经济社会和人的全面发展。党的十六届四中全会更加明确地指出：尊重和保障人权，保证人民依法享有广泛的权利和自由。公民的合法权益得到保护，不受非法侵害（受到侵害后能得到公正的司法救济），公民的私有财产权和知情权得到有效保障，公民的权利意识得以高扬，都是现代和谐社会的根本标志。首先,国家权力与公民基本权利互动的和谐社会,是一个人民掌握管理国家权力的公民社会。人民掌握管理国家权力的公民社会是和谐社会的最深厚的社会基础和决定力量,唯有它才能从根本上抵御国家权力对公众权利的随意侵害和破坏。在国家权力逐步退出公众私人领域后,公权力与私权利之间就会出现一个缓冲地带,这个缓冲地带就是社会自治。一个和谐社会,应当有着很强的社会自治能力,而不是把任何社会问题都抛给国家权力,国家权力也不能任意主宰这块缓冲地带。现代文明社会的和谐程度,主要是用公民社会的社会自治能力来衡量。其次,人民掌握管理国家权力的和谐社会还必须是一个法治社会。法治社会最主要的一项任务,就是对政府官员的权力进行有效约束。现实生活中的社会不和谐,很大程度上是因为政府官员的权力没有得到有效约束所致。只有政府官员的权力得到制度性的有效约束,才能催生出公民意识与真正的公民社会,才能走向真正的社会和谐。再次,人民掌握管理国家权力的和谐社会还是一个建立在社会公正基础上的有序社会。每一次重大社会变革,都会引起社会成员对正在或即将变革的社会结构进行个人的重新定位和诉求。在这种背景下构建和谐社会,就应构建国家权力与公民基本权利互动模式下的和谐社会。真正的和谐社会是尊重人权的社会,是公民社会、法治社会,是建立在社会公正基础上的有序社会,也就是人本精神、人权原则和法治原则相统一的社会。

构建社会主义和谐社会的人权激励机制,最根本的就是要全面贯彻尊重劳动、尊重知识、尊重人才、尊重创造的方针,不断增强全社会的创造活力。通过"四个尊重"的人权激励机制,激发各行各业的创造活力,坚决破除各种体制性障碍和旧的思想观念的束缚,使一切有利于社会进步的创造愿望得到尊重、创造活动得到支持、创造才能得到发挥、创造成果得到肯定。党的十六届四中全会的这一战略方针,说明构建社会主义和谐社会的人权激励机制的实质,就在于通过"四个尊重",不断增强全社会的创造活力。人权激励机制的社会效应主要表现在激发活力,尊重创造,鼓励成功,肯定财富,切实尊重和保障人权,从而为构建社会主义和谐社会创造和谐的社会环境。进入新世纪,我国改革、发展处于关键时期,社会结构发生了深刻变化,社会利益关系更为复杂,新情况、新问题层出不穷。在这样的社会条件下全面建设小康社会,执政党就要全面顾及、通盘考虑全体社会成员的利益,最广泛最充分地调动一切积极因素,聚集起全体社会主义劳动者和一切热爱祖国的人们的意志、智慧和力量,不断增强全社会的创造活力,创造更多财富,以满足不同群体人们的各种利益需要,使广大群众真正享有广泛的人权和自由。

二、和谐社会的人权协调机制

构建和谐社会的人权协调机制的根本目的，在于通过改革和协调现实社会不合理的利益结构，形成全体人民各尽其能、各得其所而又和谐相处、公正合理的人权利益体系。这一利益体系由以下三个基本要素构成。

第一个基本要素是，全社会各阶层公民之间都拥有机会平等和平等参与的基本权利。这种平等的基本权利，不仅是作为一般人所应当具有的同等地位、同等权利的人之为人的人格平等，而且是以现代市场经济关系为基础的经济、政治、法律平等的统一，其实质是一种社会平等。这也是现代和谐社会的重要标志。正是基于这种社会平等的基本权利，任何阶层特别是具有较高社会位置的阶层都不应以任何理由人为地设置障碍，来排斥其他阶层的社会成员进入本阶层，以达到维护本阶层特有利益的目的。对于任何一个社会成员来说，只要具备了某种能力，就应当有机会按照自己的意愿得到相应的社会位置。同时，社会成员的平等权利和自由追求在很大程度上要通过社会流动机制来实现和保证。社会流动可以为社会位置较低的弱势群体成员改善处境和提供平等的工作机会，又可以为优秀者的胜出提供有效的途径。一般而言，一个社会的社会流动程度越高，就越意味着能够为社会成员提供更多的机会平等和自主权的选择。中国社会目前仍然存在不少有待消除的、阻碍社会阶层相互开放和平等进入的体制性障碍，如不平等的户籍制度、进入公务员阶层的身份资格限制、对民营企业家进入一些行业的限制等。

第二个基本要素是，各个阶层成员都应当得到有所差别而又相对公正合理的合法收入的基本权利。在现代社会，按照贡献进行分配的公正规则体现了对社会各个阶层直接性贡献的承认，体现了对阶层之间、行业之间正当的、合理的差异性的承认。应当看到，各个行业领域、各种职业分工的差别，对从业人员的劳动复杂程度、具体的工作技能以及工作的难度具有不同的要求。而且，市场对于不同的物品也有着不同程度的需求，不同行业领域的从业人员也因此对社会具有不同贡献。显然，根据不同贡献进行有所差别的分配是合理的。对于社会的各个阶层来说，按照贡献进行分配的公正规则能够起到有效的激励作用。它能够激发社会各个阶层的潜能，在社会各个阶层之间形成一种良性的互动、竞争、进取的局面，进而推动同现代社会和市场经济相适应的、正常的社会分化进程。另外，它对于促进社会整合也有着重要意义。它使人们认识到社会财富是在劳动和知识、技术、管理、资本等各种要素相结合的过程中创造的,从而有助于形成与社会主义初级阶段基本经济制度相适应的分配观念和创业机制,努力营造鼓励人们干事业、支持人们干成事业、帮助人们干好事业的社会环境。只有这样,才能让一切创造社会财富的源泉充分涌流,形成全体人民各尽其能、各得其所而又和谐相处的平等社会。

第三个基本要素是,社会各个阶层之间应当保持一种互惠互利、契约平等的权利关系。为了保证社会各个阶层之间的团结,就必须在其相互之间实行互惠互利的公正规则。社会阶层之间的互惠互利表现为:处在较高位置阶层的利益增进不能以损伤处在较低位置阶层的利益为条件,相反,在较高位置阶层的利益增进的同时,较低位置阶层的处境应当随之得到改善。一种比较容易出现的现象是:由于位置较高的阶层在各种资源拥有方面具有明显的优势,这些阶层在同利益相关的制度设计、政策安排诸方面也就相应地拥有较大的影响力,这就使他们有可能利用种种优势造成一种使位置较低的阶层受损而使自己获益的局面。一旦如此,必定会使位置较低的阶层产生诸如不满、抵触、甚至反抗,这不仅不利于社会的有效合作,而且不利于社会的安全运行。确立契约平等互利关系,对于我国改革开放和发展社会主义市场经济,特别是走向国际市场,具有重大的现实意义。

总之,和谐社会的人权协调机制是上述三个基本要素的有机统一。只有在这样一个和谐社会的人权协调机制中,社会各阶层之间才能实现良性互动,整个社会才能实现社会平等。

三、和谐社会的人权保障机制

我们党领导人民进行改革开放和现代化建设的根本目的,就是要通过发展社会生产力,努力满足人民群众日益增长的物质文化需要。随着改革开放和社会主义市场经济的发展,经济成分、经济利益、社会生活方式、社会组织形式越来越多样化,特别是随着改革的深入,经济和社会生活中出现了许多从来没有遇到而又绕不开的问题,这些新情况使得新时期的社会矛盾出现了前所未有的复杂局面。我国目前人均 GDP 超过了 1000 美元,基尼系数则超过 0.4 的国际警戒线。根据国际经验,这一时期是社会问题多发期、社会不稳定期。在这样一个时期,妥善解决各种社会矛盾,构建和谐社会的人权法律保障机制有着重大的现实意义。任何一国的人权保障机制都要通过本国的具体立法来加以确认和保障。构建社会主义和谐社会的人权法律制度保障机制更是如此。法治既是人权的充分体现,又是人权的有力保障。保障全社会人民享有广泛的人权和自由，是我们党和政府一贯努力追求的崇高目标。新中国成立以来，我国制订了一系列保障人权的法律和法规。特别是党的十一届三中全会以来，在邓小平法治人权思想的指导下，我国加大了立法步伐，制定了众多的法律法规，其中大部分都涉及到中国公民的人权保障，形成了中国特色的多层次的人权保障法律体系。首先，以宪法为基础，用根本大法的形式对我国公民广泛的基本权利和自由予以确认。其次，以部门法为补充，通过部门法的具体法规使宪法规定的人权得以实现。如《民法通则》、《继承法》、《著作权法》、《劳动法》、《教育法》、《刑法》、《行政诉讼法》、《国家赔偿法》、《妇女权益保障法》、《未成年人保护法》、《行政复议法》、《民族区域自治法》等相当数量的有关人权问题的立法，以及大量有关实施全国性人权立法和保障本行政区域公民权利的地方性法规，共同构成了中国特色社会主义多层次的人权法律保障体系，为我国人权的实现奠定了坚实的法制基础。

宪法的人权保障，体现了一个国家实行民主宪政的实际水平。我国现行宪法中关于人权问题的规定，构成了我国全部人权立法的法律基础。我国宪法对人权的保障，核心是对自然人权利的保障，主要是通过公民权利保障的形式得以体现的。

第一，公民的政治权利和自由。宪法规定了我国公民享有广泛的政治权利和自由，《总纲》中明确规定：中华人民共和国的一切权力属于人民。人民行使国家权力的机关是全国人民代表大会和地方各级人民代表大会。人民依照法律规定，通过各种途径和形式，管理国家事务，管理经济和文化事业，管理社会事务。这就确认了公民参与国家和社会生活管理的权利，并在第2章《公民的基本权利和义务》中又对政治权利和自由作了具体规定。平等权既是我国公民的一项基本权利，也是社会主义法制的一个基本原则。选举权和被选举权是公民参与国家政治生活的最基本形式，是实现人民当家作主的最重要的人权之一。宪法把选举权和被选举权同人民当家作主的地位联系在一起，使我国公民最重要的人权有了宪法的根本保障。政治自由权主要是指公民的言论、出版、集会、结社、游行和示威的自由权，这些都是公民关心国家大事、表达自己见解和愿望以及参加国家政治生活不可缺少的民主自由权利，是宪法保障公民思想自由、意志表达自由最重要的体现。宗教信仰自由权是指公民有信仰宗教的自由，有信仰各种宗教和各种教派的自由，也有不信宗教的自由。另外，宪法规定：公民对于任何国家机关和国家机关工作人员，有提出批评和建议的权利；对于任何国家机关和国家机关工作人员的违法失职行为,有向有关国家机关提出申诉、控告或者检举的权利。这些都是人民参与国家管理的重要权利,同时也是公民对国家机关和国家机关工作人员进行有效监督的保证。

第二,公民的人身权利和自由。我国宪法和民法通则集中规定了公民所享有的最基本的人身权利和自由。人身权利是指与公民的人身不可分离而无直接财产内容的权利,主要包括:生命健康权、人格权、通信自由权和通信秘密权等。

第三,公民的社会经济权利。社会经济权利是指公民享有的经济生活和物质利益方面的权利,主要由宪法、民法通则、继承法和劳动法予以规范。宪法和法律对这些权利的规定,反映了我国社会主义的根本目的在于不断满足人民日益增长的物质文化生活的需要,对于提高公民的物质文化生活水平具有直接意义。公民的社会经济权利主要内容包括:劳动权、劳动者的休息权、获得物质帮助权、财产所有权和财产继承权等。

第四,公民的文化教育权利。公民享有受教育的权利,有进行科学研究、文艺创作和其他文化活动的自由。这些权利的确认和保障对提高我国人民的科学文化水平,促进社会主义精神文明和物质文明的同步发展具有重大意义。公民的文化教育权利的主要内容包括:受教育权和从事科研、文艺创作与其他文化活动权利等。此外,对于公民权利的宪法保障,除了一般法律保护外,对特殊情况还给予特别保护。我国宪法规定了保障少数民族的平等权、经济发展权、文化发展权;保障妇女在政治、经济、文化、社会和家庭生活等各方面享有同男子平等的权利;保障老人、儿童、青少年、残疾人的权利,以及保护华侨、归侨和侨眷的正当权益,等等。

党的十六届四中全会强调指出:要高度重视和关心欠发达地区、比较困难的行业和群众。在全社会大力提倡团结互助、扶贫济困的良好风尚,形成平等友爱、融洽和谐的人际环境。在这方面,我们必须采取切实措施,帮助困难群众解决就业再就业问题;建立健全由社会保险、社会救助、社会福利和慈善事业相衔接等构成的社会保障体系,为广大群众特别是困难群众编织一个可靠的"安全网";建立健全法律援助制度,使困难群众能够享受事实上的法律平等;建立健全社会利益协调机制,引导群众以合理合法的形式表达利益要求,解决利益矛盾,自觉维护社会的安定团结。所有这些,都表明我国构建和谐社会的人权保障机制具有强烈的时代感和现实的针对性。

四、和谐社会的人权监督机制

和谐社会的人权监督机制主要是指由公民、社会团体、社会组织、政党为主体所形成的社会维权监督体系。监督的对象主要是国家各级行政机关及其各类工作人员的侵权行为,基本方式包括提出建议、批评、检举、申诉和控告等。和谐社会的维权监督是指通过社会监督这种方式以保障人民享有广泛的人权和自由。

和谐社会的维权监督有着重要的现实意义。首先,和谐社会的维权监督充分体现了社会主义国家人民主权原则,使之更加具有真实性和广泛性。其次,和谐社会的维权监督有利于防止国家各级机关及其各类工作人员滥用权力。在我国经济体制改革和政治体制改革的社会大变革时期,暂时和局部的权力失控现象难以避免,和谐社会的维权监督可以在一定程度上缓解权力失控,防止权力滥用,使公民和社会组织的权利免受侵害。再次,和谐社会的维权监督可使被侵害的权利获得补救。当公民权利遭到非法侵害而又未能及时得到补偿时,和谐社会的维权监督可以利用其强大的社会力量,通过各种途径引起有关主管部门的注意,使问题得到公正处理,使被侵害的权利获得合法、正当的补偿,从而保障公民的各种正当权益。

和谐社会的维权监督体系因其监督主体和监督方法的多样性,可以分成很多种类,相应地,人权的社会监督保障也有不同形式。

第一,人民群众的监督对人权的保障。我国是人民当家作主的社会主义国家,国家的一切权力属于人民。人民群众有权通过各种方式和途径,对国家机关及其工作人员的行为进行直接或间接的监督。首先,每个公民都可以对国家机关及其工作人员直接行使监督权,可以提出建议、批评、检举、申诉和控告;其次,可以通过各政党和各群众性的社会团体进行监督;再次,公民可以通过居民委员会或者村民委员会等基层群众性自治组织,向人民政府反映意见、要求和提出建议,来实现其对国家机关及其工作人员的监督。另外,公民还可以向各级政府和其他国家机关中设立的信访机构反映其对国家机关及其工作人员的意见和批评等。虽然人民群众的监督没有直接的法律效力,不具有强制力,但它一方面是人民行使当家作主、管理国家和社会事务权利的具体体现,另一方面可以以这种方式促使国家机关及其工作人员依法办事,并使其行为置于广大群众的监督之下。

第二,各种社会团体的监督对人权的保障。在中国,工会、共青团、妇联以及各种学术团体也是社会监督的重要力量。这些社会团体除了进行一般的社会监督外，它们还往往从特定的利益、专业的角度实施监督。如中国特色的工会组织可以对涉及本单位职工的权利问题，共青团可以就本组织的权利问题，妇联可以就妇女儿童的权利问题，对国家机关及其工作人员实施监督，以保障工人、共青团、妇女和儿童的权益。同时，各种专业性和学术性团体可以从本专业的角度，通过召开会议、参与座谈会和专案调查的方式，参加对国家机关的专项调查，对国家机关及其工作人员进行监督。社会团体的监督不具有人民群众监督那样的广泛性，但因其有组织力量的支撑，有的还具有专业上的权威性，因此从一定意义上讲，这种社会监督是一种更有影响、更有利于人权保障的监督形式。

第三，人民政协和民主党派的监督对人权的保障。中国人民政治协商会议是具有广泛代表性的统一战线组织。它是在中国共产党的领导下，由共产党、各民主党派、无党派民主人士、人民团体、各少数民族和各界代表、港澳台同胞和归国侨胞代表以及特别邀请的人士组成的。人民政协通过政治协商和民主监督，成为我国社会监督的重要力量。人民政协进行监督的主要方式是：首先，人民政协的委员或常务委员在县级以上人民代表大会举行会议的时候，列席各级人民代表大会会议或县级以上的各级人民代表大会常务委员会会议，同人大代表或人大常务委员一起，听取政府机关、审判机关、检察机关的工作报告，并提出批评建议；其次，在召开政协全体会议或常务委员会会议上对"一府两院"的工作提出意见；再次，通过政协委员的视察、调查研究、举行报告会和座谈会等形式对国家机关及其工作人员的工作进行监督。中国特色的各民主党派是各自所联系的一部分社会主义劳动者和一部分拥护社会主义的爱国者的政治联盟，是参政党。新中国成立以来，各民主党派就同共产党一道参与国家大政方针的协商，参与国家事务的管理，参与国家方针、政策、法律、法规的制定和执行。共产党同各民主党派合作的基本方针是："长期共存，互相监督，肝胆相照，荣辱与共。"民主党派主要通过人民政协实施对国家机关及其工作人员的监督，同时，一批民主党派和无党派人士担任各级政府及司法机关的领导职务，特别是行政监察机关的领导职务，使民主党派的监督具有组织上的保证。

第四，新闻舆论监督对人权的保障。新闻舆论监督主要是通过报刊、广播、电视等传媒工具，揭露各种违法、犯罪和国家机关工作中存在的问题而进行的社会监督。新闻舆论监督因其利用的工具具有分布广泛、传播信息迅速及时等特点，成为现代社会强有力的监督手段。随着社会信息化程度的提高，它在社会监督体系中所占的位置日益突出。通过新闻舆论监督，可以使

19. 和谐社会的人权运行机制

许多违法犯罪暴露于公众面前，引起有关部门和司法部门的注意和重视，还可形成强大的舆论力量，促使这些违法犯罪活动受到制裁；同时，对于那些被公之于众的国家机关工作中存在的侵权问题，有关部门也会因此而主动采取措施进行改进和完善，这些都有助于人权的保障。

第五，中国共产党的监督对人权的保障。中国共产党是中国的执政党，是中国社会主义事业的领导核心，也是我国国家政权的领导核心。中国共产党的监督在整个监督体系中是层次最高、最具权威的监督。党的监督不是以党代政，而是通过对国家的政治、思想、组织的领导和监督以及对党组织、党员是否带头遵纪守法的监督来实现的。党的监督主要体现在以下几个方面：一是通过各级党组织，实行政治方面的监督。党的领导首先是政治领导，即政治原则、政治思想方向和重大政策的领导，所以党必须实行政治监督，以保证政治原则、方向的正确和重大决策的贯彻执行。二是通过向国家机关推荐、选拔干部，实行组织方面的监督。党中央和党的各级地方组织保证实现党的政治领导和监督的重要手段就是组织上的领导。三是通过各级纪检部门，实行纪检监督。党的纪检部门的主要任务是维护党的纪律，协助党组织整顿党风，检查党的路线、方针、政策和决议的执行情况。党的政治和组织方面的监督，旨在保证各级国家机关在立法和执法时不偏离社会主义方向，从根本上保障广大人民的权利。

党的十六届四中全会指出：特别要加强对权力运行的制约和监督，保证把人民赋予的权力用来为人民谋利益，各级党组织和干部都要自觉接受党员和人民群众的监督。要拓宽和健全监督渠道，把权力运行置于有效的制约和监督之下。这为保障人民依法享有充分的人权和自由，构建有效的和谐社会的维权监督体系指明了根本方向。

20. 党的第三代领导集体对马克思主义人权普遍性与特殊性原理的发展

党的第三代领导集体对马克思主义人权普遍性与特殊性原理的创新发展，既来源于中国特色社会主义的伟大实践，又直接生成于当今国际国内人权斗争的严峻挑战。这一创新，是对中国特色社会主义人权思想的伟大贡献。

一

民主、自由和人权历来就是我们党孜孜以求的目标，在新民主主义革命时期是如此，在社会主义建设和改革时期也是如此。但是，"实现民主、自由和人权的根本途径是社会进步和经济发展"①。没有经济发展和社会进步，就不可能有人权。改革开放以来，特别是党的第三代领导集体执政以后，我们正是遵循人权发展、完善这一规律努力的，因而伴随着我国现代化事业的发展，我国的人权事业也取得了举世瞩目的成就。

但是，西方一些敌对势力一直把"人权"作为对中国进行"西化"、"分化"的战略武器，不断利用"人权"问题发动反华攻势。特别是苏东剧变以后，他们更是借口"人权"，输出其社会制度和价值观念，推行霸权主义和强权政治，并迅速将"人权攻势"的矛头集中地指向中国。他们以所谓"人权问题"为借口，严重丑化中国的国际形象，损害中国国家主权和对外关系，干扰中国改革、发展、稳定的大局，以达到其"不战而胜"的目的。面对风云变幻的国际形势和西方一些敌对势力的"人权攻势"，以江泽民为核心的第三代中央领导集体立足建设中国特色社会主义的理论和实践，沉着应付各种复杂情况，冷静观察分析国际形势的变化及国际人权理论和实践的发

---

① 江泽民：《论有中国特色社会主义（专题摘编）》，中央文献出版社2002年版，第326页。

20. 党的第三代领导集体对马克思主义人权普遍性与特殊性原理的发展

展,深刻认识社会主义与人权的本质联系,总结中国现代化建设和人权发展的新经验,及时作出了高举人权旗帜、积极应对国际人权斗争的重大决策。江泽民明确提出要从思想解决"如何用马克思主义观点看待'民主、自由、人权'问题"。他特别强调,对人权问题要做一番认真研究,对西方敌对势力在人权问题上的造谣污蔑,要认真对付,坚决还击,要用事实说明社会主义中国最尊重人权,中国的民主制度适合中国的国情。在此基础上,以江泽民为核心的党中央提出:"要理直气壮地宣传我国关于人权、民主、自由的观点和维护人权、实行民主的真实情况,把人权、民主、自由的旗帜掌握在我们手中。"

我们党的第三代中央领导集体,在人权问题上的这一系列重要论述,形成了自己独特的人权理论,丰富了马克思主义人权理论的宝库,成功地指导和领导了我国人权建设的伟大实践,为当今国际国内人权事业的健康发展作出了卓越贡献。中国政府先后发表的十份《人权白皮书》所取得的在联合国人权会议上十次挫败美国提出反华提案的事实,充分说明了这些论述的威力。

党的第三代领导集体人权理论的内容极为丰富,概括起来主要有如下十三个方面:第一,把人权、民主、自由的旗帜掌握在我们的手中。第二,共产党执政就是要领导和支持人民当家作主。第三,对于一个民族来说,首先是人民的生存权和发展权以及国家的独立主权。第四,实现民主、自由和人权的根本途径是社会进步和经济发展。第五,人权是一国主权范围内的事,反对以人权为借口干涉别国内政。第六,对待人权问题应进行平等对话而不应搞对抗。第七,中国既保障人民享受经济社会文化权利,又保障人民享受公民权利和政治权利。第八,人权既是普遍的,又是特殊的。第九,人权是由多种不可分割的权利构成的。第十,依法治国,保障人民依法享有民主自由权利。第十一,重视对残疾人和妇女、儿童权益的特别保障。第十二,加强合作与对话,积极促进国际人权事业的健康发展。第十三,实现更高层次的和更广泛的人权。这些内容是江泽民对马克思主义人权普遍性与特殊性关系原理的发展,是他整个人权理论的闪耀亮点,是马克思主义人权理论中国化的最新成果。

二

人权的普遍性与特殊性问题,既是最基本的人权理论问题,也是争议最大的人权理论热点,还是被搞得最混乱的疑点问题。无论是马克思主义的人权观，还是毛泽东的人权思想和邓小平的人权理论，由于受历史条件的限制，他们没有作专门的著述。虽然他们的人权理论内在地蕴涵了人权普遍性与特殊性关系的问题，但都没有对这一问题作明确的科学阐述。党的第三代领导集体在建设中国特色社会主义的伟大实践中，特别是在直面当今国际国内人权斗争的严峻挑战中，对这一问题，创造性地作出了最新的阐发。归纳起来主要有如下三个方面：

（一）人权既是普遍的又是特殊的

1999年11月16日，江泽民在会见联合国秘书长安南时精辟地指出：世界应该是一个丰富多彩的世界。中国尊重国际人权文书中关于人权的普遍性原则，但同时认为，由于各国社会制度、文化、历史传统和经济发展程度不同，保护人权的具体措施和民主的表现形式应有所不同。1997年10月30日在美中协会等六团体举行的午餐会上，江泽民更加明确地指出：人权问题具有普遍性的意义，从世界上存在众多国家这个现实出发，人权的实现要依靠各个国家的努力才行，因此，从根本上讲，人权是一个国家主权范围的问题；人权是历史的产物，它的充分实现，是同每个国家经济文化水平相联系的逐渐发展的过程。

这些论述告诉我们，人权既是普遍的，又是特殊的。人权的普遍性和特殊性是指每一种人权都同时具有两种基本性质，而不是西方敌对势力所歪曲的存在两种各不相干的人权：一种是所谓"普遍人权"，一种是所谓"特殊人权"。一方面，人权的普遍性是与特殊性相联系的普遍性，也就是说，既没有离开人权特殊性的纯普遍性人权，也没有离开普遍性的纯特殊性人权。这种人权的普遍性表现在：其一，人权主体的普遍性。其二，人权形式的普遍性。其三，人权目标的普遍性。其四，人权价值的普遍性。另一方面，人权的特殊性是与普遍性相联系的特殊性。也就是我们在承认人权的普遍性同时，更要坚持人权的特殊性。这种特殊性表现在：其一，人权民族性的特殊性。其二，人权阶级性的特殊性。其三，人权具体实现道路的特殊性。其四，人权具体模式的特殊性。如公民政治权利的民主选举方式或模式就充分说明了这一点。实行普遍的民主选举，这是普遍的，但各国有着具体的国情，普遍选举的具体方式和模式是有特殊性的。每个国家、每个民族和每个地区都有自己独特的宗教和历史文化传统，这就是人权特殊性的内在根据。它决定和规定普遍人权的命运和方向。1993年世界人权大会亚洲区域筹备会议上通过的《曼谷宣言》中有精确表述："尽管人权具有普遍性，但应铭记各国和各地区的情况各有特点，并有不同历史、文化和宗教背景，应根据国际准则不断重订的过程来看待人权。"

人权的普遍性表明,人权应该推广到所有国家和地区,推广到所有人。人权的特殊性则告诉我们,在实现普遍人权的过程中,必须高度重视各民族、各国家和各地区的特殊情况,把人权的普遍性原则同当地的具体情况结合起来。任何实现了的人权都是这种结合的产物。我们既不能片面强调人权的普遍性,也不能片面强调人权的特殊性。而应该坚持人权的普遍性原则与各国、各民族的具体情况相结合。人权的普遍性正是在它的千千万万个特殊性中实现的。《维也纳宣言和行动纲领》也指出:所有人权都是普遍、不可分割、相互依存和相互联系的。……民族特性和地域特征的意义,以及不同的历史、文化和宗教背景都必须考虑,但是各个国家,不论其政治、经济和文化体系如何,都有义务促进和保护所有人权和基本自由。

1991年5月22日,江泽民会见意大利外长德米凯利斯时又指出:民主、自由、人权,除了一些共同点外,要根据不同的国家情况来决定。比如西方实行普选,中国十一亿人口中有二亿文盲,实行普选在中国不合适。我们坚持人权普遍性与特殊性的辩证统一,反对民族中心主义和文化相对主义两个极端。西欧特别是美国的民族中心主义片面地强调了文化的一般性,并把本民族的文化价值标准当作了一般标准;而文化相对主义则片面地强调文化的特殊性,并把本民族的文化看作仅仅是特殊的东西。事实上,任何一个民族的文化,都既有一般性,又有特殊性,而且一般性寓于特殊性之中。有一般性,不同的文化才能进行比较,但如果都只是一般性,毫无特殊性,就没有必要进行比较;反之,只有与普遍性相联系的特殊性,不同的文化才需要进行比较。但如果都只是特殊,毫无共同之处,也就无从进行比较。所以,比较文明之所以可能,是由于不同文化或文明既有一般性又有特殊性。人权作为一种文化也不例外。我们既不同意认为人权只有普遍性的片面观点,也不同意认为人权只有特殊性的片面观点。可见,江泽民关于人权既是普遍的,又是特殊的思想,既是我们反对西方敌对势力人权中心主义和文化相对主义的思想武器,更是对马克思主义人权理论的创新发展。

(二) 将人权的普遍性原则与中国的具体国情相结合

马克思主义人权普遍性与特殊性原理的重要意义,并不在于它论述了什么是人权的普遍性与特殊性,更重要的是阐明了必须将人权普遍性原则与各国的具体实际相结合。这是马克思主义人权普遍性与特殊性相统一原理的基本原则和活的灵魂,是马克思主义人权理论中国化的根本特征,也是毛泽东、邓小平,特别是江泽民独创性地提出"将人权的普遍性原则与中国的具体国情相结合",从而对马克思主义人权普遍性与特殊性原理的独创性发展。

毛泽东在《矛盾论》中从哲学的角度精辟地指出,矛盾的普遍性和特殊性是相互联结的,不可分割的。矛盾的普遍性寓于矛盾的特殊性之中。研究事物必须注意其共同点,"但是,尤其重要的,成为我们认识事物的基础的东西,则是必须注意它的特殊点"。"具体问题具体分析是马克思主义活的灵魂,是马克思主义最本质的东西。"特别是矛盾普遍性与特殊性的结合,"这一共性个性、绝对相对的道理,是关于事物矛盾的问题的精髓,不懂得它,就等于抛弃了辩证法"①。

邓小平也曾精辟指出:"把马克思主义的普遍真理同我国的具体实际结合起来,走自己的道路,建设有中国特色的社会主义,这就是我们总结长期历史经验得出的基本结论。"②

江泽民在2001年"七一"讲话中明确地指出:"八十年的实践启示我们,必须始终坚持马克思主义基本原理同中国具体实际相结合,坚持科学理论的指导,坚定走自己的路。这是总结我们党的历史得出的最基本的经验。"③ 在中国这样一个发展中国家,"民主、自由和人权的一个根本问题,是人在社会上的生存权和发展权,也就是能否真正掌握自己命运的权利。而人类对自己命运的掌握又是同人类自身的生存、发展和完善紧密相连的,这包括政治、经济、文化、教育等诸多方面。在一个国家里,实现民主、自由和人权的根本途径是社会的进步、稳定和经济的发展。我想,离开社会的进步和经济的发展来谈民主、自由和人权是没有意义的"④。因此,我们应当把人权的普遍性原则与中国的具体国情相结合。

江泽民还多次强调指出,由于历史背景、社会制度、文化传统、经济发展水平不同,各国在实现人权的普遍性原则时,从内容到形式,从方法到步骤,都各有特点。如果离开这个特殊性,如果不与各国的具体情况相结合,要求不同国家、不同民族套用同一人权模式,沿用同一人权办法,采取同等人权步骤,甚至施行霸道的方式强行推行某种人权,都是行不通的。因此,只有从各个国家的实际情况出发,才能使人权的普遍性原则得到真正实现,才有各国人权的自己特色。

1991年10月29日江泽民畅谈国际国内大事时指出:我认为在观察各

---

① 《毛泽东选集》第3卷,人民出版社1992年版,第345页。
② 《邓小平文选》第3卷,人民出版社1993年版,第386页。
③ 江泽民:《论"三个代表"》,人民出版社2002年版,第356页。
④ 江泽民:《论有中国特色社会主义(专题摘编)》,中央文献出版社2002年版,第328页。

国的民主、自由、人权状况时,离不开那个国家的历史文化传统、经济发展状况和社会制度。因此,没有绝对意义上的民主、自由、人权。

江泽民在1991年6月29日会见津巴布韦副总统恩科莫时也指出:西方国家迫使别国接受它们的人权、民主、自由和价值观,这是决不能接受的。我们认为人权、民主、自由都是相对的,在每个国家都有自己的具体内容。……人民代表大会制度和共产党领导的多党合作制是我国两个基本民主制度,在此基础上,我们还在不断加强民主建设。中国有十三亿人口,以占世界7%的耕地解决了占世界人口22%的中国人民的温饱问题,我们认为这是一个最大的人权,人的生存权。

1998年12月10日,江泽民在致函中国人权研究会,祝贺《世界人权宣言》50周年纪念会的信中精辟地指出:中华人民共和国成立以来,特别是改革开放以来,中国政府和人民将人权的普遍性和中国的具体国情结合起来,在促进和保护人权方面作出了巨大的努力,取得了举世瞩目的成就。

1999年10月22日江泽民在《英国剑桥大学的演讲》中进一步指出:集体人权与个人人权、经济社会文化权利与公民政治权利紧密结合和协调发展,这是适合中国国情因而是中国人权事业发展的必然道路。中国集中力量发展经济,促进社会全面进步,坚持发展社会主义民主,建设社会主义法治国家,都是为了促进中国人民的人权事业。

近年来,中国已加入27项国际人权公约,并先后签署了《经济、社会和文化权利国际公约》和《公民权利和政治权利国际公约》。在人权发展事业上,中国取得了令人瞩目的成就。

(三)各国有权自主选择符合本国国情的社会制度和人权模式

江泽民在十六大报告中指出:"我们主张维护世界多样性,提倡国际关系民主化和发展模式多样化。世界是丰富多彩的。世界上的各种文明、不同的社会制度和发展道路应彼此尊重,在竞争比较中取长补短,在求同存异中共同发展。各国的事情应由各国人民自己决定,世界上的事情应由各国平等协商。"① 各国有权自主选择符合本国国情的社会制度和人权模式,这既是人权普遍性与特殊性相结合原则的深化,又是人权普遍性与特殊性关系原理的历史必然,更是江泽民对马克思主义人权理论创新发展的又一崭新科学论断。

1991年10月28日江泽民在会见斯里兰卡自由党主席班达拉奈克夫人

---

① 中国共产党第十六次全国代表大会报告,人民出版社。

时指出：目前这个世界有各种各样的体制，有社会主义的、有资本主义和介于两者之间的体制。……对于民主、自由来讲，我们认为民主制度也是相对的，应该是同每个国家的历史传统、经济发展水平和采取什么制度相关联的。

十五大报告指出："要尊重世界的多样性。当今世界是丰富多彩的。各国都有权选择符合本国国情的社会制度、发展战略和生活方式。各国的事情要由各国人民自己作主，国际上的事情要由大家商量解决。"不同的文化传统、社会模式、政治制度内在地规定着民主、自由、人权的实现方式和表现形式，因而，在每个国家、每个民族有着不同的人权模式。

江泽民在2001年的"七一"讲话也指出："各国应遵守联合国宪章的宗旨和原则以及公认的国际关系基本准则，各国的事务应由本国政府和人民决定，世界上的事情应由各国政府和人民平等协商，反对一切形式的霸权主义和强权政治。""应尊重各国的历史文化、社会制度和发展模式，承认世界多样性的现实。世界各种文明和社会制度，应长期共存，在竞争比较中取长补短，在求同存异中共同发展。"①

中国，在特殊的历史文化传统和社会制度中实现了人类的普遍人权。中国占世界人口的22%。如果中国没有实现人权，世界人权就很难说是普遍实现了。中国在推进世界人权发展中起着特殊的作用。中国的人权实践说明，普遍的人权只能在千差万别的特殊性中表现和实现。各国有权选择自己的社会制度和人权发展模式。中国以自己特有的方式开辟了通往人权的发展道路。中国高度重视国家主权在人权中的地位，一贯把维护主权的历史使命放在首位。国家主权是人权的重要组成部分，在《公民权利和政治权利国际公约》和《经济、社会、文化权利国际公约》中，国家主权以自决权的形式被列在第一条："所有人民都有自决权。他们凭这种权利自由决定他们的政治地位，并自由谋求他们的经济、政治、社会和文化的发展。"这一规定对中国有特别的意义。从19世纪中叶开始，中国一步一步沦为半殖民地国家。西方主要资本主义国家都侵略中国。它们先后发动了大小数百次侵略战争，强迫清政府签订了1183个不平等条约，强占了中国大片领土。在国家主权受到严重侵犯的情况下，中国人民的人权根本得不到保障。中国人民从近代惨痛的历史教训中明白了一个道理：要想获得基本人权，首先要拥有国家独立主权，国家独立主权是获得基本人权的前提和基础。江泽民指出：如果失

---

① 江泽民：《论有中国特色社会主义（专题摘编）》，中央文献出版社2002年版，第327页。

去了国家主权、民族独立和国家尊严,也就失去了人民民主,并且从根本上失去了人权。中华民族的独立和解放,是这一历史进步潮流中最具有世界意义的成果。国家主权是维护人权的基础和前提,因而具有优先选择的地位。这对中国更具有特殊意义,正如邓小平所说:"国权比人权更重要。"这是中国近代史的惨痛结论。

中国把生存权和发展权当作首要人权。对于一个国家和民族来说,人权首先是人民的生存权和发展权。没有生存权和发展权,其他一切人权均无从谈起。中国是一个最大的发展中国家,拥有近13亿人口,其中80%生活在农村。中国的耕地面积仅占世界耕地的7%,人均占有量仅1.3亩,远远低于人均4.5亩的世界平均数,却要承担为占世界22%的人口提供食品的重任。尽管中国在改善人民的生存条件方面已经取得了长足进步,但贫困仍困扰着相当一部分中国人民。这说明,维护人民的生存权和发展权在中国实现人权的努力中具有绝对优先的地位。因此,中国有权根据具体的国情,把生存权和发展权放在优先的位置。中国有权把经济和社会权利放在优先的位置。中国有权把集体人权作为人权保障的优先项目。中国有权以自己的独特方法实现人民民主权利。中国有权以独特的方式推动中国民主政治权利的实现。

美国与中国相比,也有权选择通向普遍人权的特殊道路。美国是人权思想的发源地之一、美国的独立战争为世界的近现代人权思想的发展作出过重要贡献。美国特殊的历史和文化传统为美国实现人权的方式打上了深刻的烙印。第一,美国把个人权利和个人自由放在优先的地位,美国理解的人权就是个人权利。集体权利对美国人来说是很陌生的。这是美国的文化历史传统和政治、经济制度决定的,也是美国自己选择的结果。第二,美国把人权等同于公民的政治权利,美国不承认公民权利和政治权利以外的人权。这恐怕是美国至今仍然拒绝加入《经济、社会和文化权利国际公约》的原因之一。这些同样是由美国的历史文化传统和政治、经济制度决定的,尤其是美国自己选择的结果。第三,美国奉行向其他国家"输出人权"的政策。美国作为唯一的超级大国,使它能够向许多国家施加各种压力,推行美国的价值观念。从卡特政府时期的"人权外交"到克林顿政府"新干涉主义"的"扩张战略",再到小布什政府"单边主义"的"强硬立场",均具有输出人权的特征。这既是美国霸权主义和强权政治的本质决定的,也是美国霸权主义的自我选择的结果。由此可见,美国也是以其特殊方式实现所谓"普遍人权"的。美国在实现普遍人权的道路上,仍然面临着相当多的障碍。美国在实现人权的普遍性方面，体现了不同于欧洲、不同于中国和世界其他国家的特殊性。这都是由美国的经济、政治制度和历史文化传统决定的，都是美国自己选择的必然结果。这从另一方面证明了各国有权选择自己的社会制度和发展道路以及人权模式的道理。

中国与美国的人权历史充分证明：各国都有权选择符合本国国情的社会制度、发展战略和生活方式。各国的事情要由各国人民自己作主，国际上的事情要由大家商量解决。也正如李鹏致中国人权研究会的信中所明确指出的那样：人权既有普遍性，又有特殊性。由于各国历史背景、社会制度、文化传统和经济发展水平的差异，不同的国家和民族对人权的认识也有所不同。要求各国服从一个观点，接受一个模式，既不现实，也不可能。以某个国家或区域的人权模式作标准去衡量、评价其他国家的人权状况既不恰当，也不合理。实现人权的普遍性原则必须与各国的具体国情相结合。人权的普遍性原则必须与各国的具体情况相结合，各国人民有权选择符合本国国情的社会制度、发展道路和人权模式。这是人权普遍性与特殊性关系问题的精髓，只有真正懂得了这一点，才会懂得人权问题的灵魂和本质。

21. 后现代主义"人权中心"论之剖析

后现代主义的"人权中心"论是第二次世界大战后特别是２０世纪70、80年代以美国为首的西方资本主义国家奉行的人权理论。它集中反映了西方垄断资产阶级人权理论的霸权主义和强权政治本质，是当代国际人权事业健康发展的最大毒瘤。

一、后现代主义"人权中心"论的主要观点

其一，"主权过时"论。"主权过时"论认为，既然国际联盟等国际组织业已出现，因而传统意义上的国家主权已没有实际的存在理由。这一观点源于19世纪末20世纪初法国法学家狄骥所倡导的"社会连带关系"学说。这种学说否定国家和国家人格，主张根本放弃或抛弃主权概念。冷战结束后，一些西方学者和官员更是大肆叫嚣"传统的主权概念已经过时"，认为在当今世界经济全球化和国际联系日益紧密的背景下，传统主权观念过时，应用人权新理念取而代之。

其二，"人权高于主权"论。这种观点认为"个人是国际法的主体"，"国际法不过是调整属于不同国家的个人关系的规则的总和"[1]，因而，国家主权过时，人权高于主权。这种观点还认为，"纯粹法学最本质的成果之一，就是从经验上消灭国家主权学说，论证人权的中心地位"[2]。1981年4月美国总统卡特更明确地说："人权的价值对所有国家都是一致和高于一切的。"

其三，"人权无国界"论。"人权无国界"论的真正来源是美国的政府要员。1982年12月6日，美国总统卡特签署的总统人权公告中说："我们再

---

[1] 波利蒂斯：《国际法的新趋势》，人民出版社1980年版，第39页。
[2] 凯尔逊：《国际法原理》，人民出版社1985年版，第42页。

次表明我们致力于我们自己的自由和促进世界各地的人权。"① 正是根据这种观点，西方代表在1988年12月8日联合国召开的《世界人权宣言》40周年纪念大会上正式提出所谓"人权无国界"论，公开宣称"人权不分国界"，"我们保护普遍人权的义务是没有国界的，这是跨越国界的义务，它超越欧洲的国界，也超越全世界的国界"。

其四，"人道主义干涉"论。20世纪90年代，英国学者保尔·西格哈德宣称，如果一个主权国家政府对其统治下的人民残暴不仁，并足以"震撼人类的良心"时，其他国家有权进行干预，直至使用武力也不为过。在1999年4月的北约首脑会议上，美国前总统克林顿、英国首相布莱尔等人宣称："传统的不干涉内政原则和主权原则已不适用于当今世界了"，如果在某些国家发生压制"人权"的事情，美国等西方国家就有进行干涉的"道义责任"。英国首相布莱尔1999年4月22日在美国芝加哥经济俱乐部发表的演讲中声称科索沃战争并非是为领土而战，而是为"捍卫人道主义准则和价值观念"而战。这就一语道破了天机，在他们看来，西方的价值观念、社会政治制度是适用于世界各国的唯一人权模式或标准，西方国家的利益就是全人类的利益。凡是不符合这一标准的，西方国家就有理由前去干预甚至使用武力进行干涉。

二、后现代主义"人权中心"论的主要根源

第一，前苏联和东欧剧变导致西方国家自由思潮泛滥。冷战结束在许多西方国家看来是西方社会制度和价值观念的重大胜利，是西方国家人权理论的重大胜利。于是，西方国家在前苏联和东欧剧变后普遍把人权理论作为推行西方价值观念和意识形态的主要工具，试图通过在国际战略中不断加强文化力量来制约世界事务和发展中国家的发展进程，并对我国等社会主义国家予以"西化"和"分化"。克林顿政府公开声称人权问题是其外交政策的三大支柱之一。欧洲国家同样关注发展中国家的人权问题，从1989年1月到1999年1月，欧洲议会共对其他国家和地区作出了782项人权决议，绝大多数都是针对亚非拉发展中国家的。在标志着欧共体走向政治、经济和外交政策一体化的《马斯特里赫条约》中也强调在世界和地区范围内促进民主与人权。

第二，冷战思维是导致人权中心论再度盛行的思想基础。冷战思维的最主要特征就是过分强调国家间意识形态或价值观念的分歧与对立。冷战结束

---

① 黄楠森、陈志尚、董云虎：《当代中国人权论》，人民出版社1995年版，第389页。

后，两种社会制度和价值观念之间的斗争并没有结束，西方大国仍旧把西方民主、自由、人权的价值观念当作判断别国政治行为的标准，并施加各种压力，促使他国按照自己的意志发生变革。西方国家主张人权至上论，实际就是西方价值观念、西方国家观念的至上性。西方国家主张的"人权中心"论就是这种冷战思维的具体反映。

第三，美国的霸权主义是后现代主义"人权中心论"的现实根源。面对21世纪，美国要控制世界，建构和维持"单极世界"，它的独霸心态更为强烈、更为扭曲、更为张扬。于是新世纪一开局它便打出了三张王牌：一张是"人权高于主权"。打出此牌，意在把干涉别国内政合法化。另一张王牌是"全球化"。打出此牌，意在把自由经济政策悄悄推向世界，逐步取消经济相对落后国家的经济主权。第三张王牌是强大的军事、科技、综合国力。用此牌战略威慑并制造一个个科索沃式的"人道主义干涉"的"辉煌"。相比较，第一和第二张王牌更具迷惑性、欺骗性。正如克林顿所说，"为了美国的新世纪利益，我们国家安全战略的第三个核心目标就是促进民主和人权"，"必要时进行人道主义的干涉"[①]。

第四，世界民族矛盾的加剧和宗教纷争为西方国家人权干预提供了客观条件。20世纪末，前苏联和东欧体系全面瓦解，与此相伴随的还有海湾战争、巴尔干战火、科索沃战争等地区性热点。导致这些大规模动荡的原因很多，但有一点是共同的，即民族主义情绪的激化和民族矛盾加剧。在此背景下，西方国家便以维持国际秩序为由对这些冲突和矛盾予以干预。西方国家所实施的干预，一方面，促使这些地区的矛盾进一步复杂化和扩大化，使西方国家有了在这些地区长期保持其政治和军事影响的口实；另一方面，西方国家借干预之机推销自己的包括人权观念在内的价值观念。

第五，歪曲当今经济全球化趋势是西方人权理论使用的重要手法。经济全球化是生产力发展和科学技术进步的必然结果。而在西方世界则充斥了这样的怪论："经济全球化使国家主权消失了"，"经济全球化使国家主权无用了"。这种观点无非是打着经济全球化的招牌，重弹"人权高于主权"的老调。江泽民主席在2000年9月7日联合国千年首脑会议上的重要讲话中十分精辟地指出："经济全球化既给国家主权带来了挑战，更给国家主权带来了机遇。经济全球化并没否定国家主权，相反更要求各主权国家间的平等协商。"经济全球化虽然出现了主权界限的相对模糊、主权权利的灵活让渡、主权角

---

① 黄楠森、陈志尚、董云虎：《当代中国人权论》，人民出版社1995年版329页。

色的多维层次和主权交往的国际合作等新变化,但并没有改变主权国家在国际关系中的基础地位,全球化并不能成为西方"新干涉主义"论调的依据。

三、后现代主义"人权中心"论的主要恶果

第一,把人权问题国际化,实施"和平演变"新战略。人权问题本来是一个主权国家的内部事务,美国却把人权国际化,实施人权外交新战略。美国人权外交的矛头主要是对准社会主义国家,具有强烈的意识形态倾向。战后 50 多年来,美国实行人权外交,始终具有很强的选择性。卡特扬言要用人权这一"有利武器"对苏联和中国"进行斗争",里根则声称"促进世界民主革命","吹响社会主义的丧钟"。布热津斯基在《大失败》中得意忘形地声称:"倡导尊重人权影响巨大,意义深远,可以加速共产主义衰亡的进程。人权是当今时代最有吸引力的政治观念。"自 1990 年以来,由于东欧剧变、前苏联解体,美国确实把中国看成眼中钉,必欲置之死地而后快。为什么美国把中国作为人权外交攻势的首选目标?一是美国的和平演变战略的根本目的是要在地球上使社会主义消失。二是美国"地缘政治"的战略需要。美国对中国的人权外交攻势其目的在于对台湾、西藏、新疆等热点地区和热点问题上挑起事端,制造分裂,维护美国在亚洲和整个世界的所谓"国家利益"。台湾是中国进入太平洋的最直接的门户,是日本南下必经之途。控制一个与中国大陆暂时分离的台湾,美国就北可遏制日本,南可威慑东盟,西可堵截中国。分离中国西藏地区是为了保护美国及其盟国在中亚中东地区的战略目标。美国政府自 1997 年底开始设立"西藏问题特别协调员"一职,1998 年美国国会又把每年的 7 月 10 日定为"西藏日",其根本目的就是促使西藏分离。

第二,以世界警察自居,对别国内政肆意干涉。自称"人权卫士"的美国,至今没有参加 1966 年联大通过的两个重要的人权国际公约,即《公民权利和政治权利国际公约》和《经济、社会文化权利国际公约》。美国拒绝签字的其他国际人权公约还有《禁止并惩治种族隔离罪行国际公约》、《反对酷刑和其他不人道或有辱人格待遇的国际公约》。然而,它却以世界人权警察自居,对其他国家内政肆意干涉。每年美国的国别人权报告,就充分证明了这一点。美国自称是一个具有"人权传统"的自由国家,但事实远非如此。中国国务院新闻办公室曾列举了美国人权记录极不光彩的世界 20 之最。美国对印第安人一贯推行种族灭绝政策,致使印第安人濒临死亡。黑人是美国第一位的少数民族,人口达 2700 万。美国历史上就有贩运黑奴的记录,

21. 后现代主义"人权中心"论之剖析

长期实行奴隶制度。今天，奴隶制度虽已废除，但对黑人的歧视仍然存在。这种歧视在经济、政治、社会生活、教育等方面都有突出表现。美国黑人的经济政治地位低下，存在着最高的失业率、贫困率、发病率、死亡率，恶劣的教育状况。正像有的美国评论家所说，现在美国黑人正"面临着自我毁灭的形势"。1992年因洛杉矶白人警察疯狂殴打黑人罗德·金所引发的大规模种族冲突，成为美国人权史上震惊世界的一大丑闻。2001年4月美国俄亥俄州辛辛那提市又因白人警察无辜枪杀黑人青年而爆发黑人的抗议活动。这再一次反映了以"人权卫士"自居的美国社会，实际存在的种族歧视、种族隔离等反人权、反人道的事实。

第三，名为人权实为霸权，名为人道实为霸道。第二次世界大战结束后的50多年中，美国对第三世界国家直接的武装干涉和军事入侵就达20多起，每一起都是残暴侵犯和践踏别国的主权和人权。1961年起美国发动对越南的战争，1964年入侵老挝，1970年美军40万人入侵柬埔寨，在印度支那的土地上疯狂摧残人权。据美官方的数字，1965年至1972年越南平民死伤约70万至135万人，其中，死亡人数即达19.5万人。1964年1月，美军在巴拿马向24名要求归还运河的学生开枪，并逮捕巴公民交付美国法庭审判。1965年4月24日，美出动35000名军人、380架飞机和40艘军舰，侵略领土不及它的1/190的多米尼加共和国。海湾战争仅1991年2月3日一天在对伊拉克的空袭中，就炸死400多无辜平民。1999年3月24日至6月10日，以美国为首的北约对南联盟发动了代号"盟军"的军事打击行动，整个行动共持续了79天，造成数千人死亡，数万人受伤，数百万人沦为难民，直接经济损失超过2000亿美元。1999年5月7日午夜，北约悍然用导弹袭击中国驻南使馆，炸死3人，伤20多人，犯下了肆意践踏国际法、国际准则，摧残人权的血腥罪行！2001年4月2日，美国军用飞机公然在我南中国海上空附近进行军事侦察，并撞毁我军用战斗机，造成飞行员死亡，未经我国允许停入我国机场，严重侵犯我国主权。种种事实表明，以美国为首的西方国家大肆鼓吹的后现代主义"人权中心"论，名为人权实为霸权，名为人道实为霸道。以美国为首的西方国家向世界其他国家兜售的不过是霸权主义和强权政治。

总而言之，后现代主义的"人权中心"论，并不是什么新货色，只不过是新老殖民主义、新老霸权主义强盗逻辑在当今新形势下的新变种。我们要维护世界和平，反对霸权主义，捍卫国家主权，维护人权，尊重人的尊严和价值，就必须深入批判后现代主义的"人权中心"论。

人权文库　论人权——人权理论前沿问题研究

22. 实现更高层次的和更广泛的人权

江泽民在 1991 年 4 月 14 日会见美国前总统吉米·卡特一行时的谈话中曾指出："随着现代化建设的发展，还要实现更高层次的和更广泛的人权。"① 党的第三代领导集体的这一关于人权问题的重要论述，贯穿于他的人权论述的各个方面，集中体现了他的人权论述的时代特征和前瞻性，对于促进 21 世纪中国人权创新事业的发展和认清某些西方敌对势力利用人权问题向我发难的实质具有极其重要的理论意义和实践意义。

保障人权：尊重人的尊严和价值

西方敌对势力对新中国的人权事业及其成就，不但视而不见，充耳不闻，还把人权问题当作攻击中国的一个"要害问题"，似乎普天下只有他们才有"资格"讲人权。对此，我们理直气壮地回答：新中国最有资格讲人权！江泽民在"99《财富》全球论坛·上海"开幕晚宴上的讲话中指出："中华民族历来尊重人的尊严和价值。中国共产党领导人民进行革命、建设和改革，就是要实现全中国人民的自由、民主和人权。今天中国所焕发出来的巨大活力，生动地反映出中国人民具有自由、民主地发挥创造力的广阔空间。"②

党的十五大报告中第一次专门论述了共产党执政和保障人权的关系。"共产党执政就是领导和支持人民掌握管理国家的权力，实行民主选举、民主决策、民主管理和民主监督，保证人民依法享有广泛的权利和自由，尊重和保障人权。"

1999 年 10 月 22 日，江泽民《在英国剑桥大学的演讲》中又指出："中华民族历来尊重人的尊严和价值。还在遥远的古代，我们的先人就已经提出

---

① 《人民日报》1991 年 4 月 15 日。
② 《人民日报》1999 年 9 月 28 日。

'民为贵'的思想,认为'天生万物,唯人为贵',一切社会的发展和进步,都取决于人的发展和进步,取决于人的尊严的维护和价值的发挥。中国共产党领导人民进行革命、建设和改革,就是要实现中国人民广泛的自由、民主和人权。今天中国所焕发出来的巨大活力,是中国人民拥有广泛自由、民主的生动写照。"① 江泽民的这些崭新的关于人权问题的论述,极其深刻地概括了中国人权的历史文化传统和蓬勃生机的客观现实。

保障人权,尊重人的尊严和价值,更是中国共产党人的独特本质和优势。中国共产党领导人民革命的历史就是为广大人民争取人权的历史。尽管在斗争过程中有成就也有曲折,然而党的性质和宗旨始终没有改变。党的十一届三中全会以后,我国从以"阶级斗争为纲"转为以经济建设为中心,实行改革开放,使经济快速发展,社会全面进步,人权事业获得空前的发展。改革开放20年来,国民经济一直在快车道上运行。1979年至1997年,国内生产总值年均增长率达9.8%。1997年国内生产总值达74772亿元,按不变价格计算,是1978年的5.92倍。经济的持续发展,为中国人权事业的发展,特别是为生存权和发展权的发展,创造了坚实的物质基础。

鲁迅曾在60多年前疾呼:"我们眼下的当务之急的是:一要生存,二要温饱,三要发展。"这一愿望已成为现实。

归结起来,我国建国51年来人权事业走过了三大步:

一是中华民族的独立解放。江泽民在1998年12月10日致中国人权研究会召开的《世界人权宣言》发表50周年纪念会的贺信中指出:"第二次世界大战后,世界人民更加蓬勃地开展反对帝国主义、殖民主义、种族主义的伟大斗争,上百个原殖民地附属国赢得了独立,十几亿人获得了民族解放,从而为实现人类的人权和基本自由开辟了广阔的前提。占世界人口近1/4的中华民族的独立和解放,是这一历史进步潮流中最具世界意义的成果。"

二是"中华人民共和国成立以来,特别是改革开放以来,中国政府和人民将人权的普遍原则性和中国的具体国情结合起来,在促进和保护人权方面作出了巨大的努力,取得了举世瞩目的成就"。

三是正在做的,即在全面推进人权事业的同时,"我们要继续加强民主法制建设,依法治国,建设社会主义法治国家,进一步推进我国人权事业,充分保障人民依法享受人权和民主自由权利",并"与国际社会一道,为缔

---

① 《人民日报》1999年10月23日。

造一个公正合理、和平繁荣的世界作出自己的贡献"。①

社会稳定：实现更高层次人权的前提条件

在中国这样一个人口众多、经济基础薄弱、社会发育相对不够完善的大国，要实现更高层次和更广泛的人权，一个至关重要的前提条件就是要保持社会稳定，正确处理好改革、发展、稳定三者之间的关系。江泽民坚持邓小平"稳定压倒一切"、"中国的最高利益就是稳定"、没有社会稳定就根本谈不上什么人权的重要思想，从现代化建设理论与实践相统一的高度，强调社会稳定对实现更高层次的和更广泛的人权的极端重要性。

1998年，中国遭遇了历史上罕见的特大洪水，2亿多人口受灾，直接经济损失达2000多亿元。在与洪水灾害作斗争的过程中，以江泽民为核心的党中央，始终把社会稳定，把灾区人民的生命安全权放在首位，动员全国人民采取一切措施，确保受灾群众有饭吃、有衣穿、有清洁水喝、有住处、有地方看病，保证灾区学生都能上学读书，使灾区人民的生活得到了妥善安置，使他们的生命财产损失减少到最低限度。这在世界上是一个奇迹！

1998年，亚洲金融危机进一步蔓延，严重损害亚洲和拉美许多国家的经济利益，使上亿人口的生存状况恶化，也对中国的经济发展、社会稳定、人民的生存权和发展权产生了严重的影响。以江泽民为核心的党中央和中国政府，积极采取措施，成功地抵御了亚洲金融危机的冲击，使社会稳定，使国民经济保持较快增长，人民生活继续得到改善和提高。这在世界上又是一个奇迹！

1999年5月8日，以美国为首的北约悍然用导弹袭击我国驻南使馆，世界震惊，全国愤慨。江泽民严厉谴责以美国为首的北约这一暴行，指出："北约袭击中国大使馆这件事是一种极其野蛮的行为，是对中国主权的粗暴侵犯，在外交史上是罕见的……以美国为首的北约必须对这一事件承担全部责任。"② 同时，号召全国各族人民，维护社会稳定，以经济建设为中心，改革开放不动摇。从而维护了主权尊严，赢得了世界的赞扬！

社会稳定之所以成为实现更高层次的和更广泛的人权的重要保障，首先在于只有稳定才能保障人民的和平权利的实现。维护人民的和平权利，在当今国际上就是要反对霸权主义、强权政治，反对战争，维护世界和平。江泽民在党的十五大报告中曾指出："中国是维护世界和平和地区稳定的坚定力

---

① 《人民日报》1998年12月11日。
② 《人民日报》1999年5月11日。

量。我们进行社会主义现代化建设,需要一个长期的和平国际环境特别是良好的周边环境。中国的发展不会对任何国家构成威胁。今后中国发达起来了,也永远不称霸。中国人民曾经长期遭受列强侵略、压迫和欺凌,永远不会把这种痛苦加之于人。"中国政府始终站在反对侵略战争、维护世界和平的前沿,为维护人民的国际和平权利而努力。在国内来说,就是反对动乱,维护社会稳定。社会稳定是人民享有国内和平权利的重要保障,没有社会稳定也谈不上人权。如果中国不稳定,不仅中国人民的和平权利得不到保障,而且世界和平权利也将受到影响。中国的稳定,既是对中国人民负责,也是对全世界全人类负责。

社会稳定对人权的保障还表现在只有稳定才能促进更高层次的更广泛的生存权和发展权的实现,并为其他人权的实现创造物质文化条件。江泽民在党的十五大报告中指出:"发展中国家维护国家独立、实现经济发展的根本目标是一致的。中国将一如既往,同广大发展中国家在各个方面相互支持,密切配合,共同维护正当权益。"广大发展中国家要求有稳定的政治环境来摆脱贫困。政治不安定,连搞饭吃的精力都没有了,更谈不上发展了。

"中国要实现自己的发展目标,必不可少的条件是安定的国内环境与和平的国际环境。我们不在乎别人说我们什么,真正在乎的是有一个好的环境发展自己。"江泽民认为只有稳定才能集中精力搞建设,发展经济和文化,摆脱贫困,创造丰富的物质文化条件,改善人民的生活。"我们进行的规模空前的扶贫开发,有力地促进了国民经济的协调发展和社会的安定团结。历史经验表明,贫困往往成为一个国家、一个地区政治动荡和社会不稳定的重要根源。如果不能逐步消除贫困,一个国家就难以长期保持社会稳定;没有稳定,根本谈不上经济和社会发展。"① 只有社会稳定,全国人民才能齐心协力,才能有领导有秩序地进行社会主义现代化建设,发展我们的经济和文化。

生存、发展:实现更高层次人权的基本条件

生存权和发展权是人类最基本的权利,也是发展中国家首先考虑的问题。中国是一个发展中国家,尚处于社会主义初级阶段,经济发展水平还比较低,人民生活水平与发达国家相比还有很大差距,人口压力和人均资源相对贫乏,这些都制约着我国经济发展的速度和人民生活的提高。为此,江泽民强调指出:"对于中国来说,最重要的人权就是生存权。""几十年来,中

---

① 《中国教育报》1999年7月21日。

国共产党领导中国人民始终不渝地为争取和实现自己的人权而奋斗，无数革命先烈前仆后继、流血牺牲，为的是什么？就是为了争得国家的独立权、人民的生存权和发展权。"① 1999年9月27日，江泽民在"99《财富》全球论坛·上海"会议上更明确地指出："中国有十二亿多人口，社会生产力仍不发达，必须首先保障人民的生存权和发展权，不然一切其他权利都无从谈起。中国确保十二亿多人的生存权和发展权，这是对世界人权进步事业的重大贡献。"② 并说，社会主义不仅要消灭贫困，保障人民的生存权利，而且必须大力发展经济和文化，使人民生活得更好。"新中国成立50年了，如果不能尽快让那里的群众吃饱穿暖，我们就无法向建立新中国英勇牺牲的千百万烈士交代，无法向人民交代、向历史交代。全党同志都要从坚持党的宗旨的高度来认识这个问题，都要把解决农村贫困人口的温饱问题作为一项重大的政治任务，义不容辞地完成好。"③

江泽民的这些重要论述深刻说明，对于一个国家和民族来说，人权首先是人民的生存权和发展权，没有生存权和发展权，其他一切权利都无从谈起。

在新中国，中国人民不仅活了下来，而且活得越来越好。特别是改革开放20年来，城乡居民生活水平实现了从贫困到小康的历史性跨越。51年来城乡居民生活也连续上了几个大的台阶，消费水平、消费结构和消费环境都发生了明显变化。世界银行《2020年的中国——新世纪的发展挑战》研究报告指出："中国只用一代人的时间，取得了其他国家用了几个世纪才取得的成就。……这是我们这个时代最引人注目的发展。"

"近二十年来，我国贫困人口平均每年减少1000万人，这同世界许多国家和地区的贫困状况日趋严重，还有大量人口处于赤贫状态形成了鲜明的对照。我国扶贫开发取得的伟大成就，更加坚定了全国各族人民在党的领导下建设有中国特色社会主义的信念，为推进跨世纪伟大事业增强了思想政治基础，凝聚了巨大的物质力量和精神力量。"④

这些事实充分证明了我国人民生存权和发展权取得了巨大的新成就。正如江泽民在1999年中央扶贫开发工作会议上的讲话中指出的："这不仅是中国历史上的奇迹，也是世界历史上的奇迹！这不仅具有重大的经济和社会意

---

① 《人民日报》1991年5月15日。
② 《人民日报》1999年9月28日。
③ 《人民日报》1999年7月21日。
④ 《中国教育报》1999年7月21日。

义，而且具有重大的政治意义。这件事在中国的发展史上是值得大书特书的。"①

"普""特"结合：实现更高层次人权的基本原则

现在，人权的普遍性和特殊性往往被滥用和误用。其中的一个主要表现就是某些西方国家，把它们那一套作为特殊历史产物的东西，硬说成是唯一有普遍意义的东西，并用这种受到扭曲的普遍性作为根据，指责别人，把自己的人权观念、人权制度、人权标准、人权模式等强加给发展中国家和社会主义国家，干涉别国内政。其实，人权的普遍性和特殊性是指每一种人权都具有的两种属性，而不是西方某些人所歪曲的存在两种人权，即所谓的"普遍人权"和"特殊人权"。

我们承认人权的普遍性，但这种普遍性与某些西方国家所说的普遍性并不完全相同。它主要表现在：人权作为人人共同享有的东西是普遍的，这里的"人"是"类"的概念，是指全人类，这是人权主体的普遍性；人权作为权利的最一般的形式是普遍的，它既包括生存权、政治权，也包括经济权、社会文化权，还包括发展权，这是人权内容的普遍性；人权作为人类共同追求的理想是普遍的，这是人权目标的普遍性；人权作为所有国家共同努力促其实现的东西是普遍的，作为各国共同尊重的东西也是普遍的，这是人权价值的普遍性。《世界人权宣言》这样说明人权的普遍性：它是"所有人民所有国家共同努力之标的"，联合国会员国要"同心协力促进人权及其人权基本自由之普遍尊重与遵行"。其他一些国际文件也都一再重申："各国有义务"促进人权。

我们在承认人权的普遍性的同时，又坚持人权的特殊性。这种特殊性表现在：人权的民族性，即各民族由于社会制度、历史背景、内外环境、文化传统、发展水平等具体情况不同，对人权的理解，在人权保护的实施上，一定会有差异；人权的阶段性，即每一项人权的产生都有它特殊的历史过程，人权的实施不同的国家因发展水平等具体情况的差异，不可能一模一样，一定要分阶段、分步骤，既不能一步到位，也不能强求一律。这就是说，各个国家、各个民族总是根据自己的政治、经济、文化条件和各种具体制度，根据自己的历史、宗教和文化背景，形成自己的人权观念，制定适合自己情况的人权政策和人权制度的。这就决定了人权观念、人权政策、人权制度和人权模式的不可避免的多样性。

---

① 《中国教育报》1999 年 7 月 21 日。

人权既有普遍性，又有特殊性，是普遍性和特殊性的辩证统一。共性存在于个性之中，没有个性就没有共性；也没有离开共性的个性。我们坚持人权的普遍性要通过人权的特殊性表现出来，反对民族中心主义和文化相对主义。这是因为只有考虑到各个国家、各个民族的各种不同具体情况，才能使人权的普遍原则得到真正的、切实的贯彻。要求不同的国家套用同一模式、沿用同样办法、同步前进，是注定行不通的。某些西方国家歪曲人权的普遍性，根本否认人权的特殊性是有其特别的政治用意的。这不但在理论上站不住脚，而且也是违背国际人权文件的基本精神的。《德黑兰宣言》、《维也纳宣言》、《曼谷宣言》都既说明了人权的普遍性，又说明了人权的特殊性。

由于历史背景、社会制度、文化传统、经济发展水平不同，各国在实现人权的普遍性原则时，从内容到形式，从方法到步骤，都各有其特点。正是这种特殊性，使我们这个地球上180多个独立主权国家的人权状况丰富多彩，使各有长处与不足的国家可以相互学习，取长补短。离开这种特殊性，强制推行某种人权模式，是根本行不通的。只有从各个国家的实际情况出发，才能使人权的普遍原则得到真正实现，才有各国人权的自己特色。

1998年12月10日，江泽民在祝贺《世界人权宣言》50周年纪念会的信中指出："将人权的普遍性原则和中国的具体国情结合起来。"① 1999年10月22日，江泽民《在英国剑桥大学的演讲》中进一步指出："集体人权与个人人权、经济社会文化权利与公民政治权利紧密结合和协调发展，这是适合中国国情因而是中国人权事业发展的必然道路。中国集中力量发展经济，促进社会全面进步，坚持发展社会主义民主，建设社会主义法治国家，都是为了促进中国人民的人权事业。"②

《曼谷宣言》也明确指出："人权具有普遍性，同时要铭记各国和各地区的特点，应从国际标准在不断发展的角度来看待人权。"

显然，人权的普遍性与特殊性的有机结合，是实现更高层次人权的基本原则。否则，必然导致荒谬。这是马克思主义人权观与某些西方国家人权观根本区别之所在。

依法治国：实现更高层次人权的制度保障

1998年12月10日，江泽民致函中国人权研究会的信中指出："我们要继续加强民主法制建设，依法治国，建设社会主义法治国家，进一步推进我

---

① 《光明日报》1998年10月11日。
② 《人民日报》1999年10月23日。

22. 实现更高层次的和更广泛的人权

国人权事业,充分保障人民依法享有人权和民主自由权利。"① 1998年9月14日,江泽民在会见联合国人权事务高级专员玛丽·罗宾逊夫人时又指出:"扩大社会主义民主,健全社会主义法制,依法治国,建设社会主义法治国家,保证人民依法享有广泛的权利和自由,尊重和保障人权。"② 江泽民在党的十五大报告中也指出:"依法治国,是党领导人民治理国家的基本方略,是发展社会主义市场经济的客观需要,是社会文明进步的重要标志,是国家长治久安的重要保障。""扩大基层民主,保证人民群众直接行使民主权利,依法管理自己的事情,创造自己的幸福生活,是社会主义民主最广泛的实践。""维护宪法和法律的尊严,坚持法律面前人人平等,任何人、任何组织都没有超越法律的特权。一切政府机关都必须依法行政,切实保障公民权利,实行执法责任制和评议考核制。推进司法改革,从制度上保证司法机关依法独立公正地行使审判权和检察权,建立冤案、错案责任追究制度。"

党的三代领导集体的这些论述为我国的人权建设进一步制度化和法制化指明了方向,是实现更高层次和更广泛人权的制度保障。

面对新世纪的新形势,我国的立法还应该建立比较完整的、专门的人权法。这是因为:(一)建立与社会主义市场经济体制相适应的所有制结构、现代企业制度、社会分配的社会保障制度、宏观经济调控体系和统一开放、竞争有序的市场体系,必然会从各个方面涉及人权问题。建立比较完整的、专门的人权法,可以更好地确认和保障全国人民的权利与自由,以便充分地调动全国人民的积极性,投入社会主义现代化建设。(二)可以把分散在宪法和各种法律条文中的人权立法加以系统化、全面化,可以集中地体现中国政府对人权的重视,更好地表明中国人民具有广泛的权利与自由,可以更有力地反驳某些西方国家对我国人权事业的种种攻击。(三)可以更好保障和维护"三资企业"和私营企业中员工的各种权利和自由。(四)建立比较完整的、专门的人权法,应当是以马克思主义人权理论、毛泽东人权思想、邓小平人权理论为指导,与国际人权约法接轨,适合中国国情的有中国特色的社会主义人权法。

可以预见,这个人权法的制定将是中国人民的一件大事,将在我国的两个文明建设中发挥重要的作用,将在世界人权发展史上更充分地显示当代中国社会主义人权的时代价值。

---

① 《光明日报》1998年10月11日。
② 《人民日报》1998年9月15日。

国际交流与合作：实现更高层次人权的有效方式

世界以什么样的人权原则带入 21 世纪，这是国际社会深切关注的重大问题。和平与发展是当今世界的两大主题，也是实现普遍人权必不可少的前提条件。没有公正、合理的国际经济秩序，就不可能实现普遍的人权。国际社会只有将促进人权同维护世界和平，促进人类发展联系起来加以推进，才能取得持续有效的进展。

党的十五大报告中指出："要和平、求合作、促发展已经成为时代的主流。""中国人民愿意同世界各国人民一道，为促进和平与发展的崇高事业，为开创人类更加美好的未来，作出不懈的努力。""我们愿与国际社会一道，为缔造一个公正合理、和平繁荣的世界作贡献。""中国作为联合国安理会常任理事国，将一如既往地为增进国际社会在人权领域的合作，尽到自己的责任，作出应有的贡献。"① 江泽民在 2000 年 3 月 1 日第八届亚太人权研讨会的祝贺信中进一步明确指出："新世纪如何进一步加强国际人权领域的合作，促进国际人权事业的发展，是摆在国际社会面前的重要课题。我们既有机遇，也有挑战。尽管各国国情不同，在人权问题上存在分歧，但我们促进和保护人权的目标是一致的。各国应本着平等和相互尊重的精神，开展对话与交流，以加深了解，缩小分歧，扩大共识，共同进步。"② 这是实现更高层次人权的有效方式。

"要坚持对话，不搞对抗"

党的十五大报告中指出："对彼此之间的分歧，要坚持对话，不搞对抗，从双方长远利益以及世界和平与发展的大局出发，妥善加以解决，反对动辄进行制裁或以制裁相威胁。"

各国由于历史和国情不同，对人权问题存在不同看法是正常的。坚持对话，不搞对抗的主张，是解决人权问题分歧的最有效的途径。它顺应了国际人权事业发展的要求，完全符合《联合国宪章》和《世界人权宣言》等国际人权约法规定的原则和精神。而某些西方国家在国际人权问题上搞对抗、制裁，既不合情理，更不得人心，是注定要失败的。

在国际人权问题上坚持对话，不搞对抗。

一是要坚持国家主权原则，坚持大小国家一律平等的原则，坚持互利互惠的原则，坚决反对任何形式的强加于人的不合理的作法。

---

① 《人民日报》1998 年 12 月 11 日。
② 《解放军报》2000 年 3 月 2 日。

二是要建立相应的可行有效的机制，注重协作和运作，保证对话有组织有步骤有秩序地进行。

三是对话的形式要多样，既要有国际人权与国际机构之间的对话，还要有政府与非政府组织之间的对话，寻求共同利益的汇合点，扩大互利合作，促进国际人权事业的健康发展。

四是对话的内容要广泛。就国与国之间特别是发达国家与发展中国家之间的对话而言，诸如生存权和发展权利问题、民主和政治权利问题、经济社会文化权利问题、特殊群体的权益问题，以及宗教信仰自由和司法的人权保障问题，应优先考虑，成为对话的经常性内容。特别不能只限于个案的对话，人权理论与实践问题也可以对话，求同存异，加深了解，尽可能减少和消除误解和分歧。

五是"要寻求共同利益的汇合点，扩大互利合作，共同对付人类生存和发展所面临的挑战"。就国际范围的对话而言，应优先考虑解决国际社会公认的大规模严重侵犯人权及生存权、发展权、环境权等问题，从而更有效地把国际人权事业全面推向21世纪，造福于人类。

中国在人权问题上一贯主张对话，反对对抗。多年来，中国与世界许多国家就人权问题开展了对话和合作。中国领导人在与外国国家元首、政府首脑和有关人士会晤时，就人权问题进行了广泛的座谈。1997年，江泽民主席成功地对美国进行访问，双边在签署的《中美联合公报》中，决定共同致力于建立中美建设性战略伙伴关系。双方承认在人权问题上存在重大分歧，但同意本着平等与互相尊重的精神，通过政府和非政府的对话开展座谈。1998年克林顿总统访华时，与江泽民主席就人权问题进行了坦率的对话，双方再次重申上述共识。去年欧盟与美国先后作出放弃在联合国54届人权会上搞反华提案的决定，推动了中国与有关国家的对话与合作。此后，中国与许多国家和组织就人权问题进行了政府和非政府间的对话，举办了一系列双边或多边研讨会，开展了广泛的交流与合作，增进了彼此的了解，取得了积极的成果。

积极参加国际人权组织与活动，遵守国际人权公约

中国一贯尊重国际社会关于人权的普遍性原则，积极参与国际人权领域的活动。自1979年起，中国派团以观察员身份参加联合国人权委员会第35、36和37届会议。1981年当选为人权委员会成员国，参加人权委员会工作。从1984年起，中国连续当选防止种族歧视和保护民族、种族、语言、宗教上的人权小组委员会的委员和候补委员，还担任了该机构下属的土著居

民问题工作组成员等。1993年3月和6月,派团分别出席了在曼谷召开的世界人权大会亚洲地区筹备会议和维也纳世界人权大会。1994年派团参加在马来西亚吉隆坡召开的"人权问题再思考"研讨会。在1995年第四次世界妇女大会上,参加了非政府论坛,并应邀派代表参加了大会专家咨询组。1996年派团参加在北京举行的"国际人权与发展研讨会";从1996年开始分别派人参加联合国妇女地位委员会第40届、41届和42届会议。1997年派人参加了联合国人权委员会第53届会议;参加在瑞士召开的"人道主义与人权"研讨会;派团参加在马来西亚吉隆坡召开的"亚洲价值观与治理"国际研讨会,参加在埃塞俄比亚举行的国际人权研究会。1998年3月,中国人权研究会派人参加瑞典隆德大学瓦伦堡人权学会的人权问题培训班;6月还派专家到瑞典隆德大学讲学。1998年7月31日,中国人权研究会取得在联合国经社理事会的享有特别咨商的地位。

1998年是联合国《世界人权宣言》发表50周年。江泽民于是年1月致函联合国秘书长安南,表示中国政府完全支持国际社会纪念这一纲领性文件,回顾和总结人权领域的工作,展望和规划未来。12月10日,江泽民祝贺《世界人权宣言》发表50周年纪念会召开,高度评价《世界人权宣言》的地位和作用,并阐述了我国在人权问题上的基本看法,强调中国愿与国际社会一道为缔造一个公正合理、和平繁荣的世界作出自己的贡献。《江泽民主席致中国人权研究会的信》是当代中国人权问题的一个纲领性文件,在海内外引起强烈反响和广泛关注。12月11日,联合国人权高级专员罗宾逊夫人在约见秦华孙大使时表示,她注意到江泽民就《世界人权宣言》发表50周年向中国人权研究会的贺信,称对江主席在信中谈到中国将进一步推进人权事业,充分保障人民依法享受人权和民主自由权利感到鼓舞。

1998年10月,中国以"面向二十一世纪的世界人权"为主题,召开第一次国际研讨会,邀请世界五大洲27个国家的代表近百名专家学者与会,共同总结《世界人权宣言》发表50周年来国际人权的实践经验,研究当前国际人权领域面临的机遇与挑战,探讨世界人权跨世纪发展的前景。

中国积极与联合国开展人权领域的合作。1998年9月,中国政府邀请联合国人权事务高级专员罗宾逊夫人来华访问,双方就人权问题进行了广泛的交流,并签署了《技术合作项目的合作意向备忘录》。1999年,又邀请联合国人权事务高级专员办公室专家团访华。

近年来,中国政府还先后邀请联合国有关工作组访华。2000年3月1日,中国政府与联合国人权事务高级专员办公室合作在北京举办了第八届亚太人权研讨会，出席研讨会的有亚太地区40多个国家的100多名政府官员和人权专家。国务院副总理钱其琛代表中国政府在开幕式上做了重要讲话。他说："各国国情不同，在促进和保护人权的方式方法上存在分歧是正常现象，应当通过平等对话与交流妥善处理。"中国政府愿意借鉴世界各国在促进人权方面的有益经验，一如既往地致力于促进中国人权事业的发展，同时，积极参与国际对话与合作，推动国际人权事业的健康发展。

23. 当代中国的马克思主义人权理论

邓小平人权理论是当代中国的马克思主义人权理论，是对马克思主义人权理论的新贡献，对当前人权问题的斗争具有极其重大的理论意义和实践意义。

一、开拓当代中国的马克思主义人权理论新境界

马克思恩格斯作为站在 19 世纪社会历史发展前沿俯视人类社会发展的巨人，他们在深入研究和彻底批判资产阶级人权的基础上，深刻地表达了他们对人权问题的基本看法，建立起了以共产主义人权观为核心的革命的、科学的人权理论。这是马克思主义人权发展史上第一次飞跃。列宁对马克思主义人权理论的创造性运用和发展，在于把马克思主义人权理论与俄国的具体实际相结合，开创了列宁主义人权理论的新阶段。他领导俄国人民创立了世界上第一个人民当家作主的苏维埃政权，制定了可称谓世界上第一个社会主义的"人权宣言"《被剥削劳动人民权利宣言》。毛泽东是伟大的马克思主义者，他领导中国人民经过 28 年浴血奋斗，缔造了中华人民共和国，建立了崭新的社会主义制度，亿万人民翻身得解放，获得了广泛的、真正的社会权利，开辟了中国社会主义人权的新纪元。他与列宁实现了马克思主义人权发展史上的第二次飞跃。

然而，由于"左"的错误思想的影响，我国在较长的时期内，把人权问题不加分析地一概当作资本主义来批判，直到新的历史时期，邓小平以无产阶级革命家的胆略和深邃的智慧，冲破"左"的观念桎梏，根据国际、国内形势的新特点、新情况，在反对新老殖民主义、霸权主义和强权政治的斗争中，紧密结合中国社会主义现代化建设和改革开放的实际，创造性地继承和发展了马克思主义及其人权理论，开拓了当代中国的马克思主义人权理论的新境界，概括起来，主要有以下几方面：

1. 解放思想，实事求是地开拓人权理论的新境界。在人权问题上解放思想、实事求是，最重要的就是排除"左"的和右的干扰。首先，既不能照搬照抄西方的人权理论和人权模式，又不能把马克思主义的人权理论教条化、僵化，而必须从当今时代以及中国改革开放、建设社会主义现代化这一变化发展着的客观实际出发，寻求当代中国人权理论和实践的新的生长点和结合点。其次，既要反对那种抽象谈论人性、人权，用人权普遍性、共同性否认或代替人权特殊性、阶级性的错误倾向，又要破除那种歪曲人权特殊性、阶级性，根本否认人权普遍性、共同性，在绝对不相容的对立中思考、对待人权问题的错误倾向。再次，既要破除那种因社会主义制度本质的优越性，就简单地误认为社会主义人权现实必定是完美无缺，又要反对那种因社会主义制度尚不完善，社会主义人权还需不断改善和发展，而不敢理直气壮地谈中国人权，甚至误认为中国没有人权的错误倾向。作为一个彻底的马克思主义者的邓小平，就是站在社会主义祖国的立场上，坚持祖国利益高于一切的准则，敢于并善于在人权问题上科学地回答任何挑战，不为已有的人权理论所束缚，而进行创造性的探索，作出富有时代气息的马克思主义人权理论的新概括。

2. 走自己的路，开拓有中国特色的人权理论的新境界。人权问题也像其他事物一样，离开了一般与个别、共性与个性的统一，就无法得到实际效果而流于空谈。由于历史背景、社会制度、文化传统和经济发展水平不同，各国在实现人权的普遍性原则时，从内容到形式，从方法到步骤，都各有特点。正是这种特殊性，使我们这个星球上180多个独立主权国家的人权状况丰富多彩，使各有长处与不足的不同国家可以相互学习，取长补短。如果离开这个特殊性，要求不同国家、不同民族套用同一个人权模式，沿用同一个人权办法，采用同等人权步骤，甚至施行霸道的方式强加推行某种人权，都是根本行不通的。因此只有从各个国家的实际状况出发，才能使人权的普遍性原则得到真正实现，才有各国人权的自己特色。邓小平正是从中国的历史和国情出发，根据长时期实践的正反两方面经验教训，形成了有中国特色的人权理论与实践。这一理论坚持了中国社会主义人权的性质和方向，坚持了公有制和按劳分配的主体地位，坚持了共产党的领导和人民民主专政，消灭剥削，消除两极分化，最终实现共同富裕，维护和保障了多数人的人权、全国人民的人权。

3. 开拓"三个有利于"的人权理论的新境界。一个国家和民族的人权状况，特别是发展中国家的人权状况，更直接、更突出地受社会生产力、综合国力、人民生活水平的决定和制约。而这三者正是邓小平提出的"三个有利于"标准的主要内容。在这个标准中的"有利于人民生活水平提高"这一条,不仅是对人权评价的一个最基本的参照系,而且它本身就内在地包含了有关提高人民生活质量的生存权、发展权的基本人权内容。也就是说,只有生产力水平提高了,才能消灭贫穷,并通过打破地区发展的不平衡,消除两极分化,达到共同富裕,为真正实现广泛的人权奠定坚实的物质基础。因此,"三个有利于"不仅是判断改革开放得失成败的标准,也内在地成为判断中国人权建设是否成功的标准。从这个角度讲,"三个有利于"标准的实质,就在于把人们关于社会主义的人权认识,从过去那种姓"资"姓"社"的抽象原则和空想模式的"左"的思维定势中解放出来,把中国人民的生存权、发展权和独立的国家主权以及各种经济、政治、文化教育权,立足于生产力的发展以及由生产力的发展所带来的综合国力的增强和人民生活水平提高这一客观现实基础上。正是这一新境界的开拓,有中国特色社会主义的一系列人权建设的新构想,才有可能得到肯定和坚持。

总之,邓小平开拓当代中国的马克思主义人权理论新境界的核心,就是解放思想,实事求是,继承前人又突破陈规,冲破"左"的人权观念束缚,确立适合当代中国国情的马克思主义人权新观念。实现了马克思主义人权理论发展史上的第三次新飞跃。

二、作出当代中国的马克思主义人权理论新判断

在当今国际政治风云中,人权问题不仅是各种不同的学术主张、文化派别之争,更多的是不同国家的意识形态、价值观念和国家利益之争。以美国为首的西方一些国家处心积虑地把人权问题引进国际的一切领域。它们以"世界人权卫士"自居,实施"人权外交"新战略,把人权问题作为处理国际经济、政治、科学文化关系,干涉发展中国家内政,侵犯第三世界国家主权的手段;更是它对社会主义国家施加经济、政治压力,进行思想文化渗透,推行"和平演变"战略的重要策略。在西方"人权外交"的干涉、高压面前,邓小平以伟大的无产阶级革命家的雄才大略和非凡的斗争艺术,不怕压,不信邪,捍卫和发展了马克思主义人权理论的真理性和正义性,作出了当代中国的马克思主义人权理论新的科学判断,并充分显示了它的时代价值。

1. 作出西方世界的所谓"人权"和我们讲的人权是两回事的新判断。邓小平在1985年一次谈话中指出:"什么是人权?首先一条,是多少人的人

权？是少数人的人权，还是多数人的人权，全国人民的人权？西方世界的所谓'人权'和我们讲的人权，本质上是两回事，观点不同。"① 邓小平的这一科学判断，对西方资产阶级人权观和中国社会主义人权观根本对立的本质作了科学的理论概括，深刻地阐明了两者之间根本对立的核心问题。它是我们观察、分析当代人权问题的根本依据。

当代中国人权同西方世界人权根本区别在于前者是建立在以公有制为主体的社会主义经济基础之上的、是消灭阶级和剥削制度的人权；而后者则是建立在生产资料私有制的资本主义经济基础之上的、是维护剥削阶级和剥削制度的人权；前者是供多数人、全国人民享有的人权，而后者是供少数人、资产者享有的个人特权；前者是被人民民主专政国家和社会主义法律规定和认可的人权，而后者则是被资产阶级专政国家和资本主义法律规定和认可的人权；前者是受社会主义经济、文化条件制约的，是随着社会主义经济、文化的发展而不断发展不断完善的人权，而后者是受资本主义经济、文化制约的、是随着资本主义经济、文化危机而日益衰落的残缺不全的人权；前者是建立在历史唯物主义原理基础上的，因而它是科学的、正确的人权观，而后者则是建立在历史唯心主义理论基础上的，因而是非科学的、不正确的人权观。总而言之，当代中国人权是有中国特色的社会主义性质的人权，是真正平等的人权，它的主要特点是阶级性和人民性的统一、政治性和社会性的统一、权利和义务的统一、形式和内容的统一。而西方世界人权是资本主义性质的，是资本特权的人权，它的主要特点是阶级性与人民性相分离、政治性与社会性相分离、权利和义务相分离、形式和内容相分离。正因为如此，我们说，当代中国人权观和西方世界人权观"本质上是两回事，观点不同"。

2. 作出国权比人权重要得多的新判断。邓小平在1989年会见美国前总统尼克松时的谈话中指出："我们都是以自己的国家利益为最高准则来谈问题和处理问题的。"② "人们支持人权，但不要忘记还有一个国权。谈到人格，但不要忘记还有一个国格。特别是像我们这样第三世界的发展中国家，没有民族自尊心，不珍惜自己民族的独立，国家是立不起来的。"③ 在会见坦桑尼亚革命党主席尼雷尔时的谈话中又指出："真正说起来，国权比人权重要得多。贫弱国家、第三世界国家的国权经常被他们侵犯。他们那一套人

---

① 《邓小平文选》第3卷，人民出版社1993年版，第125页。
② 《邓小平文选》第3卷，人民出版社1993年版，第330页。
③ 《邓小平文选》第3卷，人民出版社1993年版，第331页。

权、自由、民主,是维护恃强凌弱的强国、富国的利益,维护霸权主义者、强权主义者利益的。我们从来就不听那一套,你们也是不听那一套的。"① 也就是说,国家的主权、国家的安全始终是第一位的。邓小平的这些科学判断,精辟地阐明了主权同人权的关系,深刻批判了西方世界编造的"人权无国界"、"人权高于主权"的谬论。

主权同人权的关系,是一个极端重要的国际法问题和人权理论问题。正确分析和回答这一问题,具有重要的理论意义和实践意义。主权是指对内的最高权力和对外的独立权力,它是由主权国家来代表和行使,正是在这种意义上我们可以将主权称为"国权"。主权原则是现代国际法中最基本最核心的原则。在当代,主权同人权的关系最为密切,主权是人权的基础,人权是主权的体现。主权同人权不是对立的,而是辩证统一的。主权比人权重要得多,不能离开主权来讲人权。江泽民多次指出:"人权问题从本质上说是各国主权范围的事。"人权主要是由国内法管辖,人权原则要服从主权原则。没有主权和主权国家,没有国家的独立自主,就说不上人权和人权原则。正如李瑞环在访问比利时演讲中所指出的:"中国人民百余年来饱受帝国主义的侵略欺凌,深知个人的人权与自由同整个国家的主权是紧密联系的,如果国家丧失独立,那么,任何个人的人权也必然丧失干净。"这已为无数的历史经验所证明。我们说主权比人权重要得多,强调要维护国家主权原则,这不是什么"国家至上主义",也不是什么"实用主义",而是基于历史的经验和现实国际斗争得出的必然结论,并符合现代国际法的基本原则和基本精神,也符合当代世界的实际情况。邓小平"国权比人权重要得多"的科学新判断,还深刻地揭露了西方国家"人权外交"的实质和目的,为我们正确认识和对待西方国家的人权指明了方向。

总之,在国家主权与人权的关系上,我们要根据邓小平"国权比人权重要得多"的科学判断,既要承认人权问题具有国际性,更要承认人权问题是一个国家主权范围内的事;既要反对借人权为名侵犯人民的人权,又要积极参与国际人权领域的活动,进行交流、合作和斗争,也要大力加强国内人权建设,不断完善和推进全国人民的人权,为普遍的人权的实现不断作出新贡献。

3. 作出搞强权政治的国家根本就没有资格讲人权的新判断。邓小平指出:"西方国家说我们侵犯了人权,其实他们才是真正的侵犯人权。美国帮

---

① 《邓小平文选》第3卷,人民出版社1993年版,第345页。

助蒋介石打内战,中国人伤亡了多少?美国支持南朝鲜进行战争,中国人民志愿军伤亡了多少?还不说一个多世纪以来殖民主义、帝国主义(包括美国在内)的侵略使中国人民遭受的损失有多大!所以,他们谈人权是没有资格的。"① "搞强权政治的国家根本就没有资格讲人权,他们伤害了世界上多少人的人权!从鸦片战争侵略中国开始,他们伤害了中国多少人的人权!"② 邓小平这一系列科学的新判断揭示了搞霸权主义和强权政治的美国等之所以没有资格讲人权,其根本原因就在于他们国家无论是历史上还是现实中都存在着极不光彩的侵犯人权记录。

美国自称是一个具有"人权传统"的自由国家,但事实远非如此。中国国务院新闻办任言实的《请看美国的人权记录》一文列举了美国人权记录极不光彩的世界之最,即美国的种族歧视最为严重;美国的暴力犯罪最严重;美国的监狱最黑暗;美国的贫困人口和无家可归者最多;美国对妇女的歧视最严重。美国自1776年建国以来的200年里,共发动70多次对外战争和入侵,惨死在美国侵略者之手的无辜平民不计其数。二战后,自1950年以来的40多年中,美国对第三世界国家直接的武装干涉和军事入侵达20余起,每一起都是残暴侵犯和践踏别国的主权和人权。

正因为搞强权政治国家没有资格讲人权,所以,他们的"人权外交"和"人权资格",历来遭到全世界人民的唾弃和嘲笑,这一点就连美国政界的一些要员也予以尖锐的批评。在联合国大会上,一些西方国家从1990年起连续8次借人权名义提出反华提案都未能付诸表决,遭到失败,这说明了少数国家想凭强权政治来操纵联合国人权领域活动的企图是完全徒劳的。"这充分证明,利用人权问题反华是不得人心的。"③

三、开辟当代中国的马克思主义人权建设新思路

人权问题同时代主题紧密相连。伴随时代主题的转换,当代马克思主义人权理论与实践遇到了前所未有的严峻挑战。这种挑战主要来自两个方面:一是人权问题愈来愈成为国际政治、经济、文化斗争的热点问题。以美国为首的西方一些国家,它们利用一些社会主义国家经济建设发展中的困难和工作失误,妄图从根本上改变社会主义制度,把攻击的突破口首先放在人权问

---

① 《邓小平文选》第3卷,人民出版社1993年版,第345页。
② 《邓小平文选》第3卷,人民出版社1993年版,第348页。
③ 李鹏:在八届人大二次会议上的《政府工作报告》。

题上,妄图通过"人权外交"达到强权称霸之目的。二是来自社会主义国家人权的现实本身。80年代末国际社会主义运动出现的剧变,给社会主义人权理论和实践带来了许多新情况、新问题。在我国,由于还处在社会主义初级阶段,这一情况在一定程度上影响着社会主义人权建设的充分发展。以上一切,都迫切需要我们开创出一条适合我国国情和时代需求的当代中国社会主义人权建设的新思路。邓小平顺应时代潮流,不仅捍卫了马克思主义人权理论的基本原则,而且把马克思主义人权理论同中国的具体实际相结合,形成了当代中国的人权建设的新思路,据作者的领会,归纳起来有以下几方面。

1. 扭住经济建设这个中心不动摇,把发展生存权和发展权作为人权建设的首要前提

生存权与发展权是人类最基本的权利,也是发展中国家优先考虑的问题。中国是一个发展中国家,当前尚处于社会主义初级阶段,经济发展水平还比较低,人民生活水平与发达国家相比还有较大差距,人口的压力和人均资源的相对贫乏,制约着社会主义经济的发展和人民生活的迅速改善。党的十一届三中全会决定坚决把党和国家的工作重点转移到经济建设上来。"这是一个重要的转折。"① 邓小平一再告诉我们"一定要按照这条路线专心致志地、始终如一地干下去"。"扭着不放,'顽固'一点,毫不动摇。"②

在邓小平这一思路的引导下,改革开放20年来,我国人民的生存权和发展权得到了极大的改善和提高。1997年国内生产总值达到74772亿元,按可比价格计算,平均每年增长11%。顺利完成了"八五"计划,提前实现了本世纪末国民生产总值比1980年翻两番的目标。1996年全国城镇居民人均消费支出3919元,其中人均购买食品支出1905元,反映食品消费比重的"恩格尔系数"为48.6%,比上年下降1.3个百分点,向2000年所要达到的45%的目标又前进了一步。"恩格尔系数"的下降,标志着我国人民生存权和发展权的质量有了新的提高。江泽民在会见联合国人权事务高级专员玛丽·罗宾逊夫人时指出:"中国是拥有12亿人口的发展中国家,促进和保护人权必须首先考虑本国的国情,发展经济,解决人们的温饱问题。""随着现代化建设的发展,还要实现更高层次的和更广泛的人权。"

2. 健全民主与法制,保障公民权利充分实现

1978年12月,邓小平明确指出:"我们要创造民主的条件……宪法和

---

① 《邓小平文选》第3卷,人民出版社1993年版,第11页。
② 《邓小平文选》第2卷,人民出版社2002年版,第249页。

党章规定的公民权利、党员权利、党委委员的权利,必须坚决保障,任何人不得侵犯。"① "要切实保障工人农民个人的民主权利,包括民主选举、民主管理和民主监督。"② "要使我们的宪法更加完备、周密、准确,能够切实保证人民真正享有管理国家各级组织和各项企业事业的权力,享有充分的公民权利,要使各少数民族聚居的地方真正实行民族区域自治,要改善人民代表大会制度。"③

邓小平的这一思路,开始了我国人权建设制度化、法律化的新阶段。从1979年到1998年9月,我国除修改宪法外,全国人大及其常委会共制定了法律和有关法律问题的决定已达300多件。国务院拟定了500多件行政法规,省、自治区、直辖市人大及其常委会制定了2800多件地方性法规。同时还大力加强人权的司法保障,修改了《刑法》和《刑事诉讼法》,以推进刑事审判方式的改革为重点,全面改革和完善审判方式,依法强化了庭审功能、合议庭和独立审判员的职责,加强了对人民群众合法权益的保障。还建立了有中国特色的法律援助制度,使我国人民的权利保障制度化、法律化。

3. 奉行独立自主的和平外交政策,加强同国际人权组织的合作与对话

人权问题主要是一个国家主权范围内的问题,同时,也有其国际性的一面。奉行独立自主的和平外交政策,为中国人权建设创造了有利的国际环境,同时也有利于反对强权政治和霸权主义。邓小平指出:"中国的对外政策是独立自主的,是真正的不结盟。中国不打美国牌,也不打苏联牌,中国也不允许别人打中国牌。"④ "中国政府愿意参与人权领域的国际性对话。国际社会中对人权问题存在不同看法是正常的,有了分歧可以协商对话、交换意见,而不应动辄诉诸压力和制裁。对话总比对抗好。大量事实证明,通过对话可以增进了解,加强理解,消除误解,达到谅解。中国作为联合国安理会常任理事国,将一如既往地为增进国际社会在人权领域的合作,尽到自己的责任,作出应有的贡献。"⑤ 江泽民在党的十五大报告中也指出:"要和平、求合作、促发展已经成为时代的主流。"

邓小平的这一思路,是正确解决当代国际人权问题的最有效途径。它顺应了当代国际人权事业发展的客观要求,完全符合国际人权约法规定的原则

---

① 《邓小平文选》第2卷,人民出版社2002年版,第144页。
② 《邓小平文选》第2卷,人民出版社2002年版,第146页。
③ 《邓小平文选》第2卷,人民出版社2002年版,第339页。
④ 《邓小平文选》第3卷,人民出版社1993年版,第283页。
⑤ 《解放军报》1994年5月19日。

和精神。《联合国宪章》、《国际法原则宣言》、《世界人权宣言》、《经济、社会、文化权利国际盟约》、《公民权利和政治权利国际公约》等国际人权约法中都有"促进国际合作与团结","加强人权领域的国际合作"。而某些西方国家在国际人权问题上一贯搞对抗、制裁,既不合情理,更不得人心,是注定要失败的。

邓小平这一思路,揭开了中国在国际人权领域合作与对话的历史新篇章。自1979年起,中国派团以观察员身份参加联合国人权委员会第35、36和37届会议。1981年当选为人权委员会成员国,正式参加人权委员会工作。从1984年起,中国连续当选为防止种族歧视和保护民族、种族、语言、宗教上属于少数人的人权小组委员会的委员和候补委员,还担任了该机构下属的土著居民问题工作组和来文工作组的成员。1998年7月31日,中国人权研究会取得在联合国经社理事会的享有特别咨商的地位。中国多次派代表参与国际人权法律文书的起草工作,中国先后加入了18个人权问题的国际公约,并采取法律的、行政的和其他一系列有力措施,促进这些国际公约规定的内容在中国的实现。中国去年签署加入《经济、社会、文化权利国际盟约》,今年10月又签署了《公民权利和政治权利国际公约》。再次体现了中国政府促进和保护人权的决心。

总而言之,社会主义人权制度建立以后,对于如何根据自己国家的国情,走出一条适合本国特点的,巩固和发展社会主义人权理论和实践的新路子,自从马克思主义人权理论形成的一百多年来,没有人能够予以正确的回答和解决。特别是面对时代主题的转换,在西方"人权外交"严峻挑战的当代,解决这一重大课题的任务历史地落到了邓小平身上。邓小平在新的历史时期领导中国共产党人,把马克思列宁主义的普遍真理同中国的具体实际相结合,总结了国际国内人权理论和人权实践正反两方面的历史经验教训,形成和创立了当代中国的马克思主义人权理论,并取得了巨大成功。这是邓小平对马克思主义人权理论最伟大的独创性贡献,是马克思主义人权理论在中国发展的新阶段。

24. 人权的普遍性与特殊性

人权的普遍性和特殊性问题，是当前国际社会普遍关注的人权问题的一个重大基本理论难题，也是被搞得最乱的一个理论和实践问题，因而是一个需要我们花气力、下工夫进行认真研究和详细阐发的问题。本文试图从多方面、多角度、多层次论证人权的普遍性和特殊性的统一，以及掌握人权的普遍性和特殊性相统一的方法论意义。

人权的普遍性和特殊性关系贯穿于人权问题的各个方面和全过程，是多方面、多角度、多层次的统一。

一、人权观念思维形式的普遍性和人权观念具体内涵的特殊性的统一

人权观念就其主观的逻辑思维形式来说是普遍的、共同的。无论何时何地、何国家、何民族、何阶级，他们的人权观念的逻辑思维形式都是主观的，都用主观的逻辑思想形式表达了人作为人的基本权利的共同要求，表达了无产阶级和资产阶级，社会主义国家和资本主义国家，发达国家和落后国家对自由、平等权利的价值认同。但是，不同的历史条件、不同的阶级、不同的国家有着特殊人权观念的特殊内涵和特殊理解。在15、16世纪，资本主义生产关系开始形成，资产阶级开始崛起，资产阶级启蒙思想家针对封建王权和教权，提出了"天赋人权"观念。认为"人类天生都是自由、平等和独立的"，这种与生俱来的权利是不可转让、不可剥夺的。这种"天赋人权"论，无疑是与社会契约论和古典自然法理相联系的，是适应资产阶级革命需要并起到了历史的进步作用的，因而成为资产阶级革命的口号和旗帜。但是，随着资产阶级革命的胜利，一般地、绝对地强调一切人的自然权利、天赋权利，显然已不符合资产阶级的统治利益。于是到了19世纪初"法律权利"观念则日益盛行起来。到了20世纪初，资产阶级为了缓和各种矛盾，

达到长治久安之目的,又提出"福利权利"观念。20世纪70年代末,以美国为首的西方垄断资产阶级,为了强权称霸,制定了"人权外交"新战略,什么"人权高于主权"论、"人权无国界"论、"人道主义干涉"论等等。从"天赋人权"观念,到"法律权利"观念;从"法律权利"观念,再到"人权高于主权"论等人权观念内涵的改变,并不是对人权观念思维形式普遍性的否定,而是为适应资本主义统治的需要,是西方某些大国对发展中国家推行新殖民主义和霸权主义的需要。但是,无论资产阶级人权观念具体内涵的特殊性如何变化,它总是与人权观念的思维形式普遍性相联系的,总是采取人权观念思维形式普遍性这个外衣来表达和反映它的特殊内涵的。

二、人权人道的自然属性普遍性与人权人道的具体社会属性特殊性的统一

就人权的最初层次而言,人权是伦理人道的人权。人权人道的自然属性是普遍的,人权人道的社会属性又是特殊的。人权人道的自然属性普遍性,是指古往今来,任何阶级、任何国家、任何民族的人权,都共同包含有对人性、人道的普遍认同,对人性、人格的普遍尊重。即凡人都具有做人的最基本、最起码的权利。否则,离开人权人道的自然属性普遍性,就不是人的权利,而是兽权、兽性、兽道了。西方资产阶级人权观,恰恰把人权人道的自然属性普遍性绝对化、片面化,夸大为脱离人权人道社会属性的特殊性。实质是抽象的人学唯心史观。我们不能因为资产阶级人权观把人权归结为抽象的人性、人道主义,就把人权人道的自然属性普遍性简单抛弃。

马克思主义人权观,不是简单地抛弃人权人道的自然属性的普遍性,而是把人权人道的自然属性普遍性,纳入人权人道的社会属性特殊性中进行考察的。马克思恩格斯针对资产阶级抽象人学历史唯心主义的错误,着重从人权人道的现实社会性的特殊性出发,即着重从人权人道的现实社会性分析人权中的人。马克思主义人权观认为,人权人道的自然属性普遍性仅仅只是人权最起码、最初层次的属性,不管人权人道的自然属性普遍性如何基本,它都具体存在于人权人道现实社会关系的特殊性人权之中,都是为了确定自由、公正和平等的社会人权价值和社会人格价值认同。人权中的公民自由、平等原则,能否得到实现,这与人权人道的自然属性普遍性并无直接关联,而主要取决于人权人道的现实社会关系的特殊性。因为,人权的普遍性包含着许多规定,最主要在于人是以"自由的自觉的活动"即社会实践来实现其"类特性"的实践存在物,是在现实的社会关系中生活和活动的社会存在物。

因而，人权人道的自然属性普遍性，也是在历史中形成和发展的。人的普遍性不是生物物种意义上的不变性和限定性。人的普遍性，"是依靠历史，通过历史并且同历史一起保存下来发展起来的"。① 所以，现实的人并满足于某种已有的规定性，并不停留于某种普遍性的极限。人通过自己现实地活动创造历史，又在创造自己历史的活动中追求新的规定性，发展自己的普遍性。可见，人权人道的自然属性普遍性与人权人道的现实社会关系特殊性是密不可分的辩证统一，片面强调其中任何一方，都是荒谬的。

三、人权阶级属性的普遍性与具体统治阶级人权阶级实质特殊性的统一

从政治上讲，人权具有鲜明的阶级性。人权是阶级社会的产物，伴随阶级的产生而产生，随着阶级的消灭、国家的消亡而消逝。在阶级社会中，各种人权无不打上阶级的烙印，无不反映和体现阶级的意志和利益，没有无阶级性纯粹的、抽象的人权，这是普遍的、共同的。但是，具体统治阶级人权的阶级烙印的实质，不同阶级人权的阶级意志和利益的实质，又是特殊的。即是哪个阶级的人权，代表哪个阶级的根本利益，维护哪个阶级的统治。西方资产阶级人权阶级实质的特殊性，就是西方资产阶级少数统治阶级的特权；社会主义中国人权阶级实质的特殊性，就是中国无产阶级和广大人民群众多数人的人权，全国人民的人权。西方资产阶级人权观，歪曲人权阶级属性的普遍性、共同性，根本否认统治阶级人权阶级实质的特殊性，把人权说成是超时代、超历史、超阶级的人权。而我们一些同志，对人权阶级属性的普遍性作了统治阶级人权阶级实质特殊性的片面理解，只讲人权阶级实质的特殊性，不讲人权阶级属性的普遍性、共同性，把人权阶级属性的普遍性、共同性简单理解成资产阶级人权阶级实质的特殊性，似乎人权成了资产阶级的专利，只有资产阶级才讲人权，其他任何阶级都不讲人权，看不到各个阶级都可用人权阶级属性普遍性、共同性，实现、达到本阶级统治的人权阶级实质的特殊性。教训是深刻的。

资产阶级是如何歪曲人权阶级属性的普遍性、共同性，根本否认不同统治阶级人权阶级实质的特殊性呢？一个重要之点，就在于他们为了达到自己的目的，不得不把少数资产阶级个人特权的阶级实质的特殊性，歪曲为凡人都有的普遍形式和公平合理的外观，用抽象的、共同的、普遍的"人"，代

---

① 《马克思恩格斯全集》第2卷，人民出版社1995年版，第140页。

替了具体的、特殊的、阶级的人；用权利思维形式的"普遍性"、共同性代替了统治阶级权利实质的特殊性。马克思恩格斯指出："事情是这样的，每一个企图代替旧统治阶级的地位的新阶级，就是为了达到自己的目的而不得不把自己的利益说成是社会全体成员的共同利益，抽象地讲，就是赋予自己的思想的普遍性的形式，把它描绘成唯一合理的，有普遍意义的思想。""它之所以能这样做，是因为它的利益在开始时的确同其余一切非统治阶级的共同利益还多少有一些联系，在当时存在的那些关系的压力下来不及发展为特殊阶级的特殊利益。"① 但是，随着非统治阶级和取得统治的阶级之间的矛盾对立尖锐，深刻地展开起来，这种具有"普遍性形式"的思想的假象也就在广大群众中逐步消失。所以，马克思恩格斯反对那种"把统治阶级的思想和统治阶级本身分割开来"，主要是同生产方式的一定阶级所产生的各种关系分割开来，不顾产生这些思想的条件和它们的生产者而"使这些思想独立化"，从而"从人的观念、想象的人，人的本质，人'中引申出包括人权在内的"人们的一切关系的做法。

然而，资产阶级人权观这种具有普遍性形式的思想，它的统治阶级人权的阶级实质特殊性究竟表现在哪里呢？一是表现在资产阶级提出的种种人权要求，始终是围绕着确保私有财产而旋转的；二是表现在资产阶级把法律上的平等应用在生产资料占有方面的不平等的人们，从而造成事实上的不平等，造成少数资产阶级对于绝大多数被剥削群众的金钱特权，进而把人权变成少数人的统治特权；三是表现在资产阶级一方面在人权宣言、在宪法中宣布公民具有各种不受侵犯的权利，另一方面却又通过种种借口从法律上剥夺被压迫人民享受这些权利的机会。

四、人权法律保护属性的普遍性与具体法律保护特殊性的统一

人权从其阶级意志利益的内涵讲，人权既是一个政治学范畴，又是一个法学范畴。人权是权利的最一般的形式，是人权本身应当享有的权利。一切人，作为人来讲，都有某些共同性。在这些共同性所及的范围内，他们是平等的。这种平等的基本权利，都是通过法律制定和保护的。人权的历史和现实充分证明，古今中外从来不存在不受任何法律保护的人权。法律适应人权的要求而产生，并以保障人权的实现为使命。人权与法律的关系是：一方面，法律规定人权，维护人权；另一方面，法律又限制和约束人权。因此，

---

① 《马克思恩格斯选集》第 3 卷，人民出版社 1995 年版，第 54 页。

24. 人权的普遍性与特殊性

任何时候、任何阶级、任何国家的人权都具有法律保护的基本属性,这是普遍的、共同的。

但是,各个人权法律保护的本质又是特殊的:一是人权法律保护的阶级实质的特殊性。掌握国家政权的统治阶级,通过法律总是优先规定和保护本阶级公民权,并以限制、剥夺被统治阶级的公民权为代价实现其统治阶级的公民权;二是人权法律保护的具体规定的特殊性。由于各国的社会经济制度、政治法律制度不同,经济发展水平不同,历史文化背景不同,意识形态不同,各国对于公民的权利和自由的具体法律规定,往往具有各自特点,有时甚至是完全不同的。因此,在不同的国家中,人权的内容、范围及其实现,必然要受不同国家的政权性质、经济基础和科学文化水平,特别是政治法律制度的制约和限制;三是现代国家法律保护的特殊性。在现代国际社会中,各国都通过自己的国内法,特别是通过宪法和宪法性文件,来规定公民的基本权利和自由。各国关于权利和自由的国内立法构成公民实际享有和实现的基本法律依据。离开了具体国家的具体的法律规定的特殊性,个人的权利和自由是无法存在的。所以,每一个公民在享有国家的法律所保障的各项基本权利的同时,也必须承担在法律上规定的义务。

人权法律保护属性的普遍性与各国具体法律规定的特殊性的统一,不仅表现在公民权和国内法的关系上,也表现在国际性人权文书和国际法的关系上。必须坚持人权与不干涉内政相统一的原则。人权与不干涉内政在原则上是统一的,不干涉内政的原则同样适用于国际性的人权问题。这已载入联合国宪章。只有坚持互不干涉内政,民族自决权这个集体人权才能有保证。国际事务是复杂的,各国国情不尽相同。世界上不存在超越国界、超越各国法律而普遍适用的人权法律模式。当今世界,没有抽象的、绝对的人权法律,只有具体的、相对的人权法律。法律人权如同其他任何权利一样,需要适应一定社会关系的法律体系作保障。法律人权最终只能通过对国际公约的普遍遵守,特别是通过各国国内立法、司法及行政措施来实现。然而,由于各国法律是建立在不同社会制度、经济关系、意识形态和文化传统的基础上的,因而,世界不存在千篇一律的人权法律。不仅各国公民权利的法律规定有其特殊性,而且某些重要的国际公约,一些国家也有所保留。各国司法条款与国际人权文件的条款还有许多矛盾。在这种情况下,如果各国都以本国的人权法律去裁定别国的"人权问题",势必造成干涉他国内政,导致国际关系的混乱。所以,无论国际人权保护还是国内人权保护,都要坚持法律保护属性的普遍性与各国具体法律规定特殊性的统一。既反对那种歪曲人权法律保护属性的普遍性,排斥、否定各国具体人权法律规定的特殊性,打着"国际人权法"的幌子,干涉别国内政和主权的错误倾向;又反对那种借各国具体人权法律规定的特殊性,排斥、否定人权法律保护的普遍性,违背国际人权公约和国际人权文件的条款,肆意侵犯本国人民的人权和别国主权的错误倾向。

五、人权共同标准的普遍性与各国人权具体标准特殊性的统一

探讨评价人权的标准,必然涉及国际人权共同标准的普遍性与各国人权具体标准特殊性问题。不同的民族和国家,由于具有不同的历史与文化传统,不同的经济与发展水平,以及对人权的不同理解和不同的价值目标追求,它们之间的人权标准必然是有差异的、特殊的。试图找到一种超时代、超国界,脱离各个国家人权标准特殊性之外的到处适用的人权标准,是根本不存在的。问题不在于是否存在人权的共同标准,而在于如何理解和把握人权的共同标准。

1. 不同民族、不同国家在评价人权问题上的共同标准,是在差异基础上的共同标准,是在各国人权标准特殊性之中的人权共同标准的普遍性。其具体内涵有二:一是理想意义上的人权共同标准。作为人应该享有人的尊严、人格、权利等。这种以"应该"为准则评价人权,实际上是以不同于兽道的人道为尺度,它在不同的民族、不同的国家那里具有共同性。这种"共同标准"的普遍性只是理想意义上的共同性,它在现实人权实践中常常碰壁,就是对同一人权现象的评价也可能出现两种结果:一种是运用这种共同标准评价人权,能与现实相契合,纠正人权现状中"不应该"发生和存在的现象,发挥它的导向功能;另一种是不能与现实相契合,不能纠正人权实践中"不应该"发生或存在的现象,不能成为该民族、该国家评价人权的标准,实际上也就失去了"共同标准"普遍性的真正价值。正因为以人道为尺度的共同标准的普遍性,在评价现实的人权活动中常常可能碰壁,所以,我们只能在理想意义上看待这种人权共同标准的普遍性,不能随意地以这种理想意义上的人权共同标准的普遍性,去排斥否定各民族、各国家具体人权标准的特殊性。二是国际人权文书中的人权共同标准。也即国际人权活动的共同准则。自从联合国成立以来,在40多年间通过了将近70个国际人权文书,其中包括国际条约和国际习惯法两大部分。就其具体形式而言,则有公约、宣言、决议和议定书等。如国际人权会议1968年发布的《德黑兰宣言》曾郑重宣告,《世界人权宣言》发表以来,"所通过人权方面的其他公约及宣

24. 人权的普遍性与特殊性

言已订立新标准,创设新义务,各个国家均应遵守。"这说明,国际人权标准(或者说国际人权的共同标准)的含义与上述理想意义上的人权共同标准是有差别的。上述理想意义上的人权共同标准侧重于对人权现实的认识、判断,即是"应该"还是"不应该";国际人权文书中的人权共同标准则侧重于人权行为的规则、准则,即在多数国家都必须在人权实践中遵守、执行的。不管是哪种意义上的人权"共同标准",它的运用与实施,都不能离开不同民族、不同国家的具体历史条件,不能离开不同民族、不同国家的实践所形成的具体人权标准的特殊氛围与规范。

2. 不同的阶级、不同社会制度的国家对于人权共同标准的要求和理解,本来是不尽相同的,他们是如何将人权共同标准的普遍性与各个国家人权具体标准的特殊性统一的,如下是三种特殊情况标示着不同阶级、不同社会制度的国家在人权具体标准的特殊性之中,呈现出人权共同标准的普遍性的可能和现实:一是当不同阶级利益的对立还未上升为主要矛盾,也就是说,不同阶级利益的对立还被某种共同的需要掩盖着的时候,他们可能在一定的范围、一定程度上形成共同的人权标准。如资产阶级反封建时,资产阶级与无产阶级对封建君权、神权的抨击就曾有共同的目标要求和准则;二是不同社会制度的国家在价值观念、意识形态上的对立,也不否认他们之间在某些问题上互相妥协、调和,达成双方均可接受的人权共同准则、人权共同条约。如 1948 年 12 月,国际社会通过的《世界人权宣言》,超出了资本主义传统的人权观念,对世界各国人民争取真正的人权具有很大的促进和鼓舞作用。因此,它在一定程度上反映了世界人民对人权的某些共同要求和看法。不过《宣言》的产生,实际上是当时苏联等社会主义国家与西方资本主义国家和亚非拉发展中国家之间不同的经济、政治、文化和历史传统的分歧与妥协。正因为《宣言》中所认定的共同标准,反映并不是某一种统一的共同标准的人权价值认同,而是一开始便打算适应许多目的和要求的多种政治标准,它给不同政治力量根据自己的需要,摘引《宣言》的有关条款为自己的政治去套用具有不同的历史文化传统,不同的意识形态国家的人权,结果必然会得出与实际相去甚远的看法;三是在关系到整个人类的生存与发展,影响国际关系,威胁国际社会的和平与安全的问题上,不同社会制度的国家可能在一定程度上形成有关的国际人权准则和约法。如 1972 年联合国人类环境会议通过的《人类环境宣言》,1973 年通过的《禁止并惩治种族隔离罪行的国际公约》,1979 年在纽约签订的《反对劫持人质国际公约》等等,反映了当今人类的维护和平与安全权、健康权,反对侵略等方面人权的共同标准。

3. 不同阶级、不同社会制度的国家在人权具体标准的特殊性中，之所以能存在人权共同标准普遍性的根据，就在于"对非人道的、大规模侵犯人权现象的共同谴责"。世界上不同肤色、种族、民族的人民都认为，种族隔离、种族歧视、种族灭绝、贩卖奴隶、侵略战争、粗暴侵犯人权的行为，国际社会都共同反对；在反对共同敌人的斗争中，结成了统一战线，或遇到了共同关心的问题。《联合国宪章》、《世界人权宣言》中所提到的人权共同标准，首先都是反法西斯国家在反法西斯主义斗争中统一战线的产物，同时又是对这些国家所共同面临和关心的人权问题所达成的一种谅解和妥协；能为大多数民族、国家所认同或接受，并反映他们的利益和愿望，如第三世界国家在第 32 届联大通过的《关于人权新概念决议案》草案，反映了第三世界国家在国际政治经济生活中的基本人权要求和人权活动的根本标准。决议中关于维护各民族平等权、国家主权、民族自决权、反对侵略等新内容，具有鲜明的反帝、反殖和反霸的性质。它虽然受到一些国家的反对，但决议案还是以 126 票的多数获得通过，成为广大第三世界国家所认可的关于国际社会人权活动的一个新的准则。

4. 人权共同标准的普遍性反映了阶级地位不同的人们、社会制度发展水平不同的国家的普遍利益和共同要求，因而在本质上又与西方垄断资产阶级的"独家标准"和"双重标准"是根本的对立的。首先，人权共同标准是阶级地位不同的人们对自由、平等权利的共同要求意愿的反映；而现代西方垄断资产阶级的"独家标准"和"双重标准"，其本质则表达的是少数垄断特权和垄断统治权。其次，共同标准的普遍性，反映了当今不同类型的国家要求维护世界和平，保障基本人权，建立公平合理的国际关系的共同意志；而西方垄断资产阶级的"独家标准"、"双重标准"，都是他们实施"人权外交"新战略，推行霸权主义和强权政治的手段。

总之，人权普遍性和特殊性关系，贯穿于人权问题的各个方面和全过程。它是科学理解复杂的人权问题的精髓和钥匙。

25. 生态文明权

生态文明权益既是资源节约权和社会权的文明权益升华,又是与社会主义物质文明、政治文明、精神文明密不可分的整体社会文明形态。生态文明权益作为一种动态平衡的环境友好社会权,其实质是高级文明形态的人与自然的协调发展权,是人与自然、经济与生态环境的协调发展权,是人文景观与自然景观和谐相处的协调发展权。

一、生态文明权益的界说

1. 生态文明权益的内涵

生态文明权益是人类权利文明的高级形态。按照科学发展观,生态文明权作为公民社会权的重要组成部分,是生态文明在公民基本权利上的集中体现,是人与生态环境和谐相处的高级权利文明形态。有无公民权利的自觉能动性,有无深刻的文明内涵,是区别一般环境权与生态文明权的显著标志。

生态文明权益是社会权的重要组成部分,也是社会权的客观环境基础。生态文明权以生态环境作为权利媒介,要求实现人类价值观的彻底转换,是建立在人与自然和谐共处、相互尊重基础上的新型社会权利。"生态环境"主要是指人类生活的自然环境,"是指影响人类生存和发展的各种天然的和经过人工改造的自然因素的总体,包括大气、水、海洋、土地、矿藏、森林、草原、野生生物、自然遗迹、人文遗迹、自然保护区、风景名胜区、城市和乡村等"。[①]

生态文明权益是公民环境保护的应有权利。生态文明权是为公民环境保护所需要,而传统法学理论与制度又未加规定的一项权利。从这个意义上说,可以将生态文明权理解为公民依法诉求和应当享有其所置生态环境资源

[①] 《中华人民共和国环境保护法》,中国法制出版社1999年版,第5页。

具有生态功能的应有权利。换言之，生态文明权是公民享有在不被污染和破坏的环境中生存及利用环境资源的权利。生态文明权益的权利主体，不仅包括公民、法人及其他组织、国家以及全人类，还包括尚未出生的后代人。就权利主体的代际相继而言，生态文明权应由当代人和后代人共同享有。权利主体的对象，既包括天然的环境和谐要素和人文的环境和谐要素，也包括各环境要素所构成的环境系统的功能和效应，如生态效益、环境的优美舒适等。生态文明权益作为一项权利，可以实证化和具体化。如在现实生活中，可以将生态文明权具体地细划为清洁空气权、清洁水权、免受过度噪声干扰权、风景权、环境美学权等等。在日本的一些判例中列举的生态文明权包括清洁空气权、清洁水权、风景权、宁静权、眺望权、通风权、日照权、达滨权等①。

需要指出的是，生态文明权益是公民基本权利与义务的有机统一。在享有生态文明权利的同时承担保护生态环境的义务，是现代生态文明权利观的科学内涵。

2. 生态文明权益的本质

由于生态文明权益的内涵丰富性，内在决定了生态文明权益本质的多重规定性。首先，生态文明权益的属人本质规定性。从表象看，生态文明权似乎是生态问题，但其本质却是人类文明问题。人类文明是生态文明权的深层本质，并由此决定了生态文明权的属人本质。其次，生态文明权的文明本质规定性。生态文明权是环境权基础上的人与生态环境和谐相处的高级文明形态，蕴含着公民权利的自觉能动性，是协调人与自然和谐相处的文明权益。正是这种人与自然和谐相处的属人文明本质规定性，才使生态环境打上了文明形态烙印，才具有生态文明权的性质。否则，就只能是自然环境权。在这个意义上，有无公民权利的主观能动性，有无深刻的文明本质，是区别环境权与生态文明权的显著标志。这一文明本质决定了生态文明权的有机协调性。生态文明权不仅包含着人类对自身（当代及后代）生存权、发展权和生命健康的重视，而且包含着人类对人、动物、微生物、植物等一切生命体，以及对大气、矿物、山川、河流、海洋等一切无机物的生态规律的尊重，其文明真谛就是人类对于自身与自然、社会三者和谐关系的深刻把握。再次，这一文明本质决定生态文明权的辩证统一性。生态文明权是自然景观和人文景观的辩证统一，是物质文明、政治文明、精神文明和生态文明辩证统一的

---

① 原田尚彦：《环境法》，法律出版社 1999 年版，第 6 页。

公民基本权利的升华。

3. 生态文明权益的内容

一般来说，生态文明权益的内容主要包括：一是生态环境享有权，即公民有享受优美（绿色、清新、人文和舒适等）生态的权利。1995年修改的《挪威宪法》增设了110b条，其中第一款规定"每个人有权获得一种有益于健康的和有益于自然条件的生产力和多样性得到保护的环境"〔3〕41。目前现有的各国生态环境立法中关于日照权、眺望权、清洁空气权、环境审美权、户外休闲权等都是关于环境享有权的规定，目的在于满足人的健康、精神振奋和愉悦以及对生活的幸福感受等需要。二是恶化生态拒绝权，即公民有拒绝恶化生态环境（土地、水、空气和食品污染，自然景观和人文景观破坏等）的权利。三是生态文明知情权，即公民有知晓生态现实状况和发展趋势的权利。《挪威宪法》第二款规定："公民享有被告知自然环境状况和任何已经计划或着手的对自然的侵蚀所产生的后果的权利。"① 环境知情权主要由法定程序加以保障，也是对政府环境行政机关权力的限制，要求环境行政机关负有披露信息的义务，是公民监督权的一种表现。这一权利既是公民参与国家环境管理的前提，又是环境保护的必要民主程序。四是生态环境参与权，即公民有参与生态环境保护的权利。公民有权参与国家环境管理的预测和决策过程，参与开发利用环境的管理过程以及环境保护制度的实施过程。参与权是联系集体环境权与个人环境权的纽带，是通过国家立法建立一种沟通和协调不同利益集团的利益的谈判与协调机制。一方面，它使各社会阶层能够充分表达不同利益的诉求；另一方面，通过建立公众监督机制，防止因行政机关的违法或不当行为引起的生态环境污染和破坏。

4. 生态文明权益的基本特点

一是人与自然的互动性和交融性的有机统一。人与自然的关系是人类生存与发展的基础关系，人类社会的发展史也是人与自然的关系史。生态文明权中的人与自然环境关系，是一种双向互动、制约和交融的关系，二者统一于人类的能动性活动，即人的实践活动。生态文明权作为一项法律权利，是通过法律的形式规范人们的实践活动，禁止或限制不利于生态环境保护的行为，实现人与自然环境的和谐相处。

二是生态文明权益的实体环境权和程序环境权的有机统一。程序环境权是指公民、法人或其他组织依法享有的参与环境决策过程、诉诸司法救济的

---

① 薛晓源：《生态文明研究前沿报告》，华东师范大学出版社2006年版，第41页。

权利，如环境信息权。实体环境权是指公民享有的与环境质量有关的权利，如防止环境危害发生的请求权、环境赔偿请求权等。公民既享有法定生态权，又有参与有关生态管理和决策的程序环境权。1998 年由联合国欧洲经济理事会起草并通过的《关于在环境问题上公众获得信息、参与决策与获得司法救济的公约》，在程序设计方面向世界昭示了公民环境权的实施大步向前推进的具体方案，使实体环境权和程序环境权得到了统一。

三是生态文明权益的公权力与私权利的有机统一。作为当代社会的一种新型权利，生态文明权具有公权和私权的双重性格。其中的通风权、采光权等，加害人和受害人容易确定，"私权性"最强，同时受公法（如建筑法、城市规划法等）和私法的保护；清洁空气权，加害人和受害人往往均难以确定，"公权性"最强，仅受环境法等公法的保护；至于生态文明权中的其他"亚权利"，如清水权、宁静权、安稳权等，则介于以上两种类型之间，兼有公权和私权的性质。当生态环境权遭受侵害时，法律为其提供了私法和公法的多种保护途径。

四是生态文明权益的多数权利和少数权利的有机统一。生态文明权是一项主体广泛的权利，既是个人权利，也是一项集体权利。它适用于对有生命的个人的环境权益的保护，也适用于对具有复合性质的人的某类法人及其他组织、国家乃至全人类的集体的环境利益的保护，同时还适用于对尚未出生的后代人的权益的保护。生态文明权不仅是普遍意义上的公民权利即多数人的权利，而且也是少数人生态文明权益的体现，包括：妇女的生态文明权——男女平等；儿童的生态文明权——保护儿童的特殊利益等。

五是生态文明权益的人类性和自然权利的自然性的有机统一。生态文明权益是一项具有多重价值取向的权利，它既体现人的权利，也反映自然的权利。人与自然具有不可分割性，人有享用适宜环境的权利，意味着环境具有满足人需要的功能和价值；人有保护环境的义务，意味着环境有受到人尊敬的权利。联合国《世界自然宪章》指出："每个生命形式都是独特的，无论其对人类的价值如何，都应得到尊重，为了给予其他机体这样的承认，人类必须受行为道德准则的约束。"生态文明权既反映了人对自然的权利和义务，也反映了自然对人类的价值和作用，从而体现了生态文明权益的人类性和自然权利的自然性的有机统一。

六是生态文明权的整体性与个体性的有机统一。任何人在当今社会都不可能脱离生态环境独善其身，也不可能以任何方式独占生态环境利益。因此，生态文明权具有强烈的整体性，是通过个人权利形式体现的真正公共权利或"人类权利"。但生态文明权的整体性中又包含着个体性,其核心是人的生存权,这一权利不能受到限制和剥夺。虽然其他权利可能因种种原因而丧失,如财产权可能因处分而转移,政治权利可能因受刑事处罚而被剥夺,但公民的生态文明权则是与生俱来、不可剥夺的。正因如此,生态文明权益是整体性与个体性的有机统一。

七是生态文明权益的长远利益和眼前利益的有机统一。每个公民都有生态权利,即平等地享有生态资源、生存空间等,同时也都应负生态责任,即保护生态,偿还生态债务。人类要在保证代内公平和代际平等的原则下发展,一个区域、国家的发展不能妨碍和影响其他地区、国家的发展,个人获取财富更不能建立在损害他人利益的基础上,也不能牺牲下一代人的环境利益。代际公平可以通过生态环境保护来实现,而代内公平首先必须解决弱势群体的生存条件。生态文明权所包含的利益是多重的,其实现的目的是为了当代人和后代人的持续生存和发展,因而生态文明权益所体现的是整体利益、长远利益和个人利益、眼前利益的结合。

八是生态文明权益的权利与义务的有机统一。任何权利都是或应当是与义务相互依存的,权利的实现是以义务的履行为条件的。任何人都是生态文明的权利主体,同时也是义务主体。因此,每个公民的生态文明权是平等的,每个人在享受环境权的时候,都必须尊重和维护他人的环境权利。

二、生态文明权益的时代价值

实现人与自然环境的友好相处,既是一场关系到人与自然关系的"社会革命",又是一场公民社会权的"深刻变革"——由过去对资源环境的征服者,转变为对自然环境的友好者、维护者和尊重者。这就彰显了生态文明权益的时代价值。

1. 彰显了社会和谐发展的新内涵

生态文明权的前提是人与自然和谐,是人的权益与自然权益互相协调发展,生态文明权是构建社会主义和谐社会的重要内容和目标。我国《宪法》明确规定,人的发展应该建立在合理利用自然资源的基础上,保护生态环境。这就从法律规范上反映了生态环境对人类社会的价值,反映了人类对自然生态环境的关怀。

生态环境是人类社会赖以生存发展的重要物质基础,也是构建和谐社会的重要物质基础。自然界向人类提供的资源,部分是不可再生的,另一部分虽然可以再生,但它们的增长受到自然条件的限制。这就要求人类需求的增长必须与自然界所能提供的各类资源相适应。在维护人类社会发展的同时，必须维护自然界的平衡，以保证人类社会系统和自然生态系统的协调发展与和谐共处。

2. 彰显了人类把握客观规律的新境界

生态文明权是以环境为权利客体的，它的建立以人类的环境观为基础，深刻地体现了人类把握客观规律的新境界。当代，生态环境权益理论与实践引起国际社会高度关注，是与人类环境观的变化相联系的。1972年《人类环境宣言》被认为是人类新的环境观念产生的标志，因为《宣言》明确宣布了公民环境权。30多年来，国际环境保护掀起了两次高潮，生态环境权益理论也经历了两次大的发展。现代环境观作为一次革命性变革，是与传统环境观的长期影响作斗争的过程；而环境权的实现，也是"为权利而斗争"的过程。这其中还有认识论和方法论的转变过程。

70年代初西方生态理论提出之时，人类环境保护的视野开始从自然科学领域向社会科学领域拓展，先污染后治理的惨痛教训和单纯依赖技术手段难以奏效的现实，迫使人类寻求管理环境的途径。《人类环境宣言》的发表标志着国际社会已认识到，环境问题的解决不仅取决于对自然因素及其变化规律的认识，而且取决于对社会因素及其变化规律的认识。正是在人们初步认识到环境问题的社会因素后，提出了生态环境理论并开始了立法实践。但由于当时环境问题的全球性后果尚未完全显现，局部地区严重的环境污染经过治理得到了一定程度的改善，使人们对环境问题的威胁还缺乏足够的认识。直到80年代后期，大规模的环境污染如博帕尔毒气泄漏、切尔诺贝利核电站爆炸、墨西哥液化气爆炸、意大利塞维索剧毒性化学品泄漏等危害巨大、后果严重的污染事件频繁发生，长期以来排放二氧化碳、氮氧化物等大气污染物的积累性后果带来全球性酸雨、温室效应和全球性气候变化以及臭氧层破坏。面对如此严峻的环境问题，人类不得不全面反思自己的行为，认真思考人类与环境的关系。正是在这一背景下，生态理论重新受到了人们的高度重视。

西方学者研究环境问题分别从自然科学和社会科学的角度展开：从自然科学的角度看，人是自然界的产物，是自然界的一个有机组成部分，是生态系统中的消费者，因此人要依赖自然，服从自然规律，在环境上尤其要服从生态规律；从社会科学的角度看，人类最基本的活动是生产活动，而生产活动是人类能动地改造自然的物质活动，因此人是自然环境的改造者，自然环境是被人改造的对象。可见，自然科学将自然环境作为人与自然统一的基础,而社会科学则将人作为人与自然统一的基础。科学发展观视野中的生态文明权益,既要从科学发展的角度协调人与自然的关系,又要使这种协调符合生态规律和社会规律的要求;既要尊重自然权利,又要有科学的人文关怀和人文精神的支撑。在当代东西方文明理念的相互借鉴中,只有从以人为本的科学发展观的战略高度,将环境问题纳入"四大文明建设"的整体文明推进中,才能不断创新中国特色社会主义的生态文明权益理论。

3. 彰显了人与自然关系的新审视

近几十年来,人与自然的紧张关系在全球范围内呈现扩大的趋势,主要表现在三个方面:一是人与自然的相互作用模式比以往任何时候更加复杂多样,协调人与自然的关系更为困难;二是发达国家在实现工业化的过程中,走了一条只考虑当前需要而忽视后代利益、先污染后治理、先开发后保护的道路;三是通过市场化和经济全球化,发达国家的生产方式和消费模式在全球扩散,由于国家与区域间经济社会发展不平衡,后发国家往往难以摆脱以牺牲资源环境为代价换取经济增长的现实,面临着资源被进一步掠夺、环境被进一步破坏的严峻局面。人与自然关系的和谐,已成为和谐社会建设的一个重大课题。

环境伦理学认为,人类在分享大自然所赐予的环境利益方面,同代之间和代际之间存在一种平等的权利,人类在通过生产活动、生活活动与大自然进行物质、能量、信息交换而获得个人幸福的过程中,不能破坏大自然自身的平衡。人类对自然的利用要限制在大自然再生和自净能力范围内。当前,我国经济社会发展与资源环境之间的矛盾日益突出,人与自然的不和谐已经成为构建和谐社会的重大障碍。例如,一些地方在征地中,农民的利益得不到维护,时常引发一些影响社会安定的矛盾;再如,因水污染和大气污染,导致公民和企业之间、区域之间、流域之间的矛盾加深,因环境污染和生态破坏造成的纠纷急速上升。进入 21 世纪以来,环境污染引发的群体性事件以年均 29% 的速度递增,2005 年全国发生环境污染纠纷 5 万多起,明显高于其他群体性事件。这表明,我国已提前进入了环境事故高发期。

森林的破坏和减少,土地的退化、荒漠化和沙漠化,水资源的减少和污染,必然导致人类生产和生活环境的恶化。1980 年由国际自然资源保护联合会、联合国环境规划署和世界自然基金会共同发表的《世界自然保护战略:为了可持续发展的生存资源保护》,明确提出了"可持续发展"的问题。作为一种整体发展观,"可持续发展"的实质是协调,是人与自然、经济与生态环境的协调发展,是人力资本、物质资本和自然资本的协调发展与长远发展。构建社会主义和谐社会，就是要正确处理好人与自然的关系，在社会发展过程中保持自然与社会的和谐发展。

4. 彰显了人与自然和谐相处的新趋向

生态文明权的文明诉求与权益表达，反映了当代社会人与自然的和谐相处的新趋向。生态文明权是以生态系统的整体利益为最高价值，倡导人类生态中心主义价值观，坚持以人为本的科学发展为理论基础，而非以西方工业文明的人类中心主义为理论基础、以人类的利益为价值判断之终极尺度。生态文明权以生态整体主义或生态整体观为指导考察人与自然的关系，将是否有利于生态系统的整体利益，即生态系统的和谐、稳定作为人类对自然的思想、态度和行为的判断标准。

当然，反对把人类视为自然界的中心、把人类的利益作为价值判断的终极尺度，并不意味着生态文明蔑视人类或反人类；恰恰相反，生态灾难的恶果和生态危机的现实使人们认识到，只有把生态系统的整体利益作为根本前提和最高价值，人类才有可能真正有效地消除生态危机，而凡是有利于生态系统整体利益的，最终也一定有利于人类的长远利益或根本利益。党的十七大报告用很长的篇幅，创造性地阐述了建设生态文明的理念、人与自然和谐相处的生态文明建设目标。牢固树立和全面落实科学发展观，要求切实处理好经济建设、人口增长与资源开发利用、生态环境保护的关系，推动整个社会走上生产发展、生活富裕、生态良好的文明发展道路，实现经济社会发展与环境保护、生态建设的统一。高度重视人与自然的和谐共处，加强资源和生态环境保护，增进可持续发展的能力，是构建和谐社会的基础，也是关系中华民族生存与长远发展的根本大计。这不仅对中国自身有着深远影响，而且也是对全球日益严重的环境生态问题所作的庄严承诺，是对整个人类文明史的重大贡献。

三、维护生态文明权益的主要对策

一是确立与生态文明权益相适应的文明观念。生态文明观念是指人们对客观环境的看法和观点、观念的总和，是处理人与生态环境的关系的指导思想。迄今为止，人类文明大致经历了三个历史阶段和三种观念形态：第一阶段是古代生产力水平发展低下条件下人类畏惧自然、崇拜自然的阶段；第二阶段是随着生产力的发展和科学技术的进步而出现的"无视自然、主宰自然的观念"和"人类中心主义的价值取向"；第三阶段是现代科学技术的发展、人类受到环境危机的威胁阶段，促使人们开始由无视自然的陈旧观念向重视自然、与自然和睦相处的观念过渡，从人类中心主义的价值取向过渡到人与自然和谐相处与发展的价值取向。生态文明权则是建立在全新的环境观上的新理论，至少包括五个方面的内容：人类是地球生态系统中的普通成员，是自然界的一部分，毁坏环境就等于毁坏自己；自然界能够为人类发展提供的资源是有限的，人类在寻求发展、改造自然时，必须自觉地约束自己，尊重自然和自然规律；生态环境和自然资源属于每一个人，人人都有享受良好环境与开发使用资源的权利，同时也应承担保护与改善环境的义务；环境与资源不仅属于当代人，而且属于后代人，当代人应当在寻求自己的利益与发展中保护好环境，为后代人的发展留下良好环境，确保自然资源的继续利用，实现人类持续发展；人类应彻底纠正"以自然界主人自居"的错误观念，建立起一种"既符合人类持续发展的主观需要，又符合生态环境自然规律客观要求"的人与自然的新型关系——和睦、协调、统一、尊重的关系。

二是构建与生态文明权益相适应的法律制度。首先，从立法上明确生态文明权，确立其宪法地位。在《宪法》"公民的基本权利和义务"一章中明确规定"中华人民共和国公民有享用适宜环境的权利和保护环境的义务"，并在民法的权利清单中，特别是环境保护法中增加生态文明权，赋之与人格权、财产权等以同等的法律地位；同时在各环境保护单行法中增加有关公民享有的日照权、通风权、安宁权、清洁空气权、观赏权等规定，以完善公民生态文明权利体系；此外，相应调整诉讼法，放宽环境诉讼的起诉资格，使所有公民均享有对污染和破坏环境行为提起诉讼的权利。其次，应进一步充实法人及其他组织生态文明权的内容。在宪法中明确规定，法人及其他组织有对良好环境进行无害使用的权利和保护生态环境的义务；通过各种污染防治法对排放生产废物权做出详细规定，通过劳动环境保护法对享有的清洁适宜的生产劳动环境权做出具体规定。再次，应完善国家环境权。我国的国家环境权只见于《宪法》和《环境保护法》等法律、法规，要求从立法上加强和谐社会的法治制度建设：一要把国家环境权的内在要求写入宪法，在根本大法上保证生态文明建设的健康发展；二要制定一个统一的"自然资源保护法"，使自然资源的合理利用得到法律上具体而切实的保障；三要在各种经济立法中突出生态环保型经济的内涵，在经济法中充分体现经济发展与生态文明的协调发展。

三是建立健全与生态文明权益相适应的协调运行机制。环境法要设计一系列具体的技术工具和配套的法律制度，对生态环境的状态进行技术性的描述和量化界定，这些制度主要包括：第一，生态环境标准制度机制。在环境法中，主要有环境质量标准和污染物排放标准两类。环境质量标准为大气环境、水环境、声环境等提供判断标准和一系列技术评价指标。清洁水、清洁空气、宁静的生活环境和室内环境等，都应以是否符合人的健康、安全、愉悦等需要为基本出发点和归宿点。第二，生态环境影响评价机制。它是对政策、规划和建设项目实施后可能造成的环境影响进行分析、预测和评估，提出预防或减轻不良环境影响的对策和措施，进行跟踪监测的方法与制度。生态环境影响评价也是政府履行环境义务、保障公民良好环境权的有效方法。第三，清洁生产制度机制。1998年《国际清洁生产宣言》指出："清洁生产是将综合的、预防战略持续应用于生产过程、产品设计和服务中，以减少风险，寻求经济、健康、安全和环境等方面的利益。"采用清洁能源以及对废弃物进行循环利用和回收利用，以消除和减少企业对生态环境的污染，从而将水环境、大气环境、声环境、土环境等保持在良好状态。第四，自然保护区制度和历史文化保护区制度机制。通过建立自然保护区，对森林、草原、内陆湿地和水域、海洋、海岸的生态系统，野生动植物，地质遗迹和古生物遗迹等进行整体保护，禁止人为活动的破坏，使这些区域的环境保持或者恢复其本来面貌，即保持或者恢复生态环境的良好状态。通过对历史文化遗产的保护，可以保留、继承和弘扬人类文化传统，将人文精神融入自然环境，营造人与自然的和谐氛围，实现当代人的生态文明权益。

四是创建与生态文明权益相适应的社会实践活动。我国目前实施公众参与生态文明建设的主要任务，是通过宣传教育提高和强化全民族的生态文明意识和环境法制观念，使广大群众认识到生态环境保护关系到各行各业和每个公民的切身利益，动员和正确引导公众参与生态环境保护和建设，在全社会树立起保护生态环境人人有责的风尚，要在立法中保障公众参与权并具体体现公民环境监督权的内容，以充分调动广大群众保护环境的积极性，提高全体公民的环保意识，并通过全体人民的共同努力来实现人与自然的和谐发展，把保护生态环境变成全体公民的自觉行动。

综上所述，生态文明权益是适应人与自然和谐相处的需要而产生的一种崭新的权利内容。面对目前环境保护的严峻形势，在构建和谐社会和全面建设小康社会的伟大实践中，迫切需要建立健全环境法律体系，全面提高公民的环境意识，进而保障公民的生态文明合法权益。

26. 人权本原说的历史逻辑演进及启示

人权历史与人权逻辑是内在辩证统一的。人权历史是人权逻辑的沃土，人权逻辑是人权历史的抽象。没有人权历史的人权逻辑是空洞的，无意义的，也就没有人权之根。同样，没有人权逻辑的抽象，人权历史是直白的，浅显的，也就没有人权之魂。因此，探究人权本原说的历史逻辑演进，无疑具有十分重要的历史意义和现实意义。现代意义的人权概念最初是近代西方资本主义社会适应资本主义现代化发展的需要提出来的，并随着资本主义文明的发展而逐步在世界上得到发展和广泛传播。由此，一部近现代人类人权的历史逻辑演进史，其实也就是一部近现代人类人权本原的历史逻辑演进史。人权的本原是指人权的根源"是什么"、"从哪里来"和"为了谁"、"我是谁"的根本问题。也即人为什么应当享有人权？国家为什么应当尊重和保障人权？或者说人权是人作为人所应当享有的，还是国家和法律所赋予的？这关系到人应当享有人权的正当性与合法性的根本性问题。由于现代意义人权的不同历史逻辑演进，现代意义人权的本原说也有如下种种不同的人权本原解读。

一、现代西方人权史中的人权本原说

从一定意义说，一部近现代西方文明史，其实也就是一部近现代西方人权史。广义上的人权萌芽在国家和法律出现之前就有了，但以自由、平等、人道为其主要内容与特征的狭义人权即现代意义人权，则是近代资本主义商品经济和反封建王权以及反罗马教权的产物。近现代西方人权发展史中的人权本原说大致经历了如下几种观点：

一是"天赋人权说"。

"天赋人权说"是最为典型的人权本原说。在近代西方，现代意义人权随着商品经济的发展和人文主义思潮的兴起而产生的。意大利诗人但丁，被恩格斯称为"他是旧世纪的最后一位诗人，同时又是新时代的最初一位诗人"。①他在他的名著《神曲》中首先提出了人权概念。他说："人权是帝国大厦的基石"，"帝国不能做违反人权的事。"荷兰的自然法派格劳秀斯作了开创性的重要贡献。他第一个开始将自然法引入对市民社会特性与原则的分析中，包括对个人财产的天赋权利与社会契约关系的论证。他说："'有约必践，有言必偿，有罪必罚'等等，都是自然法。"② 他认为，自然法的一系列原则是不证自明的公理，并由此推导出国内成文法和国际法的一系列原则。继格劳秀斯之后的另一位著名自然法倡导者是英国的霍布斯。他开始抛弃笼罩在自然法之上的宗教的神秘面纱，力图将自然法学说建立在科学的推理和实证的基础上。他提出，人类天性中包含着求利、求安全和进行侵犯这样三种基本要素。在自然状态中，人人享有自然权利，但在社会状态中，又处于战争状态之中。因此，他提出，自然法的第一原则是寻求与信守和平；第二条原则是每个人都放弃自己的一部分自然权利而组成社会，以实现人类自我保护的目的，社会是契约的产物。英国洛克是自然法理论的集大成者，是天赋人权论者的系统化、理论化者。他从性善论出发，把霍布斯的战争状态改变为和谐状态。他认为，人们可以通过订立契约来建立政治社会，成立国家，而国家的目的和宗旨是保障公民生命、安全、自由、平等、财产和追求幸福的权利。公民的这些权利不是外界的恩赐，而是公民应当享有的一种自然权利和天赋权利。洛克对人权的划时代贡献，就在于他开创了"天赋人权说"系统化和法律化的先河：第一，把自然权利由霍布斯的"战争状态"即无情争斗过渡到自由状态；第二，建立以财产权为核心的公民权利体系；第三，从自然状态向社会状态过渡；第四，提出新的权利内容即同意权、反对权、罢免权等等；第五，提出"立法权、执行权、反对权"即"三权分立理论"的原初形态。洛克系统化、理论化的"天赋人权论"理论，成为后来写入一些具有里程碑意义的权利宣言和宪法的"天赋人权"观念的直接思想来源。③ 对现代意义人权的历史贡献具有划时代意义。1774年10月14日，美国第一次大陆会议通过的《权利宣言》就认为"自古不变的自然法则"是殖民地获得自身权利的主要依据。1776年夏通过的美国《独立宣言》指出："人人生而平等，他们都从造物主那里被赋予了不可转让的权利，其中生命

---

① 《马克思恩格斯选集》第1卷，人民出版社1995版，第249页。
② 李步云：《论人权》，社会科学文献出版社2010年版，第76页。
③ 谷春德、郑杭生：《人权：从世界到中国：当代中国的人权理论与实践》，党建出版社，第123页。

权、自由权和追求幸福的权利。"① 1789年8月通过的法国《人权和公民权宣言》指出："所有政治结合的目的都在于保存人的自然的和不可动摇的人权。"②

"天赋人权论"是西方资本主义人权的理论基石，一直居于主导地位。既是新型资产阶级革命和反封建王权以及反罗马教权的伟大旗帜，又是维护其资产阶级统治以及殖民侵略和强权政治的"精巧武器"。固然"天赋人权说"肯定了人的自然属性，对推动近现代人类政治文明进步具有积极启蒙作用和某些合理因素，但却否认了人权的阶级性和历史性，在本质上则是历史唯心主义和形而上学的。特别要认清当资产阶级取得其统治地位后，"天赋人权说"的自我背叛性，尤其是认清当代美国人权中心主义的霸权主义和强权政治的辩护性、虚伪性、历史倒退性。

二是"法赋人权说"。

在西方人权思想史上，同"天赋人权说"相对应的有"法赋人权说"。这一学派的主要代表人物有边沁、戴雪、密尔等人。他们强调人权不是生而有之的，而是法律赋予的。认为，伦理属于主观的范畴，每个人都有自己的伦理观，其好坏是非难以作出客观的、确切的判断，并批评"天赋人权说"的"自然状态"具有其虚伪性，其"自然法"具有神秘性，其"自然权利"具有虚假性，因而都是不科学的。如边沁明确地说："权利是法律的产物；没有法律也就没有权利——不存在与法律相抗衡的权利——也不存在先于法律的权利。"③"法赋权利说"不仅表现了西方资产阶级人权由革命到保守的倒退性和人权统治的辩护性，而且反映了把价值与道德性排除在人权之外，认为人性、正义、理性是人们无法把握的根本错误。然而，在现当代法治社会里，用法律的形式和手段将人应当享有的权利明确固化下来，应当是人权形态中一种具体的、明确的并能确保得到实现的人权形态。在这个意义上，"法赋权利说"也包含某些合理的与积极的因素成分。

三是"社会权利说"。

这学派观点认为，人是一种天生的"政治动物"、"社会动物"。人不能脱离社会而独立存在，人们生活在各种社会关系之中，彼此之间存在着一种连带关系。因而每个人的利益都有可能受到他人或社会组织的侵犯，每个人

---

① 美国《独立宣言》第一部分。
② 法国《人权和公民权宣言》。
③ [英]边沁著，沈叔平等译：《政府片论》，商务印书馆1995年版，第114页。

也可能去侵犯他人或各种社会组织的整体利益，这就需要法律予以调整，由此产生了人权问题。应当说这些看法有其合理性一面。但是，这派观点由此进而根本否定"天赋人权说"的合理内核，不承认人"生而平等"、"生而自由"；不承认人权来源于"人的本性"、来源于"人的人格与尊严"，则又导致形而上学片面性的错误。其实，人权既有其历史性、时空性，又有其超历史性、超时空性的普世价值性。有些人权如生命、安全、自由、平等是人生而有之的；有些人权如选举权、罢工权是在一定历史条件下才产生的。卢梭说得十分精辟："人生而自由，但无往不在枷锁之中。"① 前者是人权的应然性，后者是人权的实然性。我们必须善于将应然与实然既区别开来，又必须善于将二者有机统一起来。这两个方面的片面性教训都应当吸取。

总而言之，西方流行的三种人权本原理论，各自都有某些合理的积极因素，但都有其根本的历史局限性。相比较而言，"天赋人权说"包含有更多的科学成分在内，因为相当深刻地阐明了人权产生的内在根据，十分明确地指出人权存在的根本价值。因而它始终处于西方世界人权观的主流地位，既成为西方资本主义人权的经典理论基础，又被许多国家政府人权理念和国际人权文书和人权"公约"所普遍认同和普遍接受。因此，我们应当客观地、历史地、具体地、辩证地看待"天赋人权说"的历史进步性和当代人类人权文明的有益启示和借鉴意义。当然，我们也要认清资产阶级取得其统治地位后，"天赋人权说"的自我背叛性，特别应当警惕和反对的是当代美国人权中心主义的为其霸权主义和强权政治的辩护性、虚伪性、历史倒退性以及抽象的人学唯心史观本质。

二、当代西方人权史中的人权本原说

当代西方人权演变史中的人权本原说思潮，我们可以从政府和学术界两方面来考察。政府的人权观点以美国政府为代表，它的影响力最大，起着主导作用，西方其他发达国家的政府基本上是跟着美国走，但后来也分化瓦解了（如法国、德国等），这充分表明人权中的美国中心主义极不得人心。学术界的人权思潮极其复杂，按其思想基础可分为自然法学说、功利主义、抽象正义论、人权中心主义等思潮的人权本原说。

一是"美赋人权说"。

所谓"美赋人权说"，其实就是当代西方发达国家占统治地位的主流意

---

① ［法］卢梭：《论人类不平等的起源和基础》，商务印书馆1997年版，第18页。

识形态的人权观,也就是美国政府主导的人权中的美国中心主义。这种"美赋人权说",集中表现在美国的"人权外交"战略,仍停留在过时的冷战思维方式上,把自己那一套特殊的人权观念、人权制度、人权标准、人权模式等硬说成是唯一有普遍意义的东西,好像当今世界上的所有人权都是美国赋予的,他说谁有人权谁就有人权,他说谁没有人权谁就没有人权。并用这种扭曲的"美赋人权说"作为棍子、作为根据,到处挥舞,到处指责,力图形成一种美国绝对至上指挥、别国绝对服从的关系,以实现美国的国家战略利益。与此相联系,人权中的美国中心主义还极力宣扬"人权高于主权"、"人权无国界"、"新人道主义干涉合法论"等等。这不仅是对近现代西方"天赋人权说"的根本反动,而且表现出地道的霸权主义和强权政治本质和历史唯心主义史观实质。是当代美国霸权主义实施"人权外交"战略和对外侵略扩张的工具。

二是"新的天赋人权说"。

作为当代美国政治学者,路易斯.亨金的人权思想,总的看来是对传统"天赋人权说"在新的历史条件下的反叛和再现,因此是一种"新的天赋人权说"。路易斯.亨金(Louis Henkin),美国哥伦比亚大学资深教授和特殊使命教授,此校人权研究中心董事会主席。《权利的时代》一书是他的主要代表作。在人权的本原上,他多次反复强调:"作为一种政治法律观念的个人权利起源于自然法和自然权利理论,并且可以追溯到英国的洛克、美国《独立宣言》和法国《人权和公民权宣言》的著名论述,还可以追溯美国宪法、权利法案及现代各国宪法和法律中对这些权利观念的条文规定。"① 然而,他又认为,只有美国宪法、权利法案才是最可靠的。这不仅从根本上否认了传统"天赋人权说"的人本性根基,而且把美国的人权观念、人权模式、人权标准,神圣化、唯一化,是典型的霸权主义理论逻辑。为当代美国霸权主义实施"人权外交"战略和侵略扩张提供了理论支持。

三是"道赋权利说"。

"道赋权利说"也称"证伪人权说"或"最低限度说"。主要代表人物是米尔恩(A. J. M. Milne),他是英国达勒姆大学著名教授,《人权与人的差异》是他的主要代表作。"在这本书里,我将论证一种经得起理性辩驳的人权概念。"他认为,一种经得起理性辩驳的人权概念,必须能够应付所有非

---

① [美]路易斯.亨金:《〈权利的时代〉导言》,哥伦比亚大学出版社1990年英文版,第1页。

议。而这样的人权概念,在他看来,只能是一种作为最低限度道德标准的人权概念,或者说,作为最低限度道德权利的人权概念。"普遍道德权利即人权因此必须根据特定场合来解释(contextually interpreted),这对于考虑差异性是必要的。"① 米尔恩把人权仅仅归结为道德权利,我们并不认同,但既承认人权的普遍性,又承认人权的特殊性,认为在考虑人权的普遍性的同时必须考虑人权的特殊性观点,是深刻的,有其积极进步意义。

四是"正义赋权说"。

当代美国著名政治学者罗尔斯的正义平等观以正义原则为理论支点,以正义和平等为法律价值取向,论述了参与原则、平等自由的优先性、程序正义与实质平等、公民自然义务与政治义务以及国际事务中的"万民法"等等。这些思想从法哲学观点看,体现在确立法律、司法、守法三个层面的平等正义观。罗尔斯抽象正义平等观的主旨在于:一是在正义原则的基础上构建正义法律上的正义,确立公民的权利和义务;二是强调程序正义和实质平等,从而保障公民的平等自由权利,实现实质正义和平等;三是追求国际正义与平等,为社会向和平方向发展寻求准则。罗尔斯的抽象正义平等观发展了传统的契约论,超越了古典自由人的权利,与马克思的正义平等观相比具有思辨色彩和弱势群体性以及缺乏革命实践性和历史辩证性。从本质上分析,是在资本主义框架内对理想社会的一种改良方案;从论述国际正义与平等来看,具有对和谐世界的追求和认同。具有许多合理因素和积极作用,但"正义赋权说"的理论本质仍是唯心史观和抽象思辨性的。

三、当代中国人权学术界的若干人权本原观点

随着改革开放深化发展,我国人权观念的思想大解放,引起人权学界对人权本原问题的思索和探究,由此先后提出了各种各样的不同见解。

一是"斗争得来说"。

有的学者认为,"人民掌握了国家主权,才能获得人权,人权是经过革命、经过夺取政权争来的"。② 这种看法在 20 世纪 50 年代以后一些宪法、法律条款和一些教科书中比较常见。从人权本原角度看,这种观点不是十分科学的,因为这是两个不同性质的问题。斗争与革命是人权实现的一种方式

---

① 米尔恩:《人权与人的差异》绪论,"人权研究资料丛书"《西方人权学说》(下),四川人民出版社 1994 年版,第 189 页。
② 孙国华主编:《人权:走向自由的标尺》,山东人民出版社 1993 年版,第 220 页。

和方法，同人权产生的根源这是两个完全不同的范畴问题。在人权实现的各种方式、方法中，通过斗争和革命来实现人权是十分重要的，但这里必须有一个根本性前提，即人权应当属于你、属于我、属于他，也就是人权的根本属人性即人的自然属性，特别是人的社会属性。"斗争得来说"恰恰否认了这一点。否认人们通过斗争去获取不应该属于他们的东西，那是既不合理，又不合法的。过去"左"的错误时期的观念的一种典型表现。

二是"商赋人权说"。

有的学者认为，"人权是资本主义商品经济的产物"。在中国20世纪80年代中期，比较流行。在这些学者看来，"商赋人权说"是马克思主义的、是对抗"天赋人权说"的一种科学理论。的确，近代与现代意义上的人权，是同资本主义商品经济联系在一起的，资本主义商品经济是近代人权产生的经济根源。这种观点，包含有一定合理因素，但是从人权本原角度看，它在总体上是不科学的。这是因为，近代意义上的人权是近代资本主义经济和政治制度出现以后才有的，但广义的人权却同人类社会共始终。人权是人作为人的自然属性特别是人的社会属性所应当享有的权利。"商赋人权说"只看到了近代人权产生的经济条件这一点，而没有看到和否认了人权产生的人性内在根据，即人权是人性的内在本质需要这个根本点。沿袭这种惯性思维极易导致片面经济人、世俗利益人的权利观。

三是"国赋人权说"。

有的学者认为，"不是天赋人权，也不是商赋人权，而是国赋予人权"。[①] 西方近代先进的思想家们几乎一致认为，人权是国家权力的基础和源泉，国家权力的目的和价值应当是保障人权。如意大利诗人但丁所说："教会的根基是基督，——而帝国的基石则是人权。'帝国'不能做任何违反人权的事。"[②] 弥尔顿认为，"民权是一切君主权利的源泉"，"人民的权利高于国王的权力"。[③] "国家应当保障人权"，同"人权是国家所赋予"完全是两回事。国家不能保障人作为人依其本性所应当享有的权利，国家的存在就失去了意义。只有国家权力真正掌握在人民手中，国家才可以保障人权。如果国家权力掌握在独裁者、专制者手里，国家就不能保障人权。希特勒式的独裁者运用国家权力蹂躏那时的德国人民人权和世界人民人权，就是典型案

---

① 张光博：《关于宪法学的几个理论问题》，《人民之友》2000年第12期。
② ［意大利］但丁：《论世界帝国》，商务印书馆，1985年版，第75—76页。
③ ［英］弥尔顿：《英国人民声辩》，商务印书馆，1982年版，第76—93页。

例。国权是保障和维护人权的基础和前提,但不是人权的源泉。如果"国赋人权说"可以成立,那么国家不保障人权甚至剥夺人权或侵犯人权,就成了合理合法的事情,因为人权本来就不是作为人所应当享有的权利。显然,"国赋人权说"是站不住脚的。对此,邓小平论述的十分精辟,他说:"国权比人权重要得多。"邓小平是就人权的保障基础和前提而言的,而绝对不是人权的本原问题。不能因为西方世界高喊"人权高于主权",我们就由此对着高喊"国权高于人权"。这不是马克思主义者的辩证科学态度。

四是"生赋人权说"。

持这种观点的人认为:"人权不是天赋的,而是社会历史的产物,是社会一定生产方式的产物,是社会一定经济关系在制度上、政治上和法律上的表现。马克思说:权利永远不能超出社会的经济结构以及由经济结构所制约的社会的文化发展。"① 这种看法正确地肯定了存在"原始人权",广义人权并不是资本主义商品经济出现以后才有的。以生产、分配、交换、消费等为主要内容的社会经济结构,在人类历史发展的不同阶段,对人权的不同状况有着不同的重要影响,但这只是人权存在与发展的外在条件而不是它的内在根源,人权的真正内在根源,是人自身的内在本质属性。然而,自身的内在本质属性,又离不开外在条件。我们过去"左"的观念,只是片面强调阶级人权,根本否认人的自然本性和歪曲人的社会本质属性。而西方世界的人权观,却离开社会历史条件,片面夸大人的自然属性,从而陷入抽象人学唯心史观的泥潭。

五是"人赋权利说"。

辩证唯物主义认为,内因是事物变化的根据,外因是事物变化的条件。事物是内外因的辩证统一。许多人权学者认为,人权的本原,应当从人的自身即人的内在本质中去寻找,它不可能是任何外界的恩赐。② 我们也认为,人权源于人的本性。这种本性本身就是人的社会属性和人的自然属性的内在统一。社会属性是现实人权的主导方面,自然属性是现实人权基本方面。社会属性是指,人是生活在人与人、人与社会、人与人内心之间的各种社会关系中。人的利益与道德、思想与行为都不可能不受各种社会关系性质和特点的决定和制约,这就是亚里士多德所说,人是一种"社会动物"、"政治动物"。马克思主义更加明白地指出:"人是最名副其实的社会动物,不仅是一

---

① 叶立煊、李似珍:《论人权》,福建人民出版社1991年版,第225页。
② 李步云:《论人权》,社会科学文献出版社2010年版,第85—86页。

种合群的动物,而且是只有在社会中才能独立的动物。"① 从人权的本原来看,人的社会属性对人权的本原意义有两点:一方面,人与人的社会关系,是人权产生与发展的内在根据,如果一个人不是生活在人与人的社会关系中,既不是现实的人,也形成不了现实的人权问题;另一方面,人的权利需求和内容及享受的实际程度,总是伴随着人类的物质文明、精神文明、政治文明以及生态文明的日益发展而不断进步和提高的。人的自然属性也总是受人的社会属性决定和支配的,并伴随社会发展不断发展变化的。可见,我们所说的"人赋权利说",不仅没有否认人权的社会历史性和社会实践性,而且是科学发展观以人为本人权内在本质规定的一种崭新理解。这与西方世界人权观的抽象人学史观有着本质区别。

就人权的本质而言,所谓人权就是与特定历史条件相联系的人之为人的基本尊严和自由度。它的本质内涵主要包括人的尊严、价值、权利和自由这样四个方面的内在本质规定,那种仅用人权内涵任何一个方面的规定都不能完整表达人权的丰富深刻本质内涵。人权的许多内容都是从这四个方面延伸出来的。因此,以人为本的人权权利本质规定,就应当是权利与义务的高度统一。人的权利与义务应该是相平衡的。人们在行使权利和自由的同时,应当履行自己应负的义务、道德和责任,形成良好的人与人之间关系,维护社会秩序,构建和谐社会。

因此,"人赋权利说"的本质内涵要求我们:

第一,关注人的价值。人的价值是一种能够创造价值的价值,是一切价值中最高的价值。人的价值既有工具性,又有目的性。是个人自我价值与社会价值的辩证统一。人的个人价值的实现离不开其社会价值。因此,把关注和提高人的价值作为一切政策措施和制度安排得以产生的价值源泉。一切从人的全面发展和社会全面进步需求出发。研究社会中人们之间社会关系的规律,并从这个规律出发推导出科学的制度和规范。这种以人为本的出发点制定出来的规范制度反过来能促进人的全面发展和社会的全面进步。

第二,尊重人的权利。尊重和保障人权包括公民的政治权利、经济权利和文化权利。其中,尊重和保障公民在政治上的知情权、自由平等的参与权、选择权和监督权是以人为本的权利观的重要内容。

第三,提升人的自由境界。"每个人的自由发展是一切人的自由发展的

---

① 《马克思恩格斯选集》第 2 卷,人民出版社 1972 年版,第 87 页。

条件。"① 自由权：精神和行为的自主空间。自由是精神的生命力，没有自由的精神不是活的精神。法律上的精神自由是包含法的界限的自由，精神自由的实现需要法的规范和匡正。重视人的需要，关爱人的精神家园，包括人的物质需要和精神需要。及时帮助人民解决生产生活中遇到的困难，提高人民的物质生活水平。更要密切关注人民日益增长的精神文化需求，不断用先进文化充实他们，提高他们的认知、实践和创新能力。充分调动和发挥人的积极性、主动性和创造性。

第四，激发人的创造能力。人民群众是历史的创造者，是改革开放和社会主义现代化建设的根本动力。只有相信并依靠群众，始终站在最广大人民的立场上，最广泛地动员和组织人民群众依法参与管理国家和管理社会事务，才能最大限度的维护和实现人民群众的根本利益。正如胡锦涛同志在耶鲁大学的演讲中所指出的那样："今天，我们坚持以人为本，就是要坚持发展为了人民、发展依靠人民、发展成果由人民共享，关注人的价值、权益和自由，关注人的生活质量、发展潜能和幸福指数，最终是为了实现人的全面发展。"②

上述四点，不仅是"人赋权利说"之必然，而且是当代人类人权历史与逻辑辩证统一的必然要求。极其深刻地揭示了当代人类人权发展的历史与逻辑相统一的历史大趋势，深刻揭示了人类人权文明的属人本质规定性。

总而言之，现代意义的人类人权本原说，是伴随社会历史条件的变化而变化，人权本原说的具体形态和具体内容无论如何变化，但历史与逻辑相统一的内生规律始终没有变。人权本原说的历史与逻辑相统一规律，无疑证明了"每个人的自由发展是一切人的自由发展的条件"。③"权利永远不能超出社会的经济结构以及由经济结构所制约的社会的文化发展。"④ 马恩的这些经典原则无疑是科学的、正确的。但它又没有、也不可能提供现成的具体人权方案和现成的具体人权答案。任何离开历史与逻辑相统一的种种人权本原观，无疑是错误的。这恰是我们进行人权本原说历史与逻辑演进考究的真实目的和现实意义。

---

① 《马克思恩格斯选集》第 1 卷，人民出版社 1995 年版，第 85 页。
② 《胡锦涛主席在美国耶鲁大学的演讲》，《人民日报》2006 年 4 月 23 日。
③ 《马克思恩格斯选集》第 1 卷，人民出版社 1995 年版，第 85 页。
④ 《马克思恩格斯选集》第 3 卷，人民出版社 1972 年版，第 12 页。

27. 与经济发展新常态相适应的人权新样式

习总书记关于中国经济发展新常态的重要论断科学内涵十分丰富，意义重大深远。作为上层建筑的人权总是直接或间接地反映和表现经济基础。与经济发展新常态相适应的人权新样式：是各项权利的协调发展，而不是单项权利的片面畸形；是公共权力与私权利的和谐互动，而不是二者的矛盾对抗；是公民权利与义务的有机统一，而不是权利与义务的分离；是公民人权本质的民生关怀，而不是人权本质的民生流失。这是马克思主义人的全面发展理论的本质规定，是习总书记关于中国经济发展新常态科学内涵的本质要求，是联合国《发展权利宣言》精神实质的生动体现。

（1）是各项权利的协调发展，而不是单项权利的片面畸形

社会历史是由各种因素共同"合力"相互作用的结果。"这样就有无数互相交错的力量，有无数个力的平行四边形"，由此产生出"一个总的平均数，一个总的合力"。[①] 恩格斯这一著名的历史"合力"论思想极其深刻地启示我们：与经济发展新常态相适应的人权发展，应当在"四个全面"战略布局的引领下，科学协调处理好各项基本权利的相互依存关系，发挥各项权利协调发展的整体功能。经济发展新常态是我国经济迈向全面协调发展的新阶段。我国经济发展进入新常态后，经济增速正由高速增长转向中速增长，经济发展方式正从规模速度型转向质量效益型，经济结构正从增量扩能为主转向调整存量、做优增量并举的深度调整，经济发展动力正从要素驱动的增长转向创新驱动的增长。然而，近些年来，一些地方政府部门片面地将"形象工程"、"政绩工程"等同于经济发展，一些领导干部盲目崇拜 GDP，这种片面畸形的现象迷失了经济发展的最终目标，即社会的全面进步和人的全面发展。为此，适应经济发展新常态首先就要抛弃片面畸形的增长观，真正

---

① 《马克思恩格斯选集》第 4 卷，人民出版社 1995 年版，第 223—224 页。

确立以增长促发展、以发展促增长的全面协调发展观，推动经济发展方式和发展路径作出相应调整。中国经济发展新常态的实质是从一味追求高速度的旧增长形态到全面协调发展的新发展形态的跳跃，是传统增长形态到现代发展形态的跳跃，是粗放式增长形态到集约式增长形态的跳跃，是经济增长的低级形态到高级形态的跳跃。经济发展新常态并不仅仅限于经济领域，而是社会各个领域质量与效益相统一的新常态。经济发展新常态的最终目的，就是更好地实现社会的全面进步和人的全面发展。社会的全面进步和人的全面发展，又必然内在要求与之相适应的发展权是经济权利、政治权利、文化权利、社会权利、生态权利即"五项权利"相互依存的全面协调发展，但绝不是其中某个单项权利的片面畸形。

未来社会"将是这样一个联合体，在那里，每个人的自由发展是一切人的自由发展的条件"。① 马克思恩格斯的这个伟大思想不仅要求把人从物的统治下解放出来，使人的劳动变成自主活动，而且要求最终地消除孤立片面的个人向全面完整的个人、全面发展的个人迈进过程中的一切阻碍。为此，马克思主义人权是多种权利的不可分割，而不是孤立的片面畸形。人权是社会历史条件的产物，它的实现，是同每个国家经济文化水平相联系的逐渐发展的历史过程；经济、社会、文化权利与公民政治权利，是不可分割的有机统一体。如果只重视经济、社会、文化权利，而忽视公民权利和政治权利，固然是不对的、片面的；但只重视公民权利和政治权利，而忽视经济、社会、文化权利和生态权利，同样是错误的、片面的。现实生活中的这两种片面偏向都应当防止和克服的。但当前的侧重点是要克服和防止片面的、世俗的、一味的经济权益任性。而经济发展新常态的人权价值意义真谛，其实就是推进中国人权事业的全面进步和促进人的全面发展。然而，在西方世界的人权观中，他们仅仅把公民政治权利规定为普遍的人权，而对人的经济、文化、社会权利往往却闭口不谈，并一再固执地反对联合国认真接受经济、社会和文化权利为人权的不可分割的一部分。美国至今仍未签署联合国《经济、社会和文化权利国际公约》和《公民权利和政治权利国际公约》两个国际人权公约。不承认联合国《发展权利宣言》关于发展权利是一项基本人权的经典条款，根本否认广大第三世界发展中国家的生存权和发展权是首要基本人权的基本观点和基本立场。却把"美式"人权唯一化、普世化、神圣化，随意干涉别国内政，对别国人权状况说三道四。其霸权主义的双重逻辑

---

① 《马克思恩格斯选集》第 1 卷，人民出版社 1995 年版，第 273 页。

是极其荒谬的!

联合国1986年12月4日通过的《发展权利宣言》开宗明义指出:"发展是经济、社会、文化和政治的全面进程,其目的是在全体人民和所有个人积极、自由和有意义地参与发展及其带来的利益的公平分配的基础上,不断改善全体人民和所有个人的福利。"并在第1条第1条款中明确规定:"发展权利是一项不可剥夺的人权,由于这种权利,每个人和所有各国人民均有权参与、促进并享受经济、社会、文化和政治发展,在这种发展中,所有人权和基本自由都能获得充分实现。"① 潘基文秘书长在去年出席联合国纪念《发展权利宣言》25周年的活动时强调指出:"发展往往被错误地认为是经济和物质财富的增长,而真正的发展意味着人们有尊严地生活,免于匮乏或恐惧。""发展是改善人类生活,为达到这一目的,不仅要促进经济发展、技术进步和物质财富,同时要促进思想发展。""在当前的经济复苏阶段,急需创造就业机会,使增长更具可持续性和包容性,为人们提供最低社会保障,促进社会公平,同时投资于占世界人口三分之二的女性和年轻人。"② 由此可见,中国经济发展新常态,既是经济发展普遍规律与中国实际相结合的认识飞跃,又是人权发展普遍规律与中国实际相结合的认识飞跃。

(2)是公权力与私权利的和谐互动,而不是二者的矛盾对抗

中国经济发展新常态的关键在于有效平衡国家公权力、社会公共权益和公民个体权益间的相互关系,有效协调解决公权力与私权利的矛盾张力和冲突。如何用权力清单形式对各项公权力的边界进行科学界定,不仅对权力越界行为有了清晰的监督、查办、惩处的科学标准,而且给各类市场主体的行为和边界以平等公正的资格参与公平竞争。"权力不要任性。""用政府权力的'减法',换取市场活力的'乘法'。"③ "既有利于公民维护自身的合法权益,更有利于实现公权力与私权利的和谐互动。然而,在传统人权保障模式中,权利(right)往往是同在权力(power)的抗争、对立中来实现的,但中国的历史传统和多年来的人权保障实践验证了另外一种人权保障模式,即权利(right)与权力(power)的协商、合作与共生。"④ 中国经济发展新常态的政府"有形之手"与市场"无形之手"的互动关系,其实就是国家公权

---

① 联合国《发展权利宣言》前言部分,联合国大会一九八六年十二月四日第41/128号决议通过。
② 联合国纪念《发展权利宣言》25周年特别报道,2014年12月4日,联合国网站。
③ 李克强:《2015年政府工作报告》,《人民日报》2015年3月15日。
④ 罗豪才:《走中国特色人权发展道路 践行中国梦》,《人权》2014年第4期。

力与公民私人权利的和谐互动关系。十八届三中全会明确提出使市场在资源配置中起决定性作用，同时强调更好地发挥政府作用。这是对过去几十年发展经验的总结和升华。如何处理好政府和市场的关系一直是现代市场经济的核心问题。市场体系的建设和完善，不同市场主体平等参与权的科学界定和政府公共权力清单的边界厘定，公民合法权益切实得到尊重与保障，以及市场失灵缺陷的克服都离不开政府的有效权威和有效作为，没有有效的政府保障和积极作为，市场就无法正常运转。而提高国家治理水平和治理能力，其实就是主动适应经济发展新常态。"推进国家治理体系和治理能力现代化，必须解决好制度模式选择问题。""制度问题更带有根本性、全局性、稳定性、长期性。关键是要健全权力运行制约和监督体系，让人民监督权力，让权力在阳光下运行，把权力关进制度的笼子里。要更加科学有效的防止腐败，全面推进惩治和预防腐败体系建设，提高反腐败法律制度执行力，让法律制度刚性运行。""坚持'老虎'、'苍蝇'一起打，切实维护人民合法权益。"①

在中国经济发展新常态中，人民获得公平正义的合法权益更具有决定作用。人民既是国家公权力的总根源，又是推动社会历史发展的力量源泉。权为民所授，权为民所用，利为民所谋，情为民所系，是共产党执政为民的本质要求。人民的合法权益必须切实得到尊重与保障。"努力让人民群众在每一个司法案件中都能感受到公平正义，决不能让不公正的审判伤害人民群众感情、损害人民群众权益。"② 而在现实的社会生活中，由于国家公共权力没有很好地关进制度的笼子里，公共权力没有在阳光下有效运行，没有法律、法治和人民大众的有效监督。绝对权力产生绝对腐败。腐败其实是对公民人权的公然践踏和严重侵害。形式主义、官僚主义、享乐主义和奢靡之风，更加剧了公权力与私权利的矛盾对抗和矛盾冲突。如果公权力与私权利的严重对抗和严重冲突，不仅严重损害党和政府的公信力和治国理政的合法性，而且严重损害了党和政府与人民群众的血肉关系。更加严重地侵害了公民合法权益的实现、维护和发展。反腐败，反"四风"，说到底就是更好地适应经济发展新常态，更好地维护广大人民群众的合法权益。

中国经济发展新常态与中国人权发展新常态二者是相互促进的。中国经

---

① 习近平：《习近平谈治国理政》，外交出版社2014年版，第391—392页。
② 中共中央宣传部：《习近平总书记系列重要讲话读本》，学习出版社、人民出版社2014年版，第83页。

27. 与经济发展新常态相适应的人权新样式

济新常态中的政府与市场关系,是通过善于处理政府"有形之手"与市场"无形之手"的互动关系,实现其国家公权力与公民私人权利的和谐互动关系。只有政府与市场共生互补、各司其职,经济活力才能得到有效释放,多元化经济发展的动力机制才能真正建立。与此相适应的是,只有"良法与善治"才能真正实现公权力与公民私权利的和谐互动。"良法"亦即体现和反映人民权益和权益意志的法律;"善治"应当是公共权力与公民权利和谐互动的治理方式,这是国家治理体系和治理能力现代化的重要标志。"良法"与"善治"必须符合中国国情和广大民意,才能被人们从内心真正信仰。依法治国,首先是依宪治国。宪法是国家的根本大法,是人民权利的根本保障书。而要真正实现法治皇冠与人权明珠的有机结合,就应当紧扣十八届四中全会"依法治国"的主题精神实质,自觉确立依法治国的法治思维和法治方式。所以,适应经济发展新常态,必须大力推进依法治国,坚持良法与善治的统一,从而真正实现人权发展的新常态。

(3) 是权利与义务的有机统一,而不是权利与义务的分离

中国经济发展新常态是权利与义务相统一的新常态,而不是权利与义务的分离,更不是社会责任感、道义感丧失的变态或病态。中国经济发展新常态的发展权可持续保障,就在于公民权利与义务的有机统一,而不是权利与义务的分离。近些年来,一些人在片面追求高速度增长的物质逐利中,一味强调自身的经济权利,而忽视了公民应有的社会责任和社会义务。特别是一些政府官员腐败现象的严重滋生,导致了片面经济人、世俗利益人、宣泄情感人乱象的肆意泛滥。一些"明星"、"土豪"、"富二代"、"拼爹"、"任性"、"炫富"、"吸毒"等丑陋现象充斥于社会。不仅严重败坏了社会风气,加速了公权力与私权利的对抗和冲突,而且严重践踏和破坏了公民自身的合法权利,严重损害了党和政府治国理政的公信力和合法性。实现公民在权利与义务上的有机统一,是中国特色社会主义人权制度创新的一个重要特征,是中国经济发展新常态的必然要求。马克思主义认为:"没有无义务的权利,也没有无权利的义务。"[①] 这个一般原理,为现代人权观念所公认。《世界人权宣言》强调指出:"人人对社会负有义务,人人在行使他的权利和自由时,只受法律所确定的限制,确定此种限制的唯一目的在于保证对旁人权利和自

---

① 《马克思恩格斯选集》第 2 卷,人民出版社 1995 年版,第 137 页。

由给予应有的承认和尊重。"① 权利与义务的统一性，是由人权自身的社会属性所决定的，因为人权只能在人与人的社会关系中存在。在个人与个人，群体与群体，个人、群体与社会的相互关系中，某一主体享有某项权利，就意味着要求其他主体有尊重并不得侵犯这项权利的义务。否则，任何人的人权都无法得到保障。但是，权利与义务也有可分性一面。因为权利与义务是两个相对独立的概念与范畴。就它们的实际行使来说，有的主体可能只有权利而不尽义务；有的主体则可能只尽义务而没有权利。权利与义务相分离，是一切私有制社会所共有的本质特征。它反映了阶级剥削与阶级压迫的不平等关系。不过，这种分离的性质与程度在奴隶社会、封建社会和资本主义社会里又是有区别的。它随着人类社会的不断进步而不断改变自己的形态。权利与义务由完全分离逐步走向统一，是人类社会文明不断发展与提高的一个重要标志。联合国《发展权利宣言》强调："有必要充分尊重所有人的人权和基本自由以及他们对社会的义务，因此，所有的人单独地和集体地都对发展负有责任，这种责任本身就可确保人的愿望得到自由和充分的实现，他们因而还应增进和保护一个适当的政治、社会和经济秩序以利发展。"②

中国经济发展新常态是权利与义务实现高度统一的社会经济常态。在经济发展新常态中，任何人在法律上既是权利的主体，也是义务的主体；任何人在法律面前，既享有平等的权利，又承担平等的义务。社会主义公有制的建立和主体地位的确立，经济剥削与政治压迫的废除，阶级对立的消失，使权利与义务的分离失去了社会根基。但是，这并不意味着在社会主义制度下不再存在任何权利与义务相分离的现象。社会主义社会的经济、政治与法律的制度为权利与义务实现高度统一提供了社会条件与法律保障，但有的人并不一定按法律规定行使权利与履行义务。我们反对只享有权利而不尽义务的特权思想与特权人物，这是所有国家都共同面临的一项重要任务。如何从制度上、法律上防止与杜绝这类特权人物存在，既是社会主义制度自我完善的一项重大现实课题，也是中国经济发展新常态的一项重大现实课题。十八届四中全会强调指出："建立完善的监督管理机制、有效的权力制衡机制、严肃的责任追究机制，以零容忍的态度惩治司法腐败。""加强对司法活动的监督，完善检察机关行使监督权的法律制度，加强对刑事诉讼、民事诉讼、行

---

① 《世界人权宣言》第二十九条。张伟主编《联合国核心人权文件汇编》，中国财富出版社，第69页。

② 联合国《发展权利宣言》前言部分，联合国大会一九八六年十二月四日第41/128号决议通过。

政诉讼的法律监督，完善人民监督员制度，绝不允许法外开恩，绝不允许办关系案、人情案、金钱案。"①

（4）是人权本质的民生关怀，而不是人权本质的民生流失

公民人权本质的民生现实问题。中国古代《尚书》夏书·五子之歌中最早提出了"民惟邦本，本固邦宁"的理至名言。② 明朝张居正在《答福建巡抚耿楚侗》中强调："治理之道，莫要于安民；安民之道，在于察其疾苦。"③ 民生乃立国之本，也是经济发展新常态的民生关怀之本。既然中国经济发展新常态的最终目的，是实现社会的全面进步和人的全面发展。那么，与之相适应的人权发展新常态的本质规定和现实目标，就应当是公民人权本质的民生关怀，而不是人权本质的民生流失。应当理直气壮地说，我们党和政府历来重视民生问题，并取得了举世公认的伟大成就。在联合国千年发展目标中，中国的贡献率约占80%。但现实我国的贫富差距却又十分突出。2015年1月23日，《人民日报》发表《一些贫者从暂时贫困走向跨代贫穷》的述评文章，这是党媒罕见的公开直面当前社会严重的贫富差距的现实社会问题。其描述的两极分化的情形也足以让人触目惊心："根据国家统计局公布的数据，我国居民收入的基尼系数2003年为0.479，2008年达到最高点0.491，这之后逐年下降，2014年的基尼系数是0.469。而在20世纪80年代初，全国收入差距的基尼系数是0.3左右。李实分析说：'接近0.5的基尼系数可以说是一个比较高的水平，世界上超过0.5的国家只有10%左右；主要发达国家的基尼系数一般都在0.24到0.36之间。'""在收入差距扩大的同时，我们还面临财产差距扩大的问题，而且这一问题正变得越来越严重。""贫富差距已具有一定的稳定性，并形成了阶层和代际转移，一些贫者正从暂时贫困走向长期贫困和跨代贫穷，社会阶层流动通道也将被严重堵塞。"④ 当前我国触目惊心的贫富差距的严重社会现实问题，再三警示人们："让改革发展成果更多更公平惠及全体人民"已经成为经济发展新常态必须直面认真回答和认真解决的一个重大现实课题。

公民人权本质的内涵规定。所谓人权就是与特定历史条件相联系的人之为人的基本尊严和自由度。它主要包括人的尊严、价值、权利和自由这样四个方面的内在本质规定，那种仅用人权内涵其中一个方面的规定都不能完整

---

① 《中共中央关于全面推进依法治国若干重大问题的决定》，《光明日报》2014年10月29日。
② 《尚书·五子之歌》。
③ 张居正：《张太岳文集·答福建巡抚耿楚侗谈王霸之辩》。
④ 《一些贫者从暂时贫困走向跨代贫穷》，《人民日报》2015年1月23日。

表达人权的丰富深刻本质内涵。人之为人的基本尊严和自由度的人权本质内涵规定我们：一是关注人的价值。人的价值是一种能够创造价值的价值，是一切价值中最高的价值。人的价值既有工具性，又有目的性。是个人自我价值与社会价值的辩证统一。人的个人价值的实现离不开其社会价值。因此，把关注和提高人的价值作为一切政策措施和制度安排得以产生的价值源泉，一切从人的全面发展和社会全面进步需求出发，研究社会中人们之间社会关系的规律，并从这个规律出发推导出科学的制度和规范。这种以人为本的出发点制定出来的规范制度反过来能促进人的全面发展和社会的全面进步。二是尊重人的权利。尊重和保障人权包括公民的政治权利、经济权利和文化权利。其中，尊重和保障公民在政治上的知情权、自由平等的参与权、选择权和监督权是以人为本的权利观的重要内容。三是提升人的自由境界。"每个人的自由发展是一切人的自由发展的条件。"自由权：精神和行为的自主空间。自由是精神的生命力，没有自由的精神不是活的精神。法律上的精神自由是包含法的界限的自由，精神自由的实现需要法的规范和匡正。重视人的需要，关爱人的精神家园，包括人的物质需要和精神需要。及时帮助人民解决生产生活中遇到的困难，提高人民的物质生活水平。更要密切关注人民日益增长的精神文化需求，不断用先进文化充实他们，提高他们的认知、实践和创新能力，充分调动和发挥人的积极性、主动性和创造性。四是激发人的创造能力。人民群众是历史的创造者，是改革开放和社会主义现代化建设的根本动力。只有相信并依靠群众，始终站在最广大人民的立场上，最广泛地动员和组织人民群众依法参与管理国家和管理社会事务，才能最大限度的维护和实现人民群众的根本利益。

公民人权本质是实现民生关怀。当前我国经济发展的新常态，应当把惠民生作为发展动力的新常态，最紧要的就是紧紧"抓住人民最关心最直接最现实的利益问题"。"要多谋民生之利，从解民生之忧，在学有所教、劳有所得、病有所医、老有所养、住有所居上持续取得新进展。"① 供给推动和效率优先的收入分配为我国过去30多年的经济增长提供了动力。进入上中等收入发展阶段后，这些动力已发挥到极致，供给推动力、外需拉动力都在减弱，收入差距扩大也使发展动力出现衰减。这就对转换发展动力提出了紧迫要求。针对需求拉动力长期不足的问题，应改变过去低收入阶段主要靠投资

---

① 中共中央宣传部：《习近平总书记系列重要讲话读本》，学习出版社、人民出版社2014年版，第83页。

拉动经济增长的模式,转向依靠消费、投资、出口协调拉动,尤其应突出消费的拉动作用。在新常态下,消费需求的拉动力突出表现在民生改善上。其中,收入是民生之源,就业是民生之本,教育是民生之基,再加上生态环境改善。人民群众从这些民生改善中更多分享改革发展成果,将会形成推动改革发展的强大动力。特别需要明确的是,把惠民生作为发展动力的新常态,并不排斥投资。与改善民生相关的环境治理、公共服务等事业发展都需要投资,这是服从于消费拉动的投资拉动。为此,习近平总书记明确指出:"要以促进社会公平正义、增进人民福祉为出发点和落脚点,加大协调各方面利益关系的力度,推动发展成果更多更公平惠及全体人民。"① 十八届四中全会从依法治国的战略高度强调指出:"加强重点领域立法,加快完善体现权利公平、机会公平、规则公平的法律制度,保障公民人身权、财产权、基本政治权利等各项权利不受侵犯,保障公民经济、文化、社会等各方面权利得到落实。"② 联合国秘书长潘基文在去年 12 月 2 日,联合国每十年举办一次的国际人口与发展大会的最高级别会议的主旨讲话中,再三强调"必须将人的权利和尊严置于发展行动的核心"。③ 从联合国和平、发展、人权"三大目标",到潘基文"必须将人的权利和尊严置于发展行动的核心",再到 2014 年世界人权日主题:人权 365,2015 年发展、和平、人权需要全球行动。这无疑是人类人权文明本质的历史大趋势。

---

① 习近平:《习近平谈治国理政》,外文出版社 2014 年版,第 204 页。
② 《中共中央关于全面推进依法治国若干重大问题的决定》,《光明日报》,2014 年 10 月 29 日。
③ 2014 年 12 月 2 日,联合国网站。

人权文库　论人权——人权理论前沿问题研究

28. 人权文明的智慧结晶

人类文明是多姿多彩的、平等的、包容的，人民至上最根本，这是习近平当代中国文明观的最新阐释。辩证唯物主义认为，一切以时间、地点、条件为转移。中国梦的时空价值意义的人权文明智慧结晶，主要体现在如下三个维度上：

一、中国梦的时间价值维度，是古今价值意义的人权文明智慧结晶

中国梦之所以能够引起炎黄子孙的普遍认同，就是因为它既具有很强的现实感，又具有很强的历史感。说它具有很强的现实感，是因为中国梦机不可失、时不我待，因而这种现实感实际上是一种深深的紧迫感；说它具有很强的历史感，是因为中国梦由来已久、源远流长，因而这种历史感实际上是一种沉沉的责任感。人们普遍感到，中国梦在时空观上是立足现实、怀抱历史，并且贯通历史与现实的。是古今人权意义的高度凝结，是古今价值意义的人权文明智慧结晶。

提出中国梦是今日之功，但怀有中国梦并非自今日始。中国梦，是中国人民的百年夙愿，跨越19、20、21这三个世纪。中国梦作为中华民族近代以来最伟大的梦想，凝结着无数先烈前贤和仁人志士的不懈努力，承载着全体中国人民和中华儿女的共同向往，既深深体现了今天中国人的理想期盼，也深深反映了我们先人们不懈奋斗追求进步的光荣传统，因而具有深厚的历史渊源和广泛的现实基础。

祖先有梦，前人有梦，先烈有梦，我们有梦，一代代中国人有梦，都是实现中华民族伟大复兴的中国梦。为了实现这一宏大而美好的理想愿景，我们必须坚持不懈地艰苦奋斗，锲而不舍地接力奋斗。中华民族是具有非凡创造力的民族，我们创造了伟大的中华文明，也能够实现中华民族的伟大复兴，共圆中华民族伟大复兴的中国梦。

中国梦是历史的，也是现实的，还是未来的。现实情境中的中国梦，向未来延伸，往历史纵深，前有未来之"照"，后有历史之"靠"，既非孤立存在，也非单一维度，而是在一种继往开来、鉴往知今的意义上，把历史与现实、先人与今人、古往与今来、今天与明天连接起来了，具有一种打通历史与现实乃至未来的性质。

中国梦的古今人权文明智慧结晶，就在于把中国文明史与中共党史、新中国史结合起来，把中国革命文化与中国传统文化、现代文化有机结合起来，把中华民族的长期奋斗与中国特色社会主义建设事业结合起来，把中华民族的伟大复兴与中国共产党的自觉担当结合起来，从而得以在一个历史长轴上进行定位，使中华民族伟大复兴具有一种独特鲜明的历史纵深、历史厚重，也赋予我们一份沉甸甸的历史责任、历史使命。

如今，我们已经找到了圆梦之路，这就是中国特色社会主义道路，即中国道路。由此上溯，这条道路是在改革开放30多年的伟大实践中，在新中国成立60多年的持续探索中，在中国共产党成立90多年的不懈奋斗中，在对近代以来170多年中华民族发展历程的深刻总结中，在对中华民族5000多年悠久文明的历史传承中走出来的。

我们走在大路上，既贯通古今又面向未来，保持历史使命自觉，坚定现实道路自信，从实现总体小康到全面建成小康，再由"小康"走向"大同"，让梦想照进现实，不断开拓充满希望的未来。

二、中国梦的空间价值维度，是世界意义的人权文明智慧结晶

提出中国梦，讲述属于我们自己的中国故事，表达中国拥抱世界的自信和豪情，同时也找到了中国与世界相通的国际语言。中国梦是"中国话"，也是"世界语"。有外国友人说，中国梦给世界带来了话题与兴奋感，诚哉斯言。世界上有各种各样美好的梦想，像大家熟悉的"美国梦"，还有"俄国梦"、"法国梦"、"韩国梦"，等等。各国人民有梦，再正常不过；中国人民有梦，也自然而然。人同此心，心同此理；梦之表达，尤其便于理解和沟通。

中国如果是一头狮子，那么它现在不是睡狮，而是醒狮，这头狮子不是好斗的、强权的、侵略别人的，它是和平、可亲、文明的狮子。中国过去深受战争、动乱、颠沛流离之苦，求和、求平、求稳定是基本民意，家庭和睦、社会和谐、世界和平是主导价值。中国人民自古珍爱和平，中国文化一

向崇尚和谐,中华民族的血脉中没有霸权和掠夺的基因,中国在历史上也没有侵略和殖民的记录,中国在现在和将来都不认可"国强必霸"的逻辑,自己坚定不移走和平发展道路,真诚希望世界各国都走和平发展道路,戮力同心,促进世界和平与发展。

中国的发展是世界和平力量的壮大,集聚着越来越多的友谊正能量,带给世界的是更多机遇而不是什么威胁。我们要实现的中国梦,是物质文明和精神文明比翼齐飞的过程,是财富意义和文化意义相统一的幸福梦想,不仅造福中国人民,而且造福各国人民。中国梦独具特色之处就在于,中国和世界共发展、与世界同分享,把世界的机遇转变为中国的机遇,把中国的机遇转变为世界的机遇。因此,中国梦是中国大有益于世界、对世界有所贡献、与世界互融共生的梦。

正是中国梦的人权价值意义世界性,必将推动国际人权事业健康发展的文明进程。

首先,坚持国际人权合作对话与维护国家核心权益的有机统一,推动国际人权事业健康发展的文明进程。

第一,积极倡导建立公正合理的国际新秩序的世界人权价值新理念。当今世界不公正、不合理的国际旧秩序尚未根本改变,西方霸权主义冷战思维的极端张扬,这是引发世界局部动荡和国际人权对抗的主要根源。改革开放以来,中国政府积极倡导合作共赢的人权价值理念。中国的人权合作与对话既不损害别人,更不威胁别人。讲信修睦、尊重并善待他人的优秀传统文化积淀,塑造了中华民族敦厚平和的禀性;海纳百川、兼容并包的传统哲学,孕育了中华民族推己及人的文化。近代以来,饱受帝国主义、殖民主义之害的中华民族深深懂得和谐、和平的珍贵,决不会走西方列强殖民侵略、霸权扩张的老路。中国积极为世界和平与发展作出自己的贡献,不搞侵略扩张,永远不争霸、不称霸,始终是维护世界和地区和平稳定的坚定力量。中国不仅是合作共赢的积极倡导者,更是合作共赢的切实践行者。中国已经连续成功举办七届北京人权论坛就是成功范例。

第二,确立全球化大背景下与世界各国密切合作、携手共赢、共同维护国家核心权益的人权价值观。中国积极构建平等互信、包容互鉴、合作共赢的新型大国关系。但特别需要强调的是,坚决维护国家核心利益是我国对外交往和人权合作对话的基本底线。习近平主席强调指出,我们要坚持走和平发展道路,但决不能放弃我们的正当合法权益,决不能牺牲国家核心权益。任何国家不要指望我们会拿自己的核心权益做交易,不要指望我们会吞下损害我国主权、安全、发展利益的苦果。实现中国梦,从对外交往和国际人权对话的层面来说,底线和前提在于坚决维护我国主权、安全、发展等核心利益,既应对传统安全威胁,又维护国家发展利益;既维护领土、领海、领空安全,又维护海洋、太空、电磁空间以及其他方面的国家安全;既维护国内安全稳定,又积极参与国际和地区安全合作、联合国维和、国际反恐、国际人道主义救援等,为维护世界和平贡献力量。

其次,坚持发展自己与为人类文明作贡献的有机统一,推动国际人权事业健康发展的文明进程。

第一,坚持紧紧抓住重要战略机遇期的人权价值观。紧紧抓住大有作为的重要战略机遇期,全面深化改革开放,推动中国经济持续发展是世界经济发展的重大利好,推动国际人权事业健康发展的文明进程。改革开放30多年来,随着我国经济的迅速发展,我国对世界经济增长的贡献越来越大,成为世界经济增长的一个重要引擎。我国市场规模不断扩大,为各国企业创造了新的发展空间;我国对外贸易迅速增长,为各国消费者带来了巨大实惠;我国经济持续稳定增长,为国际人权事业健康发展提供了共同繁荣的机会。

第二,坚持发展道路多样性的人权价值观。发展道路的多样性是对人类社会发展模式的丰富和拓展,有力推动国际人权事业健康发展的文明走势。一个国家的发展道路必须与其具体国情相适应,否则就会水土不服、归于失败。鸦片战争以来的历史告诉我们,实现中国梦一定要走自己的路,这条路就是中国道路。中国道路并不是以中国的特殊性否定人类社会发展的普遍性,而是对人类社会发展道路的探索和丰富。中国的成功不仅具有经济意义,为其他国家的经济发展拓宽了视野、提供了机会,也为人类社会向更高的政治文明形态演进提供了新的发展范式。

第三,坚持人类多样文明互鉴交流的人权价值观。当今世界正处于一个多样文明交融互通的时代,不同人权文明的交流合作已成为时代的紧迫要求。未来的世界更是不同人权文明进一步相互交流,不同人权文明理念互相碰撞,不同人权文明互相学习、互相提升、共同提高的过程。各国应尊重各国人权文化特色和优势,相互借鉴,取长补短,共享人类人权文明成果,使友好合作的社会基础更加坚实。中华文化曾在人类文明发展中扮演了重要的角色。在实现中国梦的伟大进程中,我们不仅要进一步发掘整理和弘扬光大中国优秀传统文化,而且要不断提升中华文化的创造力和影响力,为人类文明进步贡献我们的智慧和思想。只有善于吸收和改造人类历史上创造的一切有价值的人权理论和人权实践成果,并在此基础上根据中国的实际加以创造性的转化和发展,我们的人权理论体系和话语体系才能真正代表时代发展精神和世界进步潮流,才能为世界各国人民所广泛理解和认同。为此,我们应当加强对国际人权文书和各国人权发展模式的研究和借鉴,加强对国际人权理论和实践前沿问题的探究,善于从国际国内人权理论与实践成果的相互转化、优势互补中进行创新,牢牢把握世界人权文明发展的历史大趋势。中国梦的人权价值意义,将促进世界上不同人权文明"各美其美、美人之美",从而为不同人权文明"美美与共"、"天下大同"作出积极贡献。正如习近平总书记在联合国教科文组织总部发表演讲中所指出的那样,"让中华文明同世界各国人民创造的丰富多彩的文明一道,为人类提供正确的精神指引和强大的精神动力"这一前进方向。① 这恰是人类人权文明互鉴交流的必然趋势。

三、中国梦的主体价值维度,是人民至上的人权文明智慧结晶

中国梦是人民至上的价值意义,是最根本的人权文明智慧结晶。中国梦的基本内涵是实现国家富强、民族振兴、人民幸福,这就内在地包含了中国梦既是国家梦、民族梦,也是人民梦、个人梦,因而是个人梦与国家梦、与民族梦的统一。一方面,亿万中国人民、中华儿女都有一个梦,就是共同梦想,就是国家富强梦、民族复兴梦;另一方面,每个中国人、炎黄子孙都各自有梦,就是人生梦想,就是人民幸福梦、个人成功梦。中国梦把个人与国家、与民族、与社会等都统一起来了,而不是单一的个人梦或国家梦。中国梦是国家富强梦,也是人民幸福梦;是民族和国家的梦,也是每个中国人的梦。因此,努力实现中国梦,内在地包含着为实现各自人生梦想和我们的共同梦想而奋斗。

泰山不辞抔土,方能成其高,江海不择细流,方能成其大。通过大家一个个人生梦、事业梦的实现,可以促进整个中国梦的实现。每个人的前途命运都与国家和民族的前途命运紧密相连、息息相关,每一个人的奋斗努力,都是中国梦的组成部分。国家好,民族好,大家才会好,此所谓"得其大者可以兼其小"。生活在我们伟大祖国和伟大时代的中国人民,共同享有人生出彩的机会、梦想成真的机会、同祖国和时代一起成长与进步的机会,有梦想、有机会、有奋斗,一切美好的东西都能够创造出来。我们把人生理想融入国家和民族的事业中,就能最终成就一番事业;我们每个人都为美好梦想

---

① 习近平在联合国教科文组织总部发表演讲,《人民日报》2014年3月29日。

而奋斗，就能汇聚起实现中国梦的磅礴力量。

中国梦源自个人与国家、与民族的积极互动，基于每个中华儿女、炎黄子孙的努力奋斗。中国梦的现实主体是中国人，既是中国人民，也是中华儿女。中国人在文化上是一个国族概念，类同于中华民族概念，包括国内同胞与海外侨胞，所指公民与华裔、国家与民族等。中国梦是属于13亿中国人的，但又不以此为限，中国梦是中国人民和中华儿女的梦。每个中国人、每个中华儿女都有理想和追求，都有自己的梦想。在中国梦这个大目标之下，每个中国人、中华儿女都有自己的小目标；在中国梦这个"大宇宙"之中，每个中国人、中华儿女的"小宇宙"都在激情爆发。

中国梦归根到底是人民的梦，中国梦的美好图景统一于人民梦的历史语境之中，实现中国梦必须紧紧依靠人民并不断造福人民。因此，中国梦的人民至上的价值意义，是最本质的人权文明智慧。

后 记

在主持完成两个国家社科基金人权研究项目和六个省级人权研究课题的过程中,先后形成了本书中的系列人权理论前沿问题,现归纳整理成集,奉献给致力于人权研究的专家学者以及关爱人权的读者,真诚感谢北京人文在线和中央编译出版社的支持,真诚感谢人权研究专家学者们的批评指正,真诚感谢东北财经大学领导和马克思主义学院同行的厚爱。

鲜开林

2015 年 5 月于大连